DİLARA KAÇMAZ

Göğsündeki Uykumu B'ölme

DOKUZ

Göğsündeki Uykumu B'ölme
Dilara Kaçmaz

Türü Roman

Yayın Yönetmeni Ali Osman Başkuyu
Editör Ebru Dolkadir
Sayfa Tasarımı Gizem Ulaş
Kapak Tasarımı Gizem Ulaş

1. Baskı Ocak 2020, İstanbul
2. Baskı Şubat 2020, İstanbul

Yayınevi Sertifika No 23136
ISBN 978-625-7050-00-5

BASKI VE CİLT

MY Matbaacılık San. ve Tic. Ltd. Şti.
Maltepe Mah. Yılanlı Ayazma Sk. No: 8/F
Zeytinburnu / İstanbul
Tel: 0212 674 85 28
Matbaa Sertifika No: 34191

DOKUZ YAYINCILIK

Kartaltepe Mah. 49. Sokak No:10/A
Bayrampaşa / İstanbul
0212 640 00 35

DİLARA KAÇMAZ

Göğsündeki Uykumu B'ölme

DOKUZ

Ön Söz

Keşke çok farklı bir dünyaya ait olsaydık. Ölümün uğramadığı bir ülke, hastalığın bilinmediği bir şehir, menekşelerle kaplı bir mahalle... Sevgi kokan bir sokakta yaşasaydık. Acıya yerimiz olmadan, huzura doymadan, özgürlüğümüz kısıtlanmadan...

Taşındığımız tek yer güzel kalpler olsun. Kene gibi kenetlenelim umutlarımıza. Beton binalar yerine ağaç evler olsun. Toprak koksun hava. Caddeler aşktan geçilmesin. Kimselerin sevdikleri uğurlanmasın mezarlara, ne cezaevleri olsun ne de hastane koridorları... Bunların yerine cennet bahçeleri olsun. Kimselerin kalbi sakat kalmasın. Ötekileştirilmeyelim, kimseyi ötekileştirmeyelim. İnsanları el olarak değil ev olarak görelim; birinin bir odası vardır diğerinin beş. Mesele sarı saçın, beyaz tenin, yeşil gözün değil özün olsun. Kumral veya esmer ne fark eder? Hayatın karşımıza neler çıkaracağını bilmiyoruz fakat bir şeylerle karşılaşacağımızı biliyoruz. Mesela hayal kurun. Hayalleriniz uçurumsa gülümseyerek gökyüzüne atlamayı sakın unutmayın. Sürekli gülümsemezseniz sürekli ağlatırlar. Gülerken ağladığınızı anlamazlar. Maskeli insanlara koz vermeyin, çıkarmayın o maskeleri. Ve asla büyük konuşmayın, yaşatmadan öldürmeyen bir yasa var. Yine de korkmayın yaşayacaklarınızdan, bırakın onlar sizden korksun. Kötünün kötüsü var da iyinin iyisi neden yok? Ahını almayın kimselerin. Kul hakkı götürmeyin ki yollarda ağırlık yapmasın. Kötülük nimetten sayılmasın. Adınız iyi anılsın. İstanbul olun, Üsküdar'ı Kadıköy'ü Beşiktaş'ı. Tarlabaşı'nda saklanmayın. Küçücük çocuğa torba tutturulan semti sahipsiz bırakın, çocuğu değil. Değiştirin renkleri, grileri pembe yapın. Ön yargıyı ciğerinize kadar yerleştirmeyin. Hoyratlaştırmasın ruhsuzluklar bizi. Kimse kimsenin hayatını tacize boğmasın. Ar olsun insanda, örtün tüm kusurları. Evcilik artık klişe biz Polyannacılık oynayalım; belki görmek istediklerimizi görürüz. Ben yapamasam bile siz yapın. Ne kaybedersiniz ki kazanacaklarınızın yanında...

Her birimizin geçmişinde bir iz...

Eksik Yanım

Hayat hiç kimseye hikâye yazmaz hikâyeler yazar. Sen bu hayat tiyatrosunda asla tek bir karakter olamayacaksın, hep değişecek rolün sonra duyguların. Şimdi bir düşün bakalım bu kaçıncı rolün, en son hangi filmde yardımcı oyuncu oldun...

Çok kirli geldim dünyaya, temiz çıkar mıyım bilmem.

Daha dünyaya gelmeden kirlenir mi insan? Kirleniyormuş demek ki, kanıtı benim. Bembeyaz çarşafta vişne lekesi değildim. Zaten ortada bembeyaz bir çarşaf bile yok. Olsa olsa çarşaf gridir, üzerindeki ise kan lekesi. Benden ancak kan lekesi olur. Dünyanın pisliği arasında benim kirim ne kadar yer edinebilir? Çamaşır suyu işe yaramaz mı, o kadar mı kötü durumum? Peki ya yağmur, o da temizlemez mi dünyayı, belki arada kaynarım. Hadi kar ile anlaşalım belki her yer bembeyaz olunca temiz sanırım dünyayı, unuturum kendimi.

Hikâyeme kendimi tanıtmakla başlamam gerekiyormuş, bir büyüğüm öyle söyledi. Aslında kendimi tanıtmayı hiç istemezdim, bunu yapmam gerekmeseydi. İlk annemden bahsetmek istiyorum size. Söz, çok uzatmadan sözü kendime getireceğim ya da o bana kendiliğinden gelir.

Düzce'de Cami Kebir mahallesinde yaşıyorlarmış. Gerçek bir Roman mahallesi, sıcaktır insanları. Biz de Roman sayılırız, sizin tabirinizle Çingene. Dedem Erzurum Horasan'dan göçmüş ama yıllardır Romanların içindeyiz. Bundan gocunmuyorum. Bana göre insanlığın türü yoktur. Bir topluluğu Çerkez, Kürt, Türk diye ayırt etmek haksızlık. Ama insanları daha farklı ayırt edebiliriz yılan, çakal, aslan, fare gibi.

Annemin pek de iç açıcı bir hikâyesi yok. Sanırım bu yüzden yazma gereği duyuyorum. Güzel hikâyeler pek yazılmaz genelde yaşanılır. O yüzden mutsuz sonla biten filmlerin veya kitapların oranı mutlu sonla kıyaslandığında oldukça yüksektir.

Köy hayatı ve bir de garibanlık söz konusu. Bir kap yemeği altı kardeş paylaşıyorsa yoksulluktandır. Zaten farkındaysanız zenginler 6 çocuk yapmaz, en fazla üç olur. Onlar da CV'si yüksek yabancı uyruklu dadılarından çatal bıçak eğitimi almadan masaya oturamazlar. Hatta iki üç yaşından itibaren yabancı dil olarak İngilizceyi öğretirler onlara. Garezim yok zenginlere, yanlış anlamayın ancak Allah daha çok versin de diyemeyeceğim. Çünkü Allah'ın olmayanlara vermesini daha çok istiyorum.

Çocukluğu boyunca yoksullukla sınanmış kadın. Yoktan var olmuş kendisi. İlkokul birinci sınıfı zor bitirmiş, eksikmiş her şeyi. Ayakkabıları yırtık, çantasında ekmeği dahi olmadan gidermiş okula; evrenin kocaman bir haksızlığıyla yetişmiş. Zorluk üstüne zorluk binmiş. Yanında olup okuması için destekleyebilecek hiç kimsesi olmamış.

Belki onu destekleyecek biri olsaydı başka türlü olabilirdi. Şimdiye kadar bu belkiler, keşkeler gerçekleşseydi Allah bilir kıyamet gelirdi. Belki birçoğumuzun içinde kıyametler kopalı çok olmuştur. Daha birinci sınıfta açlıkla olgunlaşmış. Daha olgunluğun yanından geçmemesi, açlığı değil de oyuncaklarını düşünmesi gerekirken...Ve bunlar da yetmezmiş gibi yaşıtında bir çocuk tuvalette sıkıştırıp taciz etmeye çalışırmış. Eğer çocukların bile kötüsü varsa doğarken ağlamakta haksız sayılmayız, burası umduğumuz gibi olmayabilir. İyi insanlar kalmalı ve iyi niyetli çocuklar yetişmeli. Bu dünyayı bu kadar çirkinleştirmeye kimsenin hakkı yok. Birisi varmış sınıfında, ismini hatırlamak için delirdiği. Yıllar geçmesine rağmen onu unutmamış, annemle hep simitini paylaşırmış. O bir parça simitin değerini eminim yaşamayan anlayamaz. Belki o çocuk da annemi unutmamıştır. Keşke tok olan herkes aç olanın hâlinden anlasaydı. Küçük yaşta büyümeyi öğrenmek kadar adaletsiz ne olabilir? Bıraksaydı şu dünya, çocukluğunu yaşasaydı ya şu kadın! Belki canı başkasının elindeki şekeri istedi. Belki de içi hep başkalarının hayatlarına gitti. Bu, o yaştaki bir çocuğun hak ettiği hayat değil. Bel lastiğinle tutturuyormuş o ipek saçlarını. Bırakın kurdeleli tokaları, kalpli kalemleri, o kırılıp çöpe atılan kalemlere muhtaç yaşamış. Şimdi herkes vurdumduymaz, kaybolan kalemini aramaya tenezzül etmiyor kimse, yenileri var diye. Hayat daha çocukken vurmuş ona darbeyi. İnşallah benim kaderim onunkine benzemez derken daha beteri olacağını hiç düşünmemiştim.

Ortanca dayım Hasan Ali, neymiş bir kızı çok sevmiş. O zamanlar da kadınlar koyun gibi satılırmış, belki bilirsiniz.

25 yıl öncesinden bahsediyorum. Hatta bu yanlışlık hâlâ devam etmekte. Başlık parası istemişler hani mal satıyorlar ya bir karşılığı olmalı, yazık! Dedemlerin durumu malum dayım silahı kafasına dayayıp *"Bana bu kızı alacaksınız yoksa kendimi vururum!"* diye tehdit etmiş. Bu ne çirkin bir cahillik! Dedem ise her yolu denemiş akraba akraba gezmiş, herkes sırtını dönmüş zaten böyle zamanlar kimse yüzünü dönmez lakin gerçek yüzünü gösterir. Doğal olarak bulamamış gereken parayı. En sonunda evladını evlendirmekte bulmuşlar çareyi. Mecbur kalmış belki hiç istemezdi bunu yapmayı, güzel kızına kıymayı ama yapmak zorunda kaldı. Ondan aldıkları başlık parasıyla dayıma istediği kızı almışlar. Peki, dayıcım hiç kız kardeşinin hayatını düşünmedin mi, hiç mi için sızlamadı? Artık olan olmuş, zaten olan hep birine oluyor. Bu arada dayımın evlendiği kadın da dayıma yâr olmamış. Peki ya annemin çocukluğu, gençliği, hayalleri... Bu kadının günahı neydi? Daha on dört yaşında bir kız çocuğuyken kendinden on yaş büyük bir adamla evlenmesi ne kadar doğruydu? Evliliğin ne demek olduğunu bilmezken gerdeğe sokuldu. Allah bilir neler çekti, o anı yaşamamak için nelerden vazgeçerdi. Bazen soruyorum anneme *"Bugün olsa ne yapardın?"* diye. O kadar çok keşke telaffuz ediyor ki sorduğuma pişman oluyorum. Yara bere içinde bir kalp taşıyor solunda. *"Keşke geçmişe dönebilseydim... Değiştirmek için uğraşmayacağım hiçbir şey kalmazdı,"* dedi. Keşke dünyaya gelmeden önce ailemizi, yaşantımızı, maddiyatımızı ve maneviyatımızı seçebilseydik. Neler yaşayacağımızı gördükten sonra doğmaktan vazgeçme şansımız olsaydı. Bu sefer de kimse doğmak istemezdi. Belki de ben karamsar düşünüyorumdur.

Bu bir mal satışı mı görücü usulü evlilik mi? Kadın, yalandan bir evliliği sahiplenip sevgisiz 5-6 yıl kadar evli kalıyor. Daha doğrusu kaderine mahkûm hissediyor, belki de hissizleşiyor. Üstelik o zaman zarfında çok istediği hâlde çocuğu olmayınca evlat özlemi çekiyor. Acaba daha nelerin özlemini çekecekti? Bir de annem o Roman mahallesinin en güzel kadınıymış. Evli olduğu hâlde birçok insanın gözü onun üzerindeymiş. Ben aslında güzel olmanın güzel bir şey olduğuna inanmıyorum. Avantajından çok dezavantajını yaşayınca böyle bir kanıya varıyor insan.

Eşi müzisyen olduğu için yazları Bodrum'a çalışmaya gidiyor. Yalnızlığına ortak olması amacıyla beyaz ve yumuşacık tüylü bir köpeğe bakıp 5 yaşına kadar getiriyor, ona çocuğu gibi sarılıyor annem. Hani bilirsiniz ya köpekler çoğu insandan asildir. Sahte bir kalabalığın olacağına sadık bir köpeğin olsun. Daha kârlı çıkarsın ama köpekler kâr için sevilmezler, bunu atlamışım.

Yine eşinin olmadığı bir gün annemi Yonca isminde bir kız arkadaşı evine çağırıyor, evde arkadaşının erkek kardeşi de varmış. Hatta ilk kötü alışkanlığı sigaraya arkadaşı sayesinde başlamış. Büyükler boşuna dememişler 'Bana arkadaşını söyle sana kim olduğu söyleyeyim,' diye. Yonca'nın erkek kardeşi ise yıllar önce annemi okulda sıkıştırıp taciz etmeye çalışan çocukmuş. Tabi aradan o kadar yıl geçmiş, büyümüş olgunlaşmıştır ve ne kadar çirkin bir şey yaptığının farkına varmıştır. Yonca'nın kardeşi odaya su istemiş. Yonca başka bir şeyle meşgul olduğundan suyu annem götürmek zorunda kalmış. Suyu götürdüğünde arkadaşı arkasından odanın kapısını kilitleyip müziği son ses açmış ve evden çıkmış. Yazık, onu da kardeşi tehdit etmiş.

Bazı insanların kötü niyetleri asla değişmez. Annem neler olduğunun farkına varmakta zorlansa da fazla zaman almıyor içindeki korkunun ömürlük kalacağını anlaması. Müzik çığlıklarının duyulmasını engellemiş. Kadın ne kadar dirense de nafile. Senin vicdanında olmayan çığlığı engelleyecek bir müzik dahi yok, hadi gurur duy kendinle! Olmayan kalbin kamufle edilemez. Yazık, bir gün gelecek o suyu ateşin içinde arayacaksın.

Bütün umutları kırılmış, saçı başı dağınık, vücudunda oluşan morluğa dönüşecek kızarıklarla ve donuk bir yüz ifadesiyle selam verenlerin selamını alamadan, ağzını bıçak açmadan evine giden kadın. Bu senin hak ettiğin değildi hatta bu hiçbir kadının hak edeceği türden değildi. Bu ayıptı, kayıptı, bu vicdansızlıktı...

Şu an kuracağım cümleyi asla kurmak istemezdim hâlbuki kurmayı istemeyeceğim daha ne cümlelerim var. Nc yazık ki o gün annem bana hamile kalıyor, şimdi ben piç miyim? Piç ben miyim, babam mı? Anneme yazık değil mi? Bu durumda kendimi hangi kelimeyle ifade edeceğimi bilmiyorum. Bazen kendimden utanıyorum belki de nefret ediyorum. Allah'a karşı gelmek gibi olmasın ama keşke düşseymişim, ölseymişim, hiç doğmasaymışım dediğim çok oldu.

Kadın kimselere bir şey söyleyemiyor, söylemesi kolay bir şey de değil zaten. Belki bu zamanda olsa başka olurdu ama o zamanlar için aynı şeyi düşünemiyorum. Doğrusu bu zamanda da çok şey değişmiş sayılmaz. Üstü örtbas edilen o kadar çok sancı var ki göremediğimiz... Kadın çaresiz. Aradan biraz zaman geçtiği hâlde babam demeye utandığım şahıs peşini bırakmıyor. Annem de beni öğrenince mecbur hissedip ona yöneliyor. Oysa benim yüzümden hayatının hatasını yapıyor. İstese hastaneden randevu da alabilirdi. Benim hayatıma son vermedi ancak kendi hayatına kürtaj yaptı. Sanırım sonradan bir şeyler hissedebilmiş. Daha sonra da birkaç yıla evlenmişler. Tecavüze uğrayıp çocuğuna hamile kaldığın kişiyle evlenmek durumunu duyduğumda ünlemle dolu cümleler sarf edesim geliyor. O çocuğun ben oluşum ise vicdan azabı. Yalnız evlenirken bile kadına sökük gelinlik giydirmişler, ne hayaller çöpe atılmış. Hayat ona evlenirken giydiği sökük gelinlik kadar dürüst davranmış. Aslında o gelinlik çok şey anlatmış, belki de annem anlamak istememiştir. Dünyaya gelişim bile çirkin acaba gidişim nasıl olacak? Yaşadıklarımız biraz da seçimlerimizle ilgili. Keşke ben hiç olmasaydım, bu kadının hayatı bu kadar çirkinleşmek zorunda kalmasaydı. Dünyada kaç milyar insan var ve böyle kaç milyar hikâye? Allah bilir ne sırlar mezarlarda gizlendi...

Daha küçük bir kız çocuğuyum, büyüyünce ne olacaksın sorularına cevap veremeyecek kadar küçüğüm. *"En çok anneni mi seviyorsun babanı mı?"* sorusunda aptal aptal etrafıma bakıp beynimdeki film şeridini görmezden gelmek için çabalayışlarım ise masumiyetimin temsilidir. Minicik cllcrimlc avucumu sıkıp tırnaklarımı derimde hissedecek kadar büyük olan çaresizliğim ise susmamdan kaynaklı. Derin bir nefesin sonunda annem derdim bu sorunun cevabına. Her fırsatta sebebini sordular. Sebebinden gocunmuyorum da nedeni çok ağır, söyleyemezdim. Merak edip sordular hep *"Kız çocukları babalarına düşkün olur sen neden babana düşkün değilsin?"* Oturup epeyce düşündüğüm oluyor; ben bunu nasıl anlatabilirim ki? Ben daha banyomu bile tek başıma yapamıyorum ki nasıl söyleyebilirim babamın bana yaptıklarını. Elini götürdüğü bölgelerimi, bana bunu oyun olarak anlattığını nasıl anlatayım. Babamın cinsel organını oyuncak olarak tanıdığımı, bana öyle tanıttığını. Nasıl anlatayım onun kanının bozuk olduğunu, zamanında anneme yaptığını bana da yapmak istediğini. Geceleri yatağımın yanına gelip beni seviyormuş gibi davranarak kandırmalarına sabah ezanları şahit. Belki üvey olsa anlardım, oysa *'öz'dü! Öz babamdı* bana bunu yapan, çocukluğumu elimden alan. Cehennem görsün yüzünü! Aradan yıllar geçti çıkmıyor aklımdan, sabahın dördünde annemi dövdüğü günler. Annemi benimle kalem satmaya yollayıp o paralarla eve sarhoş döndüğü günler. Bazen kendimi kandırmak isterdim. Belki de babam gerçekten kötü biri değildir, kullandığı şeyler bana bunları yapmasına neden oluyordur diye... Ama hiç inandırıcı değildi bu. Çünkü babam hep kötü biriydi. İçinde sadece kötü niyet vardı. Kullandığı hiçbir şey onu değiştirmezdi ve onun göstermediği bu yüzünü hiç kimse görmedi. Benim en büyük korkum buydu işte! Bana kimsenin inanmaması, anlatırsam kimsenin duymaması.

Hep annem çalıştı, annem ezildi. Cahil kadındı, cahil olmasa yıllarca şiddete maruz kalır mıydı veya aldatmalarına, eve bakmayışlarına. Annem her günahına eyvallah dedi çünkü biz vardık. Ben ve kardeşim Berat vardı. Annem ona 9 aylık hamileyken babam gözümün önünde karnına tekmeler atıp hastanelik etti kadını. Hıçkıra hıçkıra ağlamaktan başka hiçbir şey gelmedi elimden. Ama Allah işte, almadı annemi de kardeşimi de benden. Böyle anlarda canımı alsın diye Allah'a çok dua ettim. Yanlış dua etmişim. Böyle anlarda siz daha güçlü olmak için dua edin. **Büyüdükçe acılarım küçülür sanmıştım, hiç küçülmedi, hâlâ aynılar.**

Çocukluğum boyunca bozuk psikolojim ve kocaman yalnızlığımla baş başa oradan oraya savruldum. O kadar çok okul değiştirdim ki hiçbir düzenim olmadı. Tam bir okula alışıyordum pat başka okula geçiyordu kaydım, tam arkadaşlarıma alışıyordum pat yine başka okula. Düzce'nin köyünde, merkezinde, mahallesinde gitmediğim okul kalmadı hatta Gebze de bile. Çirkin bir yaşantım vardı ve paylaşacak kimsem yoktu. Bir arkadaşım olsa ona anlatabilir miydim acaba? Yine anlatamazdım, kim ne anlar hâlimden kendim bile ne yaşadığımı anlamıyorken. Akranlarım kesin bana deli falan derdi. Hiçbir baba, kızına böyle yapar mı? Neden ben hep dışlandım sınıfta? Erkek çocukları beni ilgiye boğarken neden kızlar hep ters baktı bana? Her gittiğim sınıfta sarışın, renkli gözlü çocuk ben olduğum için miydi bu kaygıları? Saçımı siyaha boyardım beni dışlamasınlar diye, zaten yeteri kadar dışlandım hayattan. Anlatamadım kimseye derdimi, kimse de anlamak istemedi. Keşke beni anlayacak biri olsaydı, içimdekileri paylaşabileceğim.

Agresif bir çocuktum, biraz da içine kapanık. Bu kadar erken yaşta yaşadıklarımın tecrübesi vardı, adı olgunlukmuş bunun. Yaşıtlarımdan farklıydım oysa böyle olsun istemezdim. Onlar bebeklerle oynarken ben kaldırım taşında oturur etrafı izlerdim. Bazen üç beş oyunluk zevkim olurdu, onu da gelir alırlardı elimden. Eve gittiğimde annem işte olurdu, babam evde. Normal babalar gibi dizine uzanıp başımı okşasın isterdim. O daha farklı yerlerimi okşamak isterdi. Hep dışarıdaki babalara özendim, boynumu bükmeden bakamazdım yüzlerine. İstediğim çok şey değildi gerçek bir baba, bir avuç da sevgiydi. Bana bunu veremedi zira benden çok şey aldı. Duygularımı, çocukluğumu, gülüşlerimi, içimdeki masumiyeti...

Kaçardım acılarımdan hiç yaşamamış gibi davranmak için yırtınırdım yapamazdım **nereye kaçarsan kaç, ne kadar kaçarsan kaç kendini aynı yerde buluyorsun.** Hayat bana çok erken gösterdi yüzünü, anneme yaptığı gibi.

Hiç unutamam, Gebze'nin gecekondularında oturduğumuz bir gün okul çıkışı eve geldim. Çantamı kenara koydum önlüğümü çıkaracaktım ki gördüklerim akıl alır şeyler değildi. Küçücük kalbim buna dayanmak zorunda kaldı. Odada babam bir kaset açmış çirkin şeyler izliyordu, adının 'porno' olduğunu yıllar sonra öğreneceğim. Babam kolumdan tutup zorla yanına oturttu. Gözlerimi kapatsam seslerine dayanamazdım. O görüntüler hayatımın en iğrenç sahnesiydi. Şoka girmiş olmalıyım utandım, ağlamaya başladım. Mavi önlüğümü çıkarmadan yanından fırladım, perişandım. Sokak sokak mahalle mahalle yürüdüm. Beni görenler okulda kavga ettiğimi düşünmüşlerdir veya bir sınavımın kötü geçtiğini, belki oyuncağımın kırıldığını. Oysa herkesin göremediği benim görmekten nefret ettiğim başka bir şey vardı. Oyuncağım değil kalbim kırıktı. İnsanlar sadece gördüğünü yargılarlar, olayların içine girmeye cesaret edemezler. Hiç kimsenin aklına gelmezdi bu kız çocuğuna babasının zorla porno izlettirip oradaki pis görüntüleri onun üzerinde hayal ettiğini... Kim, nasıl böyle bir şey düşünebilir ki? Anneme anlatmak, bu yükten kurtulmak için ne gerekiyorsa yapmak istiyordum, yapamıyordum. Beni annemi dövmekle tehdit ediyordu. Dilim tutuluyordu, konuşamıyordum. Bir çocuğun en çok korktuğu şeylerden biridir annesinin üzülüp ağlaması, dayağa maruz kalması. Bir baba ne kadar kötü olabilir bilmiyorum zira bu en kötüsüne örnekti. Bu durum daha ne kadar böyle devam edecek? Canım her yandığında bitsin diye Allah'a yalvarıyorum, dayanamıyorum annemin yediği tekmelere. Benim kafama fırlattığı soda şişesi canımı yakmıyor da anneme yumruk atıyor ya ve buna tepki olarak ağlamak dışında bir şey yapamıyorum, işte bu çok ağır. Küçücük ellerimle vursam hissetmiyor. Kocaman duygularım var benim. Yumruklarım yerine onları çıkarıp üzerine atma imkânım olsaydı, yaşayamazdın. Ben hep bunu istedim. Annemin ağzını burnunu kan içinde her gördüğümde bir bıçak alıp onu öldürmeyi hayal ettim, ne yazık ki yapamadım. **Yapmak isteyip de yapamadığım o kadar çok şey var ki.** Bana bu yaşattığın duyguların kat kat fazlasını yaşamadan ölme baba. Babanneme saygısızlık etmek istemiyorum ama sende o... ç... çıktın baba!

İdam ipi olsaydım ilk senin yakanda biterdim.

Hayatın bana bu çağda verdiği rol hiç adil değil. Adil olmayan o kadar çok hayat var ki. Hep içime attıklarımla ün edindim. Sürekli susmaktan bıktım, artık konuşmak istiyorum. Susuyorum geceleri yatağımın yanında nöbet tuttuğunda, susuyorum annemin kör oluşuna, susuyorum bana dokunduğunda, sıkıyorum dişlerimi. Dua ediyorum Allah'a, elbet bir gün geçecek bu sancılar. Hangi sancı geçmemiş ki bu kalsın, avutuyorum kendimi.

Artık büyüyorum. Etrafıma bakıyorum sonra dönüp aynaya, bozuk psikolojiden başka hiçbir şey ifade etmiyorum. On bir yaşıma geldim. Koskoca on bir yıl babamın tacizlerini, annemin iç çekişlerini çektim hiç ses edemedim. İlk oyun olarak tanıdım kansızlığı sonra büyüdükçe anladım. Kin tutmayı hiç beceremeyen ben, o kadar kinle doluyum ki kusamıyorum bile. Çaresizlik işte böyle boktan bir şey ve ben aklım bir şeylere ermeye başladığından beri bunun farkındayım. Daha beş altı yaşında çaresizliğin ne demek olduğunu öğreniyorsun. Kreşte arkadaşlarınla hamurunu paylaşmayı, ip atlamayı, top oynamayı öğrenmen gerekirken...

Bir gün oldu ki cesaretimi topladım. Annemle konuşacağım, artık anlatmalıyım! Sessizliğimin, sakinliğimin, içime attıklarımın bir faydasını görmedim. Bir de bunu denemeliyim.

-Anne?

-Ne oldu kızım, acıktın mı?

Kelimeler gelmiyor ağzıma, minicik ellerim birbirine sarıldı. Küçük dilime kadar titredim yutmak istedim onu, bir daha hiç konuşmamak. Nefes alışverişim değişti, kasabildiğim kadar kastım vücudumu, dudaklarımı ısırdım her yer kan revan, kendimi tokatlamak komple uyuşmak istiyorum. Gözyaşlarımı tutamadım, annemin kucağına attım kendimi. Babam beni taciz ediyor dahi diyemedim, babam bana sana baktığı gözle bakıyor anne diyemedim. Allah kahretsin babam diyorum hâlâ!.. Nasıl inanacak şimdi bana? Çok korkuyorum, ya inanmazsa! Onca yıl kahrını çektiği, hayatını alt üst ettiği yetmezmiş gibi bir de kızına taciz etmesi... Bu nasıl şerefsizliktir? Bu kadın bunu nasıl sindirsin?

Sonunda nasıl olduysa kelimeler ağzımdan döküverdi. Evet, annem bana inandı! İnanıyorum dahi diyemedi ama inandı. Şimdi o mutsuz olsa da ben çok mutluyum. Şimdiye kadar boşuna mı korkmuştum? İnanacağını bilseydim daha önceden söyleyebilir miydim? Ne diye şimdiye kadar içimdeki duygularla savaştım, ne diye sustum? Keşke hiç susmasaydım, yutmasaydım yuttuklarımı. Seninle her çaresizliğe varım anne hadi kaçalım gidelim buradan kurtulalım bu çıkmaz sokaktan. Bir süre nutku tutuldu, kendine gelemedi lakin biliyorum, kendine geldiğinde güzel gelecek ve güzel bir geleceğimiz olacak...

Küçük bir valiz yaptık, mevsim sonbahar. Annem gözü yaşlı ben ise içimden gülüyorum, bunu bile dışarıdan yapamıyorum. Gidiyoruz buradan, bu adamdan kurtulunca ikimizin de yüzü gülecek, söz veriyorum. Dünyadan habersiz kardeşimi, yeni başlayan çizgi filminin başından kaldırdık. Annem elimi sımsıkı tuttu ben de kardeşimin elini tutuyorum, gidiyoruz. Nereye olursa olsun yerin hiçbir önemi yok. Sadece o olmasın, huzurlu olalım. Eve sarhoş bir şekilde dövecek birini aramak için geldiğinde anlayacaktır kaçtığımızı. Ölmedin amma velakin mekânın cehennem olsun baba. Güle güle değil ağlaya ağlaya...

Artık rahat rahat nefes alacağım. Tuvalete girerken korkmayacağım. Uykularımdan fırlamak zorunda kalmayacağım. Tam bağıracakken bir el ağzımı kapatmayacak. Artık bakışlarından rahatsız olacağım bir babam yok! Gerçekten mutluyum.

İlk otobüse bilet alarak İstanbul'a yola çıktık. Cam kenarında ağaçlara bakıyordum ama diğer cam tarafını göremiyorum. Aynı anda ikisini görmek istiyorum. Belki bunun için ön tarafta oturmam gerekiyordu. O zaman her şeyi rahatlıkla görebilirdim ancak bizim yerimiz arka taraftaydı, zaten biz hep arka taraflardaydık...

Fikirtepe'de, annemin bir arkadaşının yanında kalacağız kısa bir süreliğine. Şimdi o pislik bizi köpek gibi arıyordur. Paramız da durumumuz da pek yok, ne yapacağız bilmiyorum. Annem bana bir şey söylemiyor ama ben onun gözü yaşlı çaresizliğinden anlıyorum. 15 gün kadar bizi evlerinde ağırladılar sağ olsunlar. O zaman zarfında iş ve ev aradık fakat bulamadık. Annem artık dul bir kadındı, bu bir ön yargıydı ama daha fazla yük olamazdık. Sabah erkenden Allah'a emanet olun deyip çıktık evlerinden. Sonuçta onların da bir düzeni var, ne kadar kalabilirdik ki? Şimdi bir şeyleri daha hızlı yapmamız gerekiyor. Annem iş aramaya devam etse de koskoca şehirde yapayalnızız, yardım isteyebileceğimiz hiç kimsemiz yok. Ne bir akraba, ne bir dost herkes habersiz bizden. Küçük bir miktar paramız vardı. Yine Fikirtepe'de ev aramaya başladık. Dul ve iki çocuklu kadına ev vermeye çekinen ev sahiplerinden dolayı epey zorlandık. Hatta bu yüzden annem yalan söylemek zorunda kaldı ev sahiplerine "Evimiz yandı," dedi. Başka şansımız da kalmamıştı. Çünkü insanlar çok ön yargılıydı. Evi tuttuk bu sefer de hiç eşyamız yok ancak en büyük adımı attık, diğerleri daha kolay olmalı. Annem utanıyor insanlardan yardım istemeye iki çocuk başında kadın ne yapacağından habersiz. Oysa utanmak değil onun harcı, utanması gereken biz değiliz bizi bu duruma düşürenler. Bir battaniye aldı. O yağmurlu geceyi annem, kardeşim ve ben hiç eşyamız olmadan bir battaniyeye sarılarak geçirdik. Annem o kadar fedakâr ki kendisi titrerken battaniyeyi bize sardı. Belki de anne olmak bunu gerektiriyordu. Lakin bunu ben anlayamazdım. Ama illaki benim de anladığım bir şeyler var. Ben de onun karnını sararak ısıttım, battaniyemin yarısını üzerine örttüm. Allah büyük, eminim bize yardım edecek.

Ertesi günü dışarı çıktık. Paramız kalmadı, karnımız da acıktı. Anneme bir şey söyleyemiyorum, korkuyorum ya geri dönmek isterse? Allah korusun! Ben aç kalmaya razıyım, kardeşimi doyuralım yeter ama ne olur gitmeyelim. Bu şekilde nasıl olacak bilmiyorum sadece olması gerektiğini biliyorum. Nasılsa bir yerden kapı açılacak belki de biraz sabır gerekli. Yorgunlukla caminin kenarına çöküp Allah'a bize yol göstermesi için dua ediyorduk. Camiden çıkan insanları görünce anneme *"Neden camiye gidip söylemiyoruz durumumuzu, belki onların tanıdıkları yerler vardır. Bize yardım ederler,"* dedim. İyi ki de demişim, çünkü annem çok düşünmekten hiçbir şey düşünemez hâldeydi. Gittik imamın yanına ve eşyamızın olmadığını, zor durumda olduğumuzu anlattık. O da bizi bir derneğe götürdü. O ona söyledi, o ona derken iki üç gün içerisinde eski de olsa eşyamız oldu. Bizim televizyonumuz bizim tenceremiz, bizim yatağımız, yorganımız... Yiyecek yardımı yaptılar sonra kıyafet daha sonra da sahip çıktılar bize. Allah razı olsun kapılar ardından birer birer açıldı, belki de bu bizim imtihanımızdı. Her şey yavaş yavaş düzene girmeye başladı. Annem de işe girince iyice rahatladık.

Allah yüzümüze güldü, eksiklerimiz tamamlandı. Bir tek benim tamamlanmayacak eksik yanım kaldı. Ben dışında her şey düzene girdi, ben de iyi olduğumu sanıyordum. Tabii ki hemen atlatamadım hatta hiç atlatmadım üç ay okula gitmeyip eve kapandım. Dışarı hiç adım atmadım. En sonunda televizyonda Selena'yı izlemeyi bırakıp etrafıma bakma gereksinimi duydum. Çocuk başıma, yarım aklımla bunu yapabildim. Herkes hayatına devam ediyorken ben ne diye kendime eziyet ediyorum. Benim ne yaşadığım kimin umurunda? Neden ben de onlar gibi olamıyorum? Mesela mahallede Tuğba, kızları toplayıp sürekli oyun oynuyor. Çağla süslenip kardeşini gezdiriyor. Şule test çözüyor. Büşra şimdiden gıybet yapıyor. Bence ben de Tuğba gibi olabilirim. Bana en çok o yakışır. Evet, aylar sonra bir baktım ben de herkes gibiyim. Rahatım artık özgürce giyinebiliyorum, rahatça banyo yapabiliyorum. İp atlıyorum, top oynuyorum, okula gidiyorum. Nasıl desem sanki bir kuşun kafesinden çıkarılıp gökyüzüne bırakılması gibi... Üzerime çakılı olan çivilerin çıkarılıp onarılması gibi. Bir ormana gidip senin kirli düşüncelerinden kurtuldum baba diye çığlık atmak istiyorum. Ya da sokağın ortasında artık herkes duysun sesimi neyini saklıyorum...

Hâlbuki aradan yıllar geçti, psikolojimdeki dikiş izlerin geçmedi. Belki üstümden bir umut geçer. Ama yok o da geçmez. Geçmemiş geçmişten ibaretim. Eğer olur da bana bir adam baba sevgisi hissettirirse minnettar olurum her zerresine. Benden çok şey götürdün be baba! Kim bilir belki bir gün benden aldıklarını bir başkası geri getirir.

Hayırlısı neyse o olsun gökyüzü! Yine konuşacak kimsem yok sana dert yanıyorum.

Zaman öyle bir geçiyor ki geçmeyen hiçbir şeyi önemsemeden. Artık kısa kesmem gerekiyor kim bilir belki bir gün uzatmam gerekir uzatırım. Biraz da kendimden bahsedeyim daha sonra hikâyeme geçerim...

Büyüyorum 13, 15, 17... Vay canına 17 olmuşum ben! Sarışın, bal gözlü, milletin deyişiyle güzel bir kız. Bir sürü arkadaşım var artık. Kızlarla bile samimiyim hatta şimdi çok yakın arkadaşım olanlar yine ilk beni dışlayanlardı, canları sağ olsun. Psikolojik sorunlu çocukluğum yine de devam etti, asiliğim zarar kaldı yanıma. Bu sebepten beni dışlayan hocalarımın da canı sağ olsun. Herkesin gözünde psikolojik bir vakaydım hırçınlığımın sebebini merak eden olmuş mudur bilmem, soran olmadı da o yüzden bilemiyorum. Yine beni anlayan kimse çıkmadı. Evet, kabul ediyorum anormal biriyim. Çok fazla gülüyorum. Artık öyle gizliyorum geçmişimi. Üstelik bu sefer içimden gülmüyorum. Bildiğin bayağı kahkaha atıyorum. **Zaten insanlar da mutlu olduğumu sanacak kadar tanıyor beni, mutsuzluğumu görecek kadar değil.** Çok hırçın olduğum kadar da kırılganım. O eski hâlimden eser yok şimdi. Sessizlik sakinlik, efendilik nerede? Kesinlikle oğlak burcunun özelliklerini taşıyorum. Biraz fazla dürüstüm; insanların hak etmediği kadar. Bir o kadar da güvenilir... Lakin *"Güvenebildiğin biri var mı?"* diye sorarsınız kesinlikle yok boşuna babana bile güvenme dememişler sanırım.

Lise öğrencisiyim ve gelecekle ilgili büyük planlarım yok. Neden yok onu da bilmiyorum. Belki var da yok. Düşünüyorum da dans etmekten başka bir işe yaramıyorum. Hani önceden hep köşeme çekiliyordum ya artık öyle değilim, yerimde duramıyorum. Çocukluğumda eksik kalan yaramazlığımı kendime geri verdim. Çocukları güldürmeye bayılıyorum, belki de çocukken çok az güldüğüm için... Hafta sonları animasyonlara gidiyorum, onlarla gülüyorum. Galiba çalışmayı okuldan daha çok seviyorum. Oysa hayatta en kolay şey okumak, tabii ailen ve durumun varsa. Ekstra dans işlerine gidiyorum klipler denk gelirse. Ufak denemelerim oldu ancak pek bir yer edinemedim. Gidip yönetmenlere yalakalık yapmayıp kucaklarına oturmadığımdandı muhtemelen. Çok seviyorum dans etmeyi, dans edince unutuyorum her derdimi. İnsanların beğenmesi, takdir etmesi ise daha çok motive ediyor beni. Bu konuda etrafımdaki herkesten o kadar çok destek aldım ki biraz aştım kendimi. Hatta gaza gelip *Yetenek Sizsiniz*'e katıldım. Onlar da sanki beni bekliyormuş gibi hemen kabul ettiler, bir anda sahnede buldum kendimi. Çok hızlı gelişti her şey, doğaçlama dans ettim ve iğrenç bir performans sergiledim. Nedense orada yapamadım. Yıllardır profesyonel dansçılardan tebrik alıp hep farklı bir tarzım olduğunu duyarken oradaki yere batışım hakkındaki yorumu size bırakıyorum. Belki bu da şanssızlığımdandır. Bahaneler sunup arkasına saklanmak istemiyorum sanki oradaki ben değildim. Kötüydü işte! Hiç ben gibi değildim ama bunda da vardır bir hayır. Belki başka zaman daha güzeli olur. O gün Hülya Abla bana *"Yetenekli olduğunu görüyorum ama neden çalışmadan geldin?"* dedi. Aslında cevabı yerinde veremeyip yatağa girince *"Neden cevabı veremedim?"* diye kendimi yiyen ben Hülya Abla'ya öyle cevap verdim ki haklıymışım gibi... Acun Abi bile benden beklememişti bunu ve Hülya Abla'yla dalga geçmişti. Tabi bu sahneleri montajcılar maalesef almamış... Cevabım şuydu: **'Başarısızlığı göze almasaydım asla başarılı olamazdım!'** Güzel bir kitapta okumuştum, her şeyi unutan aklımda kalmış neyse ki bu söz. Yalnız o performansım öyle bir ilgi gördü ki hayatımın şokunu yaşadım, bir de kendim gibi olsaydım nasıl olacaktı acaba? Mesela evde durmaktan nefret ediyorum, her gün bıkmadan gezebilirim. Gezmek kadar güzel bir şey varsa o da dans etmektir; tabi bu herkes için değişir. Böyle dağ, tepe, orman bir karavanla her yeri delik deşik edeyim, mis gibi bütün güzellikleri içime çekeyim, gidip bir uçurumun kenarında avazım çıktığı kadar yalnızlığımı atayım. Soran olursa ne yapıyorsun diye verilecek bir dünya cevabım var. Bir de artık her şeyi içime atmıyorum, gidip çöpe atıyorum, sahil kıyısında bir banka anlatıyorum, ayın yansımasıyla konuşuyorum. Diyorum ya bir sürü arkadaşım var, yıldızlar ne güne duruyor. Hiç olmadı bayrağıma anlatırım. Öyle yani, içime atınca kendimi 70 yaşında kalp hastası bir amcayla aynı hissediyorum. Yatırmışlar sanki bir kliniğe. Kesinlikle tavsiye etmiyorum. Biraz erken de olsa hayatıma giren bir sürü kişi oldu. İyisiyle kötüsüyle ne insanlar kazandım ne insanlar kaybettim, tabi adına kaybetmek denilirse. Gelen giden çok, biri selam vermeye biri selam almaya, gönül almaya gelen daha olmadı. Bu arada maddi durumlardan dolayı sık sık taşınmaya devam ettik. İstanbul'da ikamet etmediğimiz semt kalmadı. Fikirtepe, Yeni Sahra, Örnek Mahallesi, Ümraniye, Maltepe neyse ki alışkın olmadığım bir durum değil...

Ağlayınca ellerimi yumruk yapmaktan sıkıldım. O kadar sıkıyorum ki bir gün kangren olmazsam iyi. Küçücük şeye sinirlenip inat etmekten nefret ediyorum. Kocaman gözlerimi ortaya çıkarmaktan da ve ne yazık ki bu huyumdan vazgeçemiyorum. Aslında normalde eğlenceli biriyim, yazdıklarım kadar hüzünlü değilim. Gülmeye de güldürmeye de güldürenlere de zaafım var. Çok kırılgan saçlarım, kalbim gibi. Rimelle epey uzayan kirpiklerim, gözlerimin büyüklüğüyle anlaşmalı. Sanırım ergen olduğum için sivilcelerim rahat bırakmıyor, her hafta alnımda bir tanesi konaklıyor. Aşırı bir beklentim yok hayattan, daha sonra olur mu bilemem... Dansımı tüm dünyaya göstermek, yazdıklarımı ise duyurmak istiyorum. Aşırı mı değil mi, bak şimdi kararsız kaldım. Olmadı dünyayı gezerim. Biliyorum, ikisi birbiriyle çok alakasız. Bir yanım insanları eğlendirirken bir yanım hüzünlendirebiliyor. Aslında ben öyleyim, yüzümde kahkahalar bulunurken içimde ıssızlık yaratıyorum. Bu dünyaya kendimden minik bir şeyler katlamalıyım. İşim olsun evim olsun tarzında düz biri olduğum söylenemez, onlar zaten olur. Örneğin **"Açılan yaraya dikiş atılınca da izi kalıyor."** Bu sözümü herkes bilsin belki işlerine yarar. WhatsApp durumu yaparlar, belki eskilere yollarlar. Biri okuyup iç çeker, birinin hayat felsefesi olur, belli mi olur. Mezarın altında hiçbir şey ifade etmemek istemiyorum. Ölüp gittikten sonra da anlayın; bu çok şey değil bu çok az şey. Ayrıca çok şey isteyenden bir şey olmaz, bir şey isteyenden çok şey olur. Ben öyle biliyorum, bilmiyorum acaba doğru mu biliyorum. Çok özeniyorum Can Yücel'e, Orhan Veli Kanık'a, Atilla İlhan'a... Ne kadar öyle bir tipim olmasa dahi. Ön yargıdan nefret ettiğim hâlde burada bile kendime ön yargılı davranıyorum kimsenin içiyle dışı bir değil. Bir de beni hep güldüren bir kocam olsa fena olmaz. Yazdıkça bayağı istekli bir insana dönüşür oldum. Kitaplardan anlamadığımı düşünen bir insan olarak kitap yazacağım hiç aklıma gelmezdi. Lise birinci sınıfta Nursen isimli edebiyat öğretmenime kompozisyon ödevimi vermiştim. Okuduktan sonra anlamlı anlamlı bakıp tebessüm etti "Sen kitap yazmalısın" demişti. Ciddiye almamıştım şimdi ise nereden nereye. Hatta bir keresinde de *"Yüzün çok gülüyor ama dokunsam ağlarsın. İçinden atamadığın bir şeyler var sanki..."* demişti. Bunu nereden bildi? Üstelik öğretmenliğe de yeni başlamıştı, yılların tecrübesi de diyemem. Yani sonuç olarak ilk defa bir öğretmenimin sözünü dinlemiş oluyorum. Ayrıca teşekkür ediyorum bana ışık yaktığı için.

Aslında asıl meselem herkesi herkes olarak görmem. Yarın kıyamet gelse bugün televizyon izlerim. Mesela biri çıksın karşıma komple silsin geçmişimi. Unuttursun bana hayatıma giren bütün saçmalıkları. Saydırsın geçmişime, çıtım çıkarsa adam değilim. Sokağın ortasında belimden tutup kaldırsın gökyüzüne doğru. Dünyadan hızlı döndürsün, biraz deli olsun yoksa olmaz. Karpuzu manavcıya seçtirmesin, vurup ses çıkarsın, anlasın iyisinden kötüsünden. Beni kızı gibi sevsin, sevgili gibi değil. Ömrünün kıyısında hiç bırakmasın beni, hep merkezindeki o küçük kırmızı işaret olayım. Göğsünde uyutsun, göğsünde büyütsün. **Öyle bir sahiplensin ki bütün sahipsizliğimi unutayım.** Sürekli güldürsün yüzümü Cem Yılmaz gibi. Kafasının estiğini yapsın ve o kafası hep benimle essin. Bana yemek yapmayı denesin; yaksın tavaları, tencereleri, kokutsun evi. Vurdumduymaz olsun, umursamasın bizim dışımızdaki dünyayı. Biraz dağınık olursa kavgalarımız güzel olur. İç çamaşırını çıkardığı yerde unutsun, çorabını yatağa girince ayaklarıyla çıkarsın. Diş macununu ortasından sıksın, saçına beş liralık jöle sürsün hatta sorsun burnumda sümük var mı diye... Doğal olsun yapmacık değil. Severim didişmeyi, bunlar yoksa tadı tuzu yoktur ilişkinin. Bensiz ekmeğin tadına varmasın, zaten her şey çok bayat. Dalga geçsin üzüntülerimizle. İzin vermesin üzülmeme. İki günde bir muzlu pasta alsın bana. Dünyaya kafa göz dalsın, bana hiç tokat atmasın. Hep kavga edelim ama hiç ağlatmasın. Okeyde hep hile yapsın, taş çalsın lakin beni hiç aldatmasın...

Neden hayallerle gerçekler arasında kilometrelerce mesafe var? Çok merak ediyorum, hayaller gerçek olsa dünya nasıl olurdu? Tabii iyi insan da var kötü insan da, güzel hayali de çirkin hayali de... Hesaba katmamışım bunları, o iş yaş. Elbette sevgilim oldu. Anlam ifade edeni de etmeyeni de, çok seveni de az seveni de... Genellikle çok sevdiler ama seçimlerimi sormayın, berbat durumdayım. Yanlış kararlar kukla ediyor rollerimizi.

Hayatımda olmasından rahatsız olduğum bir sevgilim var. Çok enteresan değil mi? Ne yazık ki öyle. Erdi ile ilk üç ay mutluydum sonra canım cicim aylarımız geçti. Aslında ilişki koçlarının çok sık rastladığı bir konudur. Yalnız bırakın benim ilişki koçunun yanından geçmemi, ilişki koçları benim cahilliğimin yanından geçemez. Bir o kadar da toyum. Çok çirkin bir ilişkiye sahibim ve ayrılamıyorum, ne kadar ilginç. Benim istemeyişim onu hırçınlaştırdı, beni ise asileştirdi. Kaçacak delik arıyorum, saklanıp kimseler yokken karanlıkta ortalığa çıkmalıyım. Tırmansam da çıkabileceğim bir tepe yok. Başta bambaşkaydı ödeyemeyeceğim hakkı vardı üstümde, şimdi ise yükü. Zaten hep öyle olmaz mı başta her şey başkadır. Aynı tatlı sakız gibi düşünün, ilk çiğnemeye başladığın ve çıkarıp attığın zaman arasındaki fark epey büyüktür. Uçurumun ucunda sallanıyoruz, birinin el atması lazım. Ne olacağının bilincinde değilim lakin iyi olmayacağı görüşündeyim. Tercihlerimiz gidişatımızın temelidir. Zeminim hiç sağlam değil. Çok çirkin bir geçmişim, şimdi ise berbat bir ilişkim söz konusu. Ne zaman gülecek benim yüzüm? Bazen hakikaten kendi kendimize eziyet ediyoruz, olmayacak duaya âmin diyoruz. O kadar çirkin ki kavgalarımız, ayrılamayışım deli saçması. Bir sevgiliden dayak yemediğim kalmıştı. Hadi alkışlayın beni, yılın geri zekâlısı seçtim kendimi! Mutsuzluğumu yüzümü görmeden sesimi duymadan hissedenler var. Vallahi gemisi batıyor insanın, yorgunluk limanı arıyor kendine. Bir limanım dahi yok. Psikolojim geçmişe dönüyor, üstelik bu sefer ben izin veriyorum. Cahilliğin masterını yapıyorum. Sonumuz hayır olsun, sizin ayrılmak isteyip de ayrılamadığınız bir sevgiliniz olmasın. Eğer biz bu dünyada gerçekten özgürce yaşıyorsak kendi kararlarımızı kendimiz almalıyız, başkalarının isteklerine göre yön almamalıyız, ne kadar zorunlu tutulsak da. Ben aptallık etmiş olabilirim, bunu siz yapmayın...

Nerden bilebilirdim asıl hikâyemin bu noktada devreye gireceğini. Hiç aklıma gelmezdi yağmurdan kaçarken aşka tutulmak...

Büyüdükçe acılarım küçülür sanmıştım,
hiç küçülmedi, hâlâ aynılar.

Aşka Gel

2012'nin Aralık ayıydı, güzel günlerin arasında mıydı? Gönlümüzde aralık kapı bırakmak lazım, belki biri kapatmaya gelir. Her gelene güven olmuyor...

Birkaç arkadaşımın gazıyla oturdum bilgisayarın başına, ajanslara form doldurmaya başladım. Sanki bir faydası olacak, iş olsun işte. Oyuncu olacak hâlim yok, heves ettirdiler boş yere. Nasıl da verdiler gazı, öyle güzelmişim böyle yetenekliymişim... Durup bir ara kendimi sorguladım, ben neymişim? Sadece gözlerimin bal rengi oluşunu beğeniyorum ender bulunduğu için. Baldırlarım hakikaten kalın, bıyıklarım kadar saçlarım uzamıyor. Klasik Türk kızı boyuna sahibim, hemen merak ettiniz değil mi? Benim neremi ne yapsınlar, tek iyi yönüm dansa olan aşkım. Zaten gazı da oradan verdiler, işi biliyorlar... Neyse ki fren kontrolüm iyi. Millet Afrika'da açlıktan ölüyor benim derdime bakın, burada öz eleştiri yapıyorum. Hem güzel veya yetenekli olmanın, torpilin veya şansın yanında halt yediğini cümle âlem biliyor. Onların da bin bir türlü evresi var, insanlığın olduğu gibi. Yalnız bir ayrıntı ilgimi çekti, bana hep güzelsin dediler. Biri de çıkıp yüzün gibi inşallah kaderin de güzel olur, demedi. Allah yüzümü çirkin kaderimi güzel yapsaydı muhtemelen gönlüm olurdu. Biz de ne nankör insanlarız değil mi? İsteklerimiz bitmek bilmiyor.

Alt tarafı doldurduğum bir formun hayatıma renk katacağını kim bilebilirdi ki?

Uğur Dede, form doldurduğum ajanslardan birinde çalışıyormuş. Formları okurken Uğur bende duraksamış, derler ya hani sokak ağzıyla Adriana Lima gibi sevgilim olsun dünya kadar borcum olsun. Bir de bunu söylerken sağ elini havaya kaldırıp aşağıdan yukarı doğru yuvarlak çizerek sallarlar ya öyle bir hikâyesi var kendisinin. Tabi o kadar kaba değil. O el sallama olayı da bizim annelerimize özgüdür. Örneğin temizlik yapmadığımızda "Bu kız evlenecek de ben de göreceğim..." diye uzatmaları bile var.

Uğur fotoğrafımın üzerinde durup *"Keşke senin gibi biri olsaydı hayatımda!"* demiş. Uzun uzun bakarken dalgınlıkla sesli söylemiş. Hani bir kız için iddiaya girerler. Olay çirkindir sonra çocuk gerçekten âşık olunca araya masumiyet girer, her şey farklı bir boyut alır. Bu ne alaka bilmiyorum, bir yerini benzetmiş olmalıyım. Aynı iş yerinde çalıştığı kuzeni Ferhat duymuş bu dediklerini. El âlem duyunca dalga konusu olursun tabii. Ferhat fotoğrafı görmek istediğinde kıskanıp fotoğrafımı göstermek istememiş. Abartma demeyin, vallahi ben de onun yalancısıyım.

Tabi bambaşka hayatlara sahibiz. Çok zaman geçmeden beni Şafak Sezer'in başrol oynadığı 'Âlemin Kralı' adlı diziye çağırdı, hemen ardından da 'Aşka Gel' diye bir programa. Aşka mı davet edilmiştim yoksa? Daha lisede 3. sınıftayım, okulun sömestir tatiline denk gelince işime geldi. Dans edeceğim bir sahne var mı, diye sordum. Yoksa gitmeye de niyetim yoktu. Telefondan o potansiyeli aldı. Olmadığı hâlde var dedi. Kandırdı beni gideyim diye, hilekâr şey getirtti de. Dizide dans sahnesi yoktu da yarışmada olacak. Yemin etse başı ağrımazmış.

Akşamüstü saat 7 civarında ajansın çağırdığı kişilerin toplandığı bir cafede bekliyorum. Herkes Uğur Bey nerede diye birbirlerine soruyor. Sıkıldım gürültüden, cafenin önüne çıktım. Tam o esnada koşar adım güzel sakallı, uzun boylu gençten biri geliyor; boynunda da kart var. Büyük ihtimal Uğur dedikleri budur. Bana doğru yaklaştı, iki küçük adım var aramızda. Sanki yıllardır tanıyormuş da uzun zaman sonra karşılaşmışız gibi baktı gözlerime; epeyce derin, anlamlı elini uzattı. *"Dilara'ydı adınız, unutmam mümkün değil,"* dedi. Biraz şaşırdım sonra toparlayıp beş saniyedir havada tokalaşmayı bekleyen eline elimi uzattım. Ben de "Merhaba," dedim. Tebessüm edip başımı salladım, avuçlarımızın terlediğini hissettim. Dünya durmuş gibi bir bakışı var. Allah Allah niye böyle oldu ki? Sonra gören herkes yanına gelmeye bir şeyler sormaya başladı. Uzaklaştım, servise binip çekim alanına gittik. Yanlış görmüyorsam arada kesiyor beni. Aslında hiç çapkın birine benzemiyor, aksine utangaç gibi. Saatlerdir bekliyoruz. Böyle işlerden nefret ediyorum yanıma da bir tane kadın oturdu, kafamı şişirdi. Vallahi sıkıldım set hâlâ başlamadı. Yemekhaneden bir tane portakal aldım. Tam soyarken Uğur geldi, set başlıyormuş. O kadar bekledim başlamadı. Şimdi başlar tabii... *"Portakalım yarım kaldı,"* dedim yüzüne bakarak. Umarım yarım kalan sadece portakalım olur.

Pislik beni figüran olarak çağırmış buraya. Dans sahnesi falan yok! Bunun hesabını sormalıyım. Nasıl da bana bakıp sırıtıyor, şuna bak. Yarın da şu yarışmaya gideyim daha da telefonunu açmam. Yalnız yarışmanın da ismi çok enteresan, *'Aşka Gel,'* ne demek? Çocuk galiba yarışmanın isminden gaza gelip de o kadar uzun baktı göz bebeklerime.

Teni esmer mi desem buğday mı? İkisinin arasında saklı kirli sakalları, parmaklar arasında gezmeli. Zayıf, kesinlikle kilo alması gerek. Uzun boylu, parmak uçlarımda durursam belki yetişirim boyuna. 20 yaşlarında hiperaktif biri, götünün yere değdiğini görmedim. Sempatik, sevimli, sanki kedi... Tokalaşmayla elektrik akımı yükleyen birisi. Aurası ben buradayım diyor. Allah için çok iyi ilgilendi. Art niyetle yaklaşmadım, zaten beceremem o işleri elimde değil. Zira ona kefil değilim. Arkadaş olarak çok sevdim acaba farklı türde nasıl severdim? Biraz üçkağıtçı ama iyi kalpli, esprili. Yüzünde gülümsemesi eksik olmayan ve güldürmeyi meslek edinen biri, bu her hâlinden belli. O kadar saat bekleyince muhabbetin dibine vurduk tabi oradan çözdüm. Hiç gülmediğim kadar güldürdü beni. Yarın görüşürüz dedik, set bitimi ayrıldık. Eve giderken geç diye eşlik etmek istedi ama izin vermedim. Gece eve tinercilerin yanından geçerek girdim, deli cesaretimi tebrik edin. Ben de tacize uğramadan ellerinden kaçtığım için şükredeyim. Dört saat uyudum uyumadım Uğur arıyor, *Aşka Gel* programına çağırıyor. *"Tamam biliyorum bugündü ama sen bana sabah dememiştin, hani öğlendi? Bu saatte kusura bakma kalkıp gelemem uyuyamadım bile..."* Telefonda büyü yaptı çocuk bana, o hâlimle kaldırdı Zincirlikuyu'ya kadar getirdi. Helâl olsun alnından öpmek istiyorum.

Gülümsetme diye bir meslek olsa
en çok ona yakışırdı.

Tesadüfe Bak

Öyle sosyal medyadan arada yokluyor beni. İyi arkadaş olacağız galiba. Setlere de çağırdı ama bir kere figüranlık dersini alınca aman dedim, okul üç ay tatil olduğunda bile gitmem. Birkaç ay sonra gezmeye Kefken'e giderken aradı. *"Gelmek ister misin?"* diye sordu. Etrafında arayabileceği o kadar insan varken neden beni aradı diye hiç düşünmedim. Hakikaten niye düşünmedim? Zaten cevabım da belliydi, gitmedim. Ne kadar bitik de olsak hâlâ hayatımda olan birisi var. Uğur da sosyal medyadan olsa gerek bunun farkında olduğu için yanlış bir şekilde yazdığı aklıma gelmedi. Yoksa geldi mi, gelmeli miydi? Yok canım daha neler...

Okullar tatile girecek yaz tatilini sezonluk bir yerlerde geçirmek gibi bir niyetim söz konusu. Bunun en büyük sebep ise malum, boğulduğum ilişkimden uzaklaşmak.

Liseden bir iki arkadaş ile Şile'de çalışmak için yer ayarladık sayılırken son dakika iptal oldu. Sinirlerim havada takla attı, halay çekti. Son dakika gollerini de hiç sevmem takımım dışında. Tatilde gelip çattı hemen iş bakmaya başladım, yardımcı olabileceklere mesaj attım. Bunların içinde Uğur da vardı ve tesadüfe bakın ki o da yazları Kilyos'ta bir plajda çalışıyormuş. Hemen *"Yanıma gel, kalacak yer ayarlarım."* dedi. Maşallah o da dünden razıymış. Aşk tesadüfleri sever derler, siz ne dersiniz? Demek ki kışları ajansta, yazları plajda çalışıyor. Tamam da bu çocuğun mesleği erkek kuaförü. Neyse fazla kurcalamayayım ortaya ne çıkacağı belli olmaz. Takla atan, halay çeken sinirlerim kendine geldi. O esnada otobüsteydim, kulaklıktaki şarkıyı hareketli bir müzikle değiştirip dans etmeye başladım. Adamlar otobüste beş dakika önce horlarken hangi ara uyanıp pörtlettikleri gözlerini bana diktiler? Bazı insanoğulları hayvan varsaydıklarımızla yer değiştirmeli ancak hayvanlara haksızlık olacak diye çekiniyorum. Ne yapalım dünya sapık kaynıyor, biz de gençliğimizden ödün veremiyoruz.

Bunalınca insan her şeyden kaçacak liman arıyor. Bunu özellikle ben çok yapıyorum. Kaçmak benim hayat felsefem ancak ne kadar kaçarsam kaçayım sıyrılamıyorum hikâyemden. Uğur bana liman olabilir mi? Aslında iyi tanımıyorum ama kalbi temiz, bak bunda yanılmam. En azından boğulduğum ilişkimden kafamı sıyırıp nefes alırım. Nefesimi elimden alacak değil sonuçta. Burada onu da yapamıyorum. Bozulan psikolojimi toparlayabilir miyim acaba? Her şeyden kaçmak kolay kafandakiler dışında.

Evi ikna etmekte zorluk çekmedim ancak hayatımda olmaması gereken varlık epey zorladı. Aramızdaki mesafeler kilometreler falan olsa gene iyi, kırgınlıklar daha fena. Sonra ne yapsan da toparlayamıyorsun, olan boşa geçen zamana oluyor. Hep öyle olmaz mı zaten? Bir kere kopunca bağlar ikinciye en sıkı kördüğümde olsa toparlanmaz. Birçoğumuzun da başına gelmiştir. Mesela tavırları çok hırpaladı duygularımı, hak etmediğim hâlde dayağını yediğimi hatırlıyorum. Kırgınlıklarımı ortaya koysam Allah hepsinin belasını verir, biliyorum. Evet, bu devirdeyiz. Çıkmaza giren ilişkilerde şiddet devri! Bir ilişkiyi bu konuma getirecek kadar yormamak gerek. Bende de hata çok var. Ayaklarıma kapanıp hıçkırarak beni bırakma diye ağladığında, beni bırak diye ağladığım dönemler de var aklımda. Her ayrılmak istediğimde beni insanlara kendi uydurduğu şizofren hikâyelerini anlatmakla, kaçırmakla ve kendine bir şey yapmakla tehdit etti. Milletin ağzına düşürecek beni. Dilara şöyle yapmış, Dilara böyle yapmış. Acaba ne tür planları vardı, nasıl iftiralar hazırladı, o küçük dünyasında neler kurdu. Küçük mahallelerde dedikodunun dibine vururlar, bilirsiniz. Ne kadar da cahilim, insanların cahil düşüncelerini düşünüyorum. Saçma sapan tehditlerle ilişki mi yürür? Yürüyor işte. Hatta bir keresinde ayrıldığım için ciddi ciddi kaçırmaya kalktı. İzmit'e kadar götürdü. Yalvar yakar geri döndürdüm, ayrılmıyorum deyince ikna oldu. Anlamıyorum kaçırınca ne olacak, bitmiş sevgim yenilenecek miydi? Vermediğim değer, değere mi dönüşecekti? Zorla tutunca mutlu mu olacaktı? Ne yapacaktı zorla hamile bırakıp annemin kaderini mi yaşatacaktı. Sen bari bu kadar kötü olma? Ondan kaçtım diye gidebileceğim şehirleri, caddeleri, sokakları, eğlence mekânlarını, cafeleri tırım tırım aramış insandan bahsediyorum. Evden kaçmayayım diye kapımdan ayrılmadığı zamanları hatırlıyorum. Psikolojisi çok bozuldu, sevgisinin çekilir yanı kalmadı. Aslında bu kadar kötü biri değildi, nasıl böyle oldu hâlâ anlamış değilim. Ayrıca beni beni yıllarca taciz eden babamla tehdit etmesi kadar çirkin ne olabilir ki? Ona diyecekleri değil, onu başıma bela etmesi korkunç olurdu. Çünkü babam bana yaptıklarını yapmamış gibi davranan birisi, herhâlde büyüyünce hafızamın temizlendiğini düşünüyor. Ne diyecekti, ona bizi evlendirin kızınla yattım mı diyecekti? O da aferin oğlum, benim yapamadığımı yapmışsın mı? Daha ne kadar çirkinleşecekti hayatım? Allah'ım sen sabır ver. Belki de beni kızı olarak görmek istememiştir diyorum. Peki ya ne olarak gördü? Kim bilir. Bir yüzü vardı bir de bin bir türlü yüzü. Ona ecel diliyorum Allah'tan. Mekânı da cennet olmasın. Ondan sonra kimi insan sansam kanı bozuk çıktı. Aynı babam gibi onu da insandan saymadım. Artık Erdi de onun yerine göz koydu. **Atan çok oluyor da tutan hiç olmuyor.** İşte böyle boktan sebeplerden ayrılamadım uzunca bir süre.

Mekânınız cehennem olsun...

İdam ipi olsaydım
ilk senin yakanda biterdim.

Mutsuzluktan Ölüyorum

Yaşadıklarımıza yaptıklarımıza bakmadan kadere atıyoruz suçu. Biz hatalarla kavrulmaya meyilli insanlarız, hemen toparlanamıyoruz. Elimizde olduğu hâlde öyle değilmiş gibi davranıyoruz. Ortada bir ip dahi yokken elimizi ayağımızı bağlıyoruz. Bulduğumuz ip diş ipi olsa halat sanıyoruz, öyle sanmaya zorluyoruz. Hatalar hep hatalardan doğar. Belki de biz bu doğurganlıkta birinci olabiliriz.

Uğur neredeyse her gün arayıp ne zaman geleceğimi sormaya başladı. Çayın damaktaki tadına, kahvenin acısına bakmıyor herhâlde. Gören de kafayı bana takmış sanacak. Belki de öyle ne bileyim ben? Birkaç hafta sonra gitmeye karar verdim, haftada bir eve gelirim diye kurdum senaryoyu da. Bu arada beni Uğur'un yanına plaja Erdi götürecekti. Saat geç olmasına rağmen yola çıktık. Şansımıza da bulutların içini dökesi gelmiş, hava hiç iyi değil ancak bizim havamızdan iyi olduğu kesin. Yanımızda Savaş diye bir arkadaşı var. Arabayı o kullanıyor biz de arkada oturuyoruz. Camdan izliyorum öyle gelen geçen arabaları, bir an önce bıraksa da rahatlasam kafası var. Nasıl bezdiysem artık kendisinden. Bir ara Erdi valizimi kurcaladı. Plajda giyeceğim şortlardan birkaçını arabanın camından attı, bunları mı giyeceksin diyerek... Sanırım nereye götürdüğünün farkında değil. Kalacak olmama değil de iki şorta mı tutuldun? O ara tartışmaya başladık çok doluydu, bugün boşalmış olması lazım. Vurdu, sövdü hatta giden arabanın kapısını açıp başımdan tutup ittirdi, küfürler etti. Aklınca ne yapmaya çalıştığını anlamadım, aşırı ileri gitti. Bazen şunun yanında bir araba çarpsa kurtulsam psikolojisini yaşıyorum. Belki de beni korkuttuğunu sandı ancak korkutmadı, tamamen kaybetti. Kendimi onunlayken o kadar çaresiz ve savunmasız hissediyorum ki... Ne yalan söyleyeyim onun yanındayken kendimi arabadan atmayı düşündüğüm olmuştu. Tam olarak öyle bunaldım. Ben nasıl böyle işin içinden çıkılmaz bir konuma geldim? Oysa başta çok sevdirmişti kendini. *Allah rızası için seveceğiniz insanları iyi seçin.* Allah'ım yardım et! Artık hıçkırıklarımı tutamıyorum, o an ondan nefret ettim. Nefret edilmeyecek gibi değil. Hayatım boyunca unutamayacağım çirkin bir an hediye etti bana. Savaş o olaydan sonra arabayı durdurmuştu. *"Erdi ne yapıyorsun?"* diye bağırmıştı lafta. İndiğim gibi kaldırım taşı bulup oturdum. Ben ağlarken başını dizime koyup *"Kendimi kaybettim, özür dilerim. Seni sevdiğimden çok kıskandığımdan oluyor..."* gibi cümleler deviriyor karşımda. Hâlâ bir şeyler geveliyor ağzında hiç utanmadan. O an içimde geçmişe olan saygım da olsa kalmadı. Bitti benim için lakin bitti diyemedim, beni bırakmazdı. Geri götürmesini hiç kaldıramazdım. Zaten hiçbir zaman bittiğini kabullenmedi. Sustum, içime atmaya alışkınım nasılsa. Babamdan geliyor bu gelenek. Nasılsa eninde sonunda bitecek. En azından beni Uğur'un yanına bırakıp gitsin istedim. Sırf bu adam yüzünden doğru düzgün tanımadığım hatta bende aklı olduğundan şüphelendiğim birinin yanına gidiyorum, hayırlısı inşallah. Durumum vahim, az önce ben adam mı dedim estağfurullah. Allah belamı vermiş benim. Öfke dolu gözlerimle tekrar arabaya bindim. Gidene kadar ağzımı bıçak açmadı. Konuştu duymadım. Kapalıydı kulaklarım, gözlerim gibi. Ölüyorum mutsuzluktan. **Mutsuz olan insanların yerine koyun kendinizi, belki olduğunuz yerin değerini anlarsınız.**

Beni Uğur'un yanına kadar getirdi. Birkaç dakika da aralarında konuştular, dinlemedim. Tokalaştıklarını gördüm, büyük ihtimal sana emanet iyi bak demiştir. O da kendi kötü baktığındandır. Uğur için ona eski arkadaşım olduğunu, uzun zamandır tanıdığımı, sevgilisi olduğunu ve bir dünya yalan söylemiştim, giderayak açık vermesem bari. Sonra geldi yanıma bana sarıldı ve gitti. **Kim derdi ki kendi elleriyle teslim ettiği adamın kendi ilahi adaleti olacağını.** İşte şimdi gerçekten nefes aldığımı hissettim. Uğur, içi yorgunlukla dolu olan valizimi alıp koydu kenara; oturduk biraz. Sonra kumların arasına iki sandalye attık. Yıldızların denize yansıdığı manzaraya baktık, belki denizdeki yıldızları saydık. İçimde öfke kusan bir kadın var; dışım desen aciz, hâlsiz, savaşsız. Kolumdaki kızarıklıkları görünce istemeyerek sordu. Konuşmaya aylardır ihtiyacım var, yabancı birine içimi dökmek en iyi ihtimaldi. Yabancı dediğime bakmayın o anlık geçerli. Herkesi dinlerim hatta yol gösteririm, derdi olan ilk bana uğrar. Ben kendimi bildim bileli kendime uğrayamıyorum. Bazen kalem kâğıt ile selamlaşırım, artık onlar da kurtarmıyor. Başkalarına gösterdiğim yol doğru, kendim yanlıştan çıkamıyorum. Bu nasıl oluyor hâlâ anlamış değilim. **Arada sırada kendimle paylaşırım sırlarımı o da çok iyi saklar. Bilirsiniz başkasına güven olmuyor.** Dinlemeden yorum yapan, derdimi yargılayan, beni anlamaya çalışmak yerine bir şeyler anlatmaya çalışan insanlar oldu. Onlardan beri anlatsam anlamazlar kafasındayım. Bugün nasıl olduysa koyverdim gitti. İyi de oldu. Dolmuş taşmış, suyu bulanmış nehir gibiymişim meğer. Allah razı olsun. Akıl vermedi bak bu hoşuma gitti sadece dinledi. Sanki iyi geleceğini biliyormuş gibi rahatlamamı sağlacak kadar dinledi. **Bazen sadece dinleyin, o zaman karşı tarafa daha iyi gelebilirsiniz. Dinlemeniz yorumlarınızdan daha kıymetli, zaten dinlemeden yorum da yapamazsınız.**

Bir taraf için bittiyse diğer taraf kabullenmeliydi.

*Eğer birbirinize iyi geliyorsanız
kötü gitmeyin, hatta hiç gitmeyin.*

Hangi Gözle Bakayım

Birine kızamıyorsanız şüphelenin kendinizden...

Nasıl da ısındırdı beni kendine... Hava soğuk olsa anlardım ceketini veriş nedenini. Bu direkt kalbiyle girdi işe, belli o alev içinde. O gün Uğur, ailesinin yanına götürdü beni; yer ayarlayamamış. Bu kadar zaman sonra bana bu kadar iyi gelen birine nasıl kızarım, kızamadım. Normalde ortalığı karıştırırdım yapamadım, bu çocukta şeytan tüyü var. Utansam çekinsem de gittim evine. Hem nasıl birden güvenip beni evine kadar soktu? Arsız da olabilirdim hırsız da, anlamış değilim. Ailesiyle kısa bir tanışma faslımız oldu. Kapıyı uyku saatinde açtırdık ondan olsa gerek. Oğullarının yanında sarı kafalı bir kız görünce şaşırdılar tabii bir de kalmaya gelince.... Allah'tan anlayışlı insanlardı oradan yırttım, durumu izah edince sıkıntı kalmadı. Yabancılık çekmeme bile izin vermediler. Mütevazı ve sıcakkanlı bir ailesi var. Hiç unutmam annesini ablan mı diye sormuştum ben de az değilim. Babasının Acarlar sitesinde erkek kuaförü varmış. Uğur geleneği bozmamış baba mesleğini de almış eline, her ne kadar kendi mesleğini yapmıyor olsa da ileride dükkân açmaya yönelik bir düşüncesi olduğundan bahsetti. Hangi arada bunca şeyi öğrendim? Allah bilir daha neler öğreneceğim. Kendisi gibi hareketli kardeşinin ismi Kürşat, aynı Uğur'un küçük versiyonu. Bir de doğum günümüzün aynı gün olduğu kız kardeşi Büşra var. Annesi hemen Kürşat'ın odasındaki diğer yatağı bana hazırladı, sanırım Uğur'un yatağı. Bu nasıl bir adam! Yüzümü güldürmek dışında bir şey yapmıyor. Bir günde aylardır gülmediğim kadar çok gülüyorum. Gece kalkıp kolumdaki morlukları ben uyurken fondötenle kapatmış, sabah gördüğümde moralim bozulmasın diye beni gerçeklerden kaçırmayı hedef bellemiş gibi. Bu kadar da iyi olunmaz ki. Morluklarımı bile onunla paylaştım, iyilik yuvasıydı kendisi. Sadece kolum değil ki boynumdakilerin de güzel yeri var, vücudumda kapattığım hâlde belli oluyor. İnsanların ağzı torba değil ki büzeyim. Az dedikodumu yapıp günahıma girmediler, sevişirken başka nerelerini morarttı dediklerini duyar gibiyim. Günahları boynuna. **Bazı insanların ağzı nakliyat işinde zirve yapar**, Allah onlardan korusun. Ah ah insanların yüzlerine taktıkları maskeler bizim evde yaptığımız o derinlemesine temizleyen naneli maskelere benzemiyor. Neyse... Keşke benim de hayatımda yüzümü hep böyle güldüren biri olsaydı.

Allah bilir daha neler olacak?

Kumsalda Futbol

Arkadaşlık, arkadaştan aşka dönüşebilir.

Çok yakın arkadaş olmuştuk. Yakın olduğu kesin ancak arkadaş kısmı şüpheli. Hemencecik alıştım plaja, Uğur sağ olsun. Uğurlu geldi bana. Plajda ilk günden yaz yağmurunu tattım. Kesin benim doğuştan gelen cenabetliğim yüzündendir. Tabi öyle olunca cankurtaranlarla oturup okey oynadık. Plajda bir dalga sesleri bir de çalışanlar mevcuttu. Uğur ortağım oldu, hayret o gün şanslı benim. Şeytanın bol olsun diyen de olmadı. Uğur'a bu ismi boşuna koymadılar galiba. Ha bir de Sarı ağabey var, ilk günden kanı kaynadı bana. Her fırsatta benimle uğraşmayı ihmal etmedi, tam bir sarı bela. Allah Allah Uğur'un bakışları sanki kıskanır gibi. Elime telefonu aldığımda bile bir farklı bakıyor. Yine kuruntu yapıyorum ne alakası var yani. Gördüklerimi görmezden gelmeye meyilliyimdir, gören körlerden mi olacağım şimdi? Araftayım bu çocuğun böyle yapması aklımı çelmezse iyi, yoksa çeliyor mu? Apaçık ortada çeliyor işte kızım! Kalbinin attığını hissettirdi sana, daha ne yapsın? İşin içinden çıkamıyorum. Başın zaten sıkıntıda sus karıştırma. Okey de oynadıktan sonra kumsalda futbol oynamaya sahil tarafına geçtik. Güzel bir filmin sahnesini çaldığımızdan şüphe ettim. Yoksa öyle miydi? Övünmek gibi olmasın da iyi kaleciyimdir. Okulda 'Muslera'nın kız kardeşi' diye kafa bulurlardı. Voleybolu bile kafa ile oynayan pek kız yoktur herhâlde. Benimle Uğur, Sarı Ağabey ile de Duygu diye bir kız vardı, o bir takım oldu. Kale kızlara saha erkeklere kaldı. Tabii Uğur şansını katladı benim gol yeme şansım yok. Böyle bir şey beklemediğinden şaşırdı. Sarı ağabey de isyan etti *"Böyle iş mi olur? Bizim kız dizlerini kapatıyor beşikten top geçiyor, seninki Muslera'ya kafa tutuyor..."* Bu Sarı ağabey çok fırlama ya... Uğur'un epey göğsü kabardı, skoru hatırlamıyorum. Bazen kaleden çıkıp gol attığım da olmuştu gerisini siz düşünün. Üstüm başım saçıma kadar kum oldum, donuma kadar da ıslandım. Kumlar artık bir yerlerime batmaya başladı. Her işin eziyeti var, nedense o bile keyif verdi. İhtiyacım olduğundan olsa gerek. Özleyeceğim günlerden biri oldu. Unutmak ne kelime, yazın her girişinde futbolun iyi gelişini hatırlayacağım, bir de Uğur'un 32 dişini. Her golümüzde ellerimiz birbirine değiyordu. Her lafın sonunda birbirimize değişimiz gibi. Yanlışlıkla kanka dedim. Şimdi nasıl dedim ben onu, eyvah eyvah bakışları hayra alamet değil. Sakın deme dedi gözleri. Burada fark etmeliydim birbirimizden hoşlanmaya başladığımızı. Meğer küçük şeyler büyük mutluluk verirmiş. Sarı ağabeyin ben bu yenilgiyi kabul etmem demesi bile bozmadı bizi. Cidden hangi ara biz olduk?

"Biz..." Bu kelimeyi çeyizimde saklamak istiyorum ama çeyizim yok.

Yazın İmkânsızı

Bazen mantık, duygular, doğrular, yanlışlar hepsi birbirine girer. Öylece kalırsın, dört beş tane yönün var lakin hepsi çıkmaz sokakmış gibi. Yine de kalp ne diyorsa onu uygulamak gerekir.

Yanında yumoş kokan nevresim takımına sarılarak uyumuşum gibi huzurlu hissediyorum. Yumoş deyip geçmeyin, o kokunun bana verdiği huzuru daha önce kimse vermedi... Tahterevalliye bindi duygularımız seninki beni üstte bırakıyor. Odadan odaya mesajlaşmakla girdik bu düğümün içine. *"Bir şeye ihtiyacın var mı?"* demişti. İhtiyacım olan tek şey kendisiymiş, o sıra fark edemedim demek ki. Konuştuklarımız kendi arasında köprü kurmasa da hırçın deniz gibi köprünün altından dalgalanıyor, bu bariz ortada. Onun yeni bitmiş bir ilişkisi söz konusu, benim bitmemiş. Benim hâlâ bir sevgilim var, onun ise aynı plajda eski sevgilisi, bu hayatta olmaz. Biz olamayız, buna ne o dayanabilir ne ben. Bizimki olsa olsa yazın imkânsız aşkı olur. Vallahi dayanamam onunla karşı karşıya gelmesine. Onun için bir önemi değeri olmasa bile ben yapamam. Yüreğim o kadar geniş çaplı bir şey değil. Hem Erdi ile ayrılmadan zaten olmaz, her şeye olmaz olamaz diyorum peki ya her şey olmazların üstüne kurulursa? **Nasıl olur da bunu yaparım dediğim ne varsa nasıl olduğunu anlamadan yaptım.** İnşallah bu öyle olmaz. Hep büyük konuştuğumda başıma geliyor, bundan nefret ediyorum. Umarım başıma gelir, aslında olacaklardan çok korkuyorum. Eski kız arkadaşı Buket ile aynı masada oturup sohbet ettim. *"Erkek arkadaşın var mı?"* sorusuna istemeye istemeye *"Evet, var,"* cevabını verip yetmezmiş gibi Erdi ile fotoğrafımızı gösterdim. Allah'ım ben bunu niye yaptım, yanlış anlamasınlar, arkamdan dedikodu yapmasınlar. Kız sahipsizmiş çocuğun evinde kalıyor demesinler diye mi yaptım, ben bu saçmalığı niye yaptım? Tam bir geri zekâlıyım. Senin eski sevgiline bir şeyler hissetmeye başladığımdan diyemediğimden mi yaptım of ya. Kördüğüm olduk resmen, Uğur'un eski kız arkadaşına sevmediğim sevgilimi gösterdim. Aslında onunla normal tanışsaydık çok iyi arkadaş olabilirdim, içten içe kıskanıyorum. Bu benim yapımda yok, bana ne oluyor böyle anlayamıyorum. Ona eksi arıyorum kendime artı. Oysa ne onun fazlası var ne benim fazlam, eşitiz. Uğur ile olmak için kendime bahaneler üretiyorum, ben böyle biri değilim hayır ya. Uğur'un onun yanından geçtiğini gördüğümde tüylerim ürperiyor. Kıza kişisel açıdan bir garezim yok ama olaylar çok dandik. Bu olacaklar doğruya benzemiyor. Uğur ile biz kazansak bile Erdi ile Buket kafamda bilinmez denklem. Çok çirkin bir durumun içindeyim ben daha önce arkadaşlarımla benzer konumlara düştükleri için dalga geçmiştim. Allah büyük dedikleri bu olsa gerek, verdi cezamı.

Aramızda bir şey olacak gibi görünse de olmamalı, umarım bunun farkındasındır Dilara. Ben yine kendi kendime konuşmaya başladıysam durum vahim demektir. Bunu arada sırada yaparım biri yakalayınca çeviririm sanki şişe çeviriyorum. Hem ben hâlâ o gözle bakmıyorum ki. Yoksa bakıyor muyum? Tepe taklak oldu bütün dengem, Allah'ım öyle içten bir bakıyor ki karar veremedim hangi gözle bakayım. Nasıl desem böyle rüzgârlı bir günde askıda mandalsız duran çamaşır gibi hissediyorum kendimi. Her an sana doğru uçabilirim, savunmasızım.

Sonra sen girdin alfabeme bütün a'lar z ile başladı bütün z'ler a ile.

Erteleme Hayatı

Ertelediğiniz her neyse gün gelecek pişman olacaksınız. Ertelemeyin ecel sizi ertelemeyebilir...

Kanıyla girdi kanıma, yediğimiz içtiğimiz ayrı gitmez oldu. Anlam veremedim bunca şey ne ara oldu. Gören birbirimizin kuyruğuyuz sanacak. Sözde arkadaşız teorik açıdan bakılınca evet, sadece arkadaşız. Uygulamayı da göreceğiz zamanla. Vesselam muhabbetimiz çayla güzel gidiyor. Bu çay da ne nimetmiş üstüne yazılmayan yazı kalmadı. Ama insanlara sorsak kahveden vazgeçmezler. Ben kendimi hiç konuşmaz sanırdım amma da düşük çenem varmış. Kullanma kılavuzumu yanlış kullanmışlar herhâlde. Ben bizden bir şey anlamış değilim. Hele kendimden hiç. Özgün'ün de şarkısında söylediği gibi *"Ama şimdi susmalıyız, sorana biz yalanlarız, gören olursa sadece arkadaşız."*

Aşırı hareketliydi, onu sandalyeye bağlasak ipleri sökene kadar sandalye kırılırdı. Yengeç burcuymuş acaba onun mu etkisi? Ya da benimle vakit geçirmeyi seviyor, ne sevmesi bayılıyor. Ben de ayılıyorum. Markete girince en sevdiğim çikolatayı ben söylemeden uzatıyor. Hadi çikolata neyse jelibonun diş olanını sevdiğimi nereden öğrendin? Yanında olalı daha dördüncü gün, dört yıl gibi görünüyor farkındayım. Kaldırım taşı bizi el ele görmek için sabırsızlanıyor. En iyisi biz uzun eşek oynayalım. Eşekliğimiz nereye kadar uzanıyor bir bakalım...

Plajda çay bölümünde olan 'Şakşak' lakabıyla tanıdığımız Gökhan ağabey vardı. Onun misafir yeğeniyle birlikte dörtlü kadroyu kurduk. Akşam İstinye Park'a sinemaya gidelim diye anlaştık. O da farkındaydı bizim aramızda kıvılcım olacağının, aslında herkes farkındaydı. İnsanlar kör değil ya çekip çekiştiriyorlar bizi, ben de sağır değilim. Ya buraya Erdi gelir de bir şey duyarsa bittiğimin resmidir. Neyse ya bozmayacağım moralimi. Vin Diesel'in filmi vardı, ismini hatırlayamadım, o filme girmiştik. Normalde birçoğumuz bu adamın filmlerini soluksuz izleriz, bu gelenek *Hızlı ve Öfkeli*'den gelir. Emin olun güzel bir film yaşayacağınız güzel bir andan daha güzel olamaz. Tabii o anların değerini bilememek zekâ geriliğindendir. Filmi izlemeye fırsat bulamadık yine daldık birbirimize, sohbet de koyuydu. Kafamıza atılan patlamış mısırlar için üzgünüm. Biz rahat olduktan sonra herkes rahatsız olsun. Kalbim çok güzel atıyor. Salon ağzına kadar dolu, biz sanki yalnızmışız gibi. Ömür boyu yandan çaktırmadan olan bakışlarına hayran kalabilirim. Dünyadaki diğer etkenlere çevrim dışıyım. Bu yaşadığımız gerçekten etik değil mi? Konuşurken nefesini içime kadar çekebiliyorum, o derece yakın ağzımız, ne diye duruyor dudaklarımız. Yanlış olan doğrular için mi? Elim koltuğun kolunun üzerindeydi. Elini elime doğru getiriyor. Ne yapacağım, nasıl tepki vereceğim? Ben daha fazlasını istiyorum ama nasıl yapacağım olmaz, yapamam, engel olmalıyım. Böyle ne kadar dayanabilirim bilmiyorum. Tam eli elime değmek üzereyken çektim. Allah beni kahretsin neden çektim? Düşürme o yüzünü lütfen gülüşüne haksızlık etme! Dayanamıyorum, sana daha yakın olmak istedikçe olayın boyutu değişiyor. Korkuyorum, üzgünüm. Kaç gündür beni güldürmeye yarayan o dudaklarınla kavruluyorum ama elinden kaçıyorum bu haksızlık. Neden bu kadar ortadayken ortadan kaldırmaya çalışıyordum bizi? Farkında olduğum hâlde farkında değilmiş numarası yapmam hiç adil değil. Başka dilde dile getirirdik, bir de dile getirmediklerimize bak sen. Bütün dilleri biliyor olsam da bu olayı anlatmam mümkün değil. Uğur'un içine attıkları benimkiyle karışınca atık bankası koydum adını. Kendini ifade etmeyi beceremiyor, sanki becerse ne olacak yanında telefonla engelimize hesap vermelerime şahit oluyor. Hatta yardımcı olmak istiyor ama nasıl olsun bilmiyorum, belki de farklı türde olmuştur. Artık hikâyemi biliyor. Mesajlarımı görüyor, soğuk konuşmalarımı duyuyor olsa da hâlâ bir gerçek var ben Erdi ile sevgiliyim. Ve ayrılmayı beceremiyorum, götüm yemiyor açıkçası. Ne tür bir ilişki olduğu hakkında fikrim yok. Gece gülümseyerek uyumamı sağlayan adamdan sürekli kaçıyorum. Keşke kaçmasaydım, kafamda biten bir ilişki için yoruyorum kendimi. Eninde sonunda bitecek, zararın en yücesi olsa da olmasa da bitecek. Kimsenin kimseye mecburiyeti yok! O tehditlerin son kullanma tarihi geçecek. Bu benim yaptığım aptallık dışı bir şey olamaz, içine cahillik de bulaşınca zor tabi. Böyle zamanlarda **mutluluğu bulup resmini çekmek yerine küreğini** çekeriz. Nasılsa bir gün bitecek, bitmeyen ne var ki... Olan içimizde kalanlara olacak. Yaşayacaklarımızı ertelememizle son bulacak. **Amalarla yaşlanıp hayallerle küfleneceğiz, geriye bakınca belki biraz da küfredeceğiz.**

Yaşamak istediğiniz hiçbir şeyi ertelemeyin, o anı yaşayın belki de bir daha o an olmayacak...

Hadi kaçalım buradan! Bohçam bile yok sana yük olmasın diye. Bambaşka bir dünyaya gidelim. Tut elimi, bırakırsam namerdim. Başka yeryüzünde, başka gökyüzünde sevişelim ne dersin kalbimin sesi?

Onca şeyi keşke kalbimdeki senle değil de karşımdaki senle konuşabilseydim. Yapamadım, senin söylediklerini ise duyamadım, özür dilerim...

Belki de en büyük aşklar
nefretle değil,
en zorları aşmakla başlar,
kim bilir.

Nikotinim

İçin kıpır kıpır oluyorsa, adını duyduğunda tepkini kontrol edemiyorsan, etrafındakiler sana şapşal gibi bakıyorsa, sevmediğin hâlde balık ekmek yiyip çizgi film izliyorsan, dünya sevgi yuvası gibi geliyorsa çoktan âşık olmuşsun demektir.

Uğurlar'da kalalı bir hafta oldu. Bir haftada en fazla ne olabilir? Bu sorunun cevabı biziz. Bir haftada mutluluğun formülünü buldum. Bir gülüş insanın hayata olan bakışını değiştirebiliyormuş. Bir haftada umut varmış ve daha neler.

Bir sabah erken uyanınca salona Uğur'un yanına gidip uyandırmak istedim. Tabi çocuğun yatağını ele geçirdim, koltukta yatıyor kendisi. Hep üstü çıplak yatıyor, hiç de hasta olmuyor. İlk kez tenine temas edecektim, kendimi alıkoyamamaktan korkmuyor değilim. Omzuna dokunup seslendim. Gözlerini açtı, iki elini yumruk yaptığı işaret parmaklarıyla gözlerini ovdu. O yüz ifadesini görmeniz lazım, şaşkın emoji sembolü gibi sanki rüyasında beni görüyormuş gibi... Acaba gerçekten görüyor muydu? *"Günaydın,"* dedim, uykulu hâliyle *"Seninle gerçekten aydın,"* dedi. Birkaç saniye öyle gülüştük. Artık yataktan kalkmasını bekliyorum, kalkmıyor. Bana git üzerimde sadece iç çamaşırı var da diyemiyor. Yatağının yanında pantolonunu fark edince anladım, ay çok utandım. Küçücük gözleri var ancak ağzı kocaman. İçinde ne laflar saklıyor, ne iyi laf yapıyor anlatmam mümkün değil. Benim anlayamadığım nokta neden bana git üzerimi giyeceğim diyemedi, illaki vardır bir sebebi. Sizce de git diyememesi iyi bir şey değil mi?

Sabah beraber işe gitmeler, akşam yemeğe yetişmeler, günün 24 saatini sevmeler tam bana göreymiş. Kalbini attıran kişiyle aynı evde olmak, ayrı odalardan mesajlaşmak, gece aynı anda tuvaletin kapısında karşılaşmak, bir bardaktan suyu paylaşmak, sofrada tuzu uzatmak özel hisler evet çok güzel. Her şey yolunda fakat çekiniyorum ailesinden, mesela iç çamaşırlarımı kirlilerin arasına atamıyorum. Lavaboya girmemek için tutabildiğim kadar tutuyorum, geceyi bekliyorum. İdrar torbam patlayacak diye korkuyorum. Kalacak yer ayarlamak şart oldu. Çadıra da razıyım. Aslında bir yandan istemiyorum, akşamları sahille selamlaşıyoruz. Sırasıyla her banka anı oturtuyoruz. Mahalle arasında yarışıyoruz, kendimi milli sporcular gibi hissediyorum, ruh öküzüm dedikleri bu olsa gerek. Bu çocuk ne kadar bana benziyor ya. Köpeklerle bizi korkuttular diye kavga ediyoruz, travestiler tarafından usturayla kovalanıyoruz. Ped reklamlarındaki kızlar kadar çok hareket ediyoruz. Sonra kedilere dert yanıyoruz, o beni şikâyet ediyor ben onu. Çok yaramazsın fakat benim de uslu olduğum söylenemez. Sırf zevkine erik olmayan ağaca tırmanıyoruz. Sokağın ortasında ensesinde geziyorum. Saçlarımı toplamaya çalışırken kokumu içine çekiyor, hissediyorum. Sonra aynı gökyüzüne odaklanıyoruz. Üstü toz dolu kaldırım taşına oturuyoruz. Ben kız arkadaşımla dedikodu yaparmışım gibi kaptırıyorum kendimi, o arkadaşıyla maça gitmiş gibi. Çok farklı bir yakınlık bu, içinde her şeyden biraz var. Geceyi etmeden eve gitmiyoruz, otel gibi kullanıyoruz evi. Bir de karanlık demeden birbirimize bakıyoruz sanki görüyormuşuz gibi. Gördüğümüz bir şeyler vardı illaki. Herkes horlarken biz bilgisayardan film açıyoruz. Yalnız şimdiye kadar izlediğimiz hiçbir filmden bir şey anlamış değilim. Neyse ki öyle uykuya dalıp sabah yakalanmadık. Üstüne bir de magazin sunuculuğu yapıyoruz, dedikoduculuğu desek daha doğru olur. O ne yapmış, bu ne giymiş... Birbirimize fena ayak uyduruyoruz. Onun yanında o kadar gülüyorum ki daha önce işlemin kralını görmemişim, organikmişim gibi kendimi tanıyamıyorum. Çok ihmal etmişim gülüşlerimi. Bir haftada bağımlılık yaptı. Ben daha önce sigara kullanmadım, farz edelim ki on senedir kullanıyorum. Ciğerime ne kadar nikotin almış olabilirdim? İşte o nikotinin hepsini kalbime nakil etmiş gibiyim. Bağımlılığın en faydalısı tebessümlü bakışları. Uyuşturucu bağımlılarını şimdi anlıyorum. Duyduğum gördüğüm kadarıyla eminim bunun tadı uyuşturucuyla aynı. Birbirimize o kadar iyi geliyoruz ki tabii bunun ötesi de var...

Eğer birbirinize iyi geliyorsanız kötü gitmeyin, hatta hiç gitmeyin.

Unutulmayan Bank

Ve bir gün biri gelir daha önce gelmediği her güne küfredersin.

Kimseye bu adam kalbimde ev sahipliği yapacak diyemiyorum, senin evinin sahibi yok mu diyen olur diye korkuyorum. Kendimle bile konuşamıyorum. Kaç kaç, kaçacak yer kalmadı. Kendimden kaçıyorum gene kendime. Ama bana müstahak. Tek bildiğim onun yanında olan mutluluğum. Artık beni anlamayacak da olsa birini arayıp şu etrafımdaki kuşları, burnuma gelen papatya kokularını anlatmam gerek. Buna ihtiyacım var. Yakın arkadaşım Sultan'ı aradım. Aramızda bir şeyler geçeceğine dair şüphelerimden bahsettim demeye kalmadı ertesi günü sahildeki banklardan birinde...

Sarıyer'de bir bank vardı. Unutulmaması gereken bank! Aslında herkesin unutamadığı bir bank vardır. İllaki bizim de vardı. Otururlar sahilin karşısındaki banklara yaz kış demeden. Kışın üzgün değilsen çekilmez, yazın da dondurma yeme keyfi var. Ancak sonbahar tercih meselesidir. Havanın havai fişek gibi ortalığı kaynattığı, aralık kalan pencereden avucumuzu uzattığımız yağmur tanelerini sayamadığımız, kararmış bulutların varlığında severim ben o bankı. Çeşitli anılar, düşünceler, işlenmiş duygular neler neler. Düşündükçe yakarlar sigaralarını. Hikâyeler de onları. Yakılacak bir hikâyem var. O banklar ilkbaharda eğlenceyi sonbaharda hüznü sever. Onların suçu yok, hepsi bir anda yaşanır, aya yıla bakmaz. Belki de o bankta ilk kez sarıldılar, ilk kez o bankta birbirlerinin dizlerinde uyudular, omuzlarını başlarına koydular. Hatta orada ıslandılar, aşka âşık oldular. Bunları biz yapmış olamaz mıyız? Ne bileyim işte yaşadıklarımızı bizden sonra kimler yaşadı diye sorasım, bankı tapulayasım geldi.

Akşam saat on gibi yoldan geçen arabaların sesleri hoşuma gitmeye başladı. Gemiler çok güzel görünüyor. Kaptanım olsan birine binip alıp başımızı gitsek mi? Vallahi kimliğimi sana vereyim git beni üstüne al, sonra kaçalım bu dünyadan başka bir dünyaya. Ay doğru benim reşit olmama daha altı ay var. Havanın içimizi açtığı, gerçekten harika bir gün bugün. Banka oturmuş geleni gideni izlerken hamile kadının karnına kulağımı koymuş gibiyim, o çok konuşan yaramaz çocuğu sevdim, yere düşen dondurmayı bile yiyebilirim. Otobüs duraklarındaki sakinlik, her şey başka güzel. Uğur yüzümü kapatan bir parça saçımı kulağımın arkasına doğru götürdü. Saçıma değen elini tutup boynuna sarılmak istedim tabii ki yapamadım çünkü beyin yok! Sonra uzun uzun bakıştık artık gözlerimiz konuşmasın. Elleri saçlarımı sevmeye başladı huzur ile doluyorum. Özgürlüğüm nerede yaşlanıyor? "Yüzünü göremiyorum," dedi. Beni kendine doğru çekti. Aklım titredi bu sefer çekemedim kendimi, içim el vermedi. Epeyce anlam kurdum, bir şeyler olacak ama kestiremiyorum yoksa açılacak mı? Başımı omzuna koydum, adımlar karşılıklı geliyor öyle daldık geceye, huzur koyuyorum bu anın adını. Mesajları duymadım, telefonu sessize aldım. Bugün tüm dünyayı sessize alıyorum. Hadi bütün deliliği yapalım, seninle her yerden kovulmaya razıyım. Yine çenemiz açıldı artık durduramıyoruz kendimizi. Susalım diye sakız çiğnemeye başladık. Ne kelebekler uçuyor tepemizde. Sakızı oyun hâline getirdik şişirip patlatıp duruyoruz. Çeneme değecek kadar şişirdim o an nasıl olduysa bir anda dudaklarıyla değdi sakızı patlattı. Kalp seslerini duyuyorum bildiğin darbuka gibi çalıyor, benimki de davul. Sanırım refleks gibi bir şey oldu. Ağzım burnum onunkilerle beraber komple sakıza bulandı lakin kendimizi devamını getirmekten alıkoyamadık. İkimiz de utançtan altımıza edebiliriz. Kalbimin tekrar bu hızla atması mümkün değil, bunun için saatlerce roman oynamam gerekebilir ama inanın beş dakika sonra yoruluyorum. Birkaç saniye bakamadı yüzüme ürkek şaşkın bir ifadeyle kaldırdı başını. Baktığında ise gözlerini kaçırmasına izin veremedim, duramadık. Bütün dünya bizim bu anımızı bekliyormuş gibi saatlerce öpebilirim seni. Şu an hiçbir şey umurumda değil. Gökyüzü başka bir hâl aldı, sanırım bizi kutluyorlar. Günün anlam ve önemi dudaklarımız, kutlayın bizi.

O sakız vesile oldu dudaklarımızın birbirine değmesine. O sakız sahip çıktı bize "Âşık oldunuz geri zekâlılar açılın artık," dedi. Anlık bir şeydi sonra devamı geldi. Hayatımda pişmanlık duymayacağım en güzel hatam oldu. Kaç gündür boşuna paralıyormuşuz kendimizi. Bizim bize şampanya patlattığımız gündü o gün. Kalbimiz fırlayacaktı, fırlasın.

İki tane cam parçası aldık elimize, bankın köşelerine isimlerimizi kazıdık. Ben onunkini o benimkini... Ortada oturuyoruz şimdi? Umarım yağmurlar bizi götürmez. Sessizce yıldızlarla bakışıyoruz acaba aklından neler geçiyor, neler düşünüyorum diye o da düşünüyor mudur? Şimdi de elimi tuttu, Allah'ım ben öldüm de cennette miyim neler oluyor?

Bu bankların düşündürme yeteneği vardır. Hele bir de deniz banka kadar parlıyorsa o zaman imkânı yok durduramazsınız düşünceleri. Deniz mavi, düşünceler yeşil olur yeşerir durur. Biz bu bankta neler yapmadık ki ay vuruyor yüzümüze. Aman Allah'ım dünyalara bedel ya da dünyalar ona bedel. Nasıl fark edemedim gülüşünü cennetten çaldığını, bilmiyorum. Kıskandım bak şimdi insan bu kadar güzel güler mi? Gülüyormuş demek kör gözüme küfür edesim geldi. Ama geç olması olmamasından bin kat iyidir, değil mi gülüşünü sevdiğim. Hadi bu bankı kaldırıp eve götürelim. Şahit olduğu çok fazla şey var, arada sırada konuştururuz.

Seni seviyorum bank,
aklımdan çıkmayan adamı
aklımdan çıkarmadığın için.

Ben hiç ıspanaklı börek yemedim, gel beraber ıspanaklı börek yapalım. İştahımı açıyor dudakların. Şişmanlarsam beni alırsın. Biri bana 'âşık ol' diye beddua etmiş, o tutan beddua sensin. 17 yaşımın direğisin, âşık olmak için daha güzel bir zaman olabilir mi? Gülüşün rezil eder kötü kalpleri. Ömrünün kıyısına razıyım. Yeşilin şefkati, mavinin serinliğisin. Kırmızının cinselliği kalbine göre değil. Mevsimlerin en renklisisin. Yağmurun en dolusu, karın en beyazı. Sen aşkın ayazısın. Sen doyulmaya layık değilsin. Sağ avucum kaşındığında para yerine sen gel. Cennetin anahtarısın. Sen Kerem'i, Mecnun'u, Ferhat'ı utandıracak adamsın. Sen atanamayan öğretmen, ben öğretmen tanımayan öğrencin. Köyüme hoş geldin, artık kasabayım. Göğsünde uyumak istiyorum sakın bölme. Sensiz geçen bütün yıllar öfkeli. Sensiz olmayan cıvatalarım eksilir benim. Eğer ben intiharsam sen uçurumun kenarısın. Bütün şifrelerimi seninle değiştiriyorum. Kırılmayan ekranım, duvar kâğıdım ol diyorum. Seni net görmek için söz hep şarjım dolu gezeceğim. Pazartesilerini yanında seveceğim. Hatalarımın kazağını örüp bir yetime veriyorum, seni anadan doğma seveceğim.

Tozlu Radyo

Uğur aylar öncesinden kafasında dolaştığımı, fotoğraflarımla sabahladığı günler olduğunu itiraf etti. Gerçekten aklımın ucundan geçmezdi. Zaten hep aklımızın ucundan geçmeyenler daha sonra kalbe geçmiyor mu, peki ya kalbe söz geçiyor mu?

Plajın arkası kamp alanı sayılır, çadırını kuran mangalını hazırlıyor. Uğur'un başının etini yemem sonucunda işten sonra yemekhanenin yanına çadır kurduk. Burada kalmalıyım artık, sizde kalmayacağım, ayıp vallahi utanıyorum. Burada kalırsam sen de büyük ihtimal nöbetimi tutarsın. Saat de epey geç oldu, yatak döşek nereden bulacağız. İçine bir tane minder koyduk. Size gelmeyeceğim burada kalacağım diye tutturdum onun da gönlü razı olmadı. Bırakmaya niyeti yoktu inat etsem de. Bugün de gel yarın her şeyini tamamlayınca kalırsın dedi. Tabii ki yalan söyledi. Beni bırakacağını hiç sanmıyorum iyi alıştık. Plaj çalışanlarından Taşkın ağabeyle aslında pek samimi olduğumuz söylenemez. Yemekhanede konuşmalarımıza kulak misafiri olmuş. *"Benim kaldığım barakanın anahtarını vereyim bugünlük kalın, geç oldu işlerinizi yarın halledersiniz,"* dedi. Kıyağa bak be sağ olsun. Böyle insanlar da kalmış demek ki. Oha şimdi biz barakada birlikte mi kalacağız? Bugün birlikte mi uyuyacağız baş başa mı kalacağız. Işık hızıyla gidiyoruz, bir kaplumbağa durdursun bizi. **Bazı şeyler güzel gidince korkarım kötü bir şeyler olmasından**, umarım olmaz. Barakaya doğru ağaçların arasından giderken tutuşuyoruz yılan çıkacak korkusuyla. Oysaki farelerin yaşadığı alana uyumaya gidiyormuşuz. Baraka tarihi bir müze çıktı. İspanyol paça pantolonları giyip saçımı tepemden kabarttığım zaman kafamızda canlanan yılların moduna gireceğiz.

17 Ağustos 1999 depreminde Düzce'de evimiz yıkıldığı için çadırda aylarca kalmıştık. Oradan hatırlıyorum nasıl bir şey olduğunu ancak baraka ilkti, ne ilklerimiz birikmişti. Bu arada ben bu depremde üç dört yaşlarındaymışım, daha doğru düzgün konuşamazken deprem esnasında kelimeye şehadet getirmişim, Allah'ın işi işte. Bu depremde vefat eden insanlara Allah'tan rahmet, sağ kalıp içi yananlara ise sabırlar dilerim. Ben belki çok küçüktüm anlayamazdım ama hissederdim. Gözü yaşlı insanların içindeki yangını görür ben de ağlardım. Ne günler geride kalmış geride kalmayanlarla beraber...

Sanırım ilk çıktığı zamanlarda alınmış bir radyo bulduk. Çalışmaz sanmıştık, üstündeki toz beş yıldan aşağı olamaz çünkü. Uğur çalıştırmayı başardı tebrik ediyorum kendisini, büyük başarı. Üzerine adımı yazarak imzasını attı. Kasetler bozuk çıktı. Acaba burada yaşlı ve terk edilmiş, cüzdanında eskimiş bir fotoğraf taşıyan bir amca mı yaşadı, öyle bir görüntüsü var. Güneşten tavuğa dönmüş vücudumuz ve yorgunluğumuz üstüne olsa da bu geceye bir kadeh kaldırılır. Radyonun adını hatırlayamadığım kanalında çalan Sezen Aksu'nun 'Küçüğüm' parçası bizim cahilliğimize, ya da boş ver ya bu gecenin güzelliğine gelsin anlamını yitirmesin. Yıllardır yıkanmayan bir kilimin üzerinde dans ettik, yemin ederim tertemizdik. Aşk ile yıkadık beynimizi, belki kilim de arada kaynamıştır. Can Yücel'in "Bağlanmayacaksın" adlı şiirindeki iki satırı takıldı aklıma. *"Çok eşyan olmayacak mesela evinde paldır küldür yürüyebileceksin..."* Baraka da buna örnekti. Burada kim yaşamış gerçekten merak ettim, Taşkın ağabeye sormak lazım. Tarihi sevmem ancak tarihi insanlara zaafım vardır. Bir tencere, tek kişilik yatak ve tahtaları dökülen kanepe, onlar da zor sığmış gibi görünüyor. Piknik tüpü ve yaktığımız mumları unutmamak gerek. Bak yine aynı konu nasıl uyuyacağız? İnce bir pike bulduk. Onu benim üzerime örttü, temizliğini pek düşünemedim kirli olsa da olsun. Kendisi kanepeye uzandı, ikimiz de başımızı tavana diktik. O beni düşünüyor ben onu. Bir de mal mal sırıtıyoruz düşüncelere. Aradan yirmi dakika geçti, ikimiz de çok uykusuz olmamıza rağmen uyuyamadık. Böyle bir fırsat varken ne diye uzak kalıyoruz? Uğur'un kalbi o kadar temiz ki kendi isteklerinden önce benim isteklerime öncelik verdi. Yanımda uyumak için can attığı hâlde bir tebessüm bekledi. Pike ikimize de yeter yanımda boş, sabaha karşı soğuk olur daha ne diyeyim be adam yanıma gel, canıma gel. Bunu bekliyormuş olduğu yerden fırladı, canına minnet tabi. Uzandı yanıma burun buruna geldik, sarıldık birbirimize... Havada toz yerine aşk kokusu var. Şu yastıktan deterjan kokusu aldım öyle bir andayım. Bu gece hiç bitmesin sarılalım birbirimize sımsıkı, geri kalan her şey gevşek kalsın.

Ben bu adamla evlenmek istiyorum, vallahi bak hep bununla uyuyabilirim. Biraz dağınık yatıyor, horluyor falan olsun ama yanımda düzelir. Zamanla törpülerim; burun bandı takarız, yatağı geniş alırız... Her gün beni gülme krizine sokar... Ay ne güzel hayaller, hadi kendine gel. Kalbim alev içinde. Saçlarımı kokladığını hissettim. Nefesi o denli geldi burnuma arkam dönük olmasına rağmen. Tam dalmak üzereydim ki bir farenin takur tukur seslerinden uyuyamadım. Uğur dalmış bile... Uykusu ağır olduğundan duymadı. O fırsatta durmadan öptüm burnundan, belki az horlar diye ne bileyim işte belki de korkmam diye. Öperken uyandığını fark ettim. Devam etmem için numara yaptığını görmedim değil ama olsun ben de yaparım ödeşiriz. Her şey yerli yerindeydi fareler dışında. Onların da canı sağ olsun bugüne neşe kattılar. Umarım uyanınca sen kokarım. Bu beraber ilk uykumuz, umarım sonunda da beraber uyuruz.

Küçüğüm daha çok küçüğüm bu yüzden...

Gidip gelmeyeceğim bir yer olursa
valizime ilk seni alacağım.

Valizimdekiler

Ne valizler görüyoruz, içine yıllarca hapsolmuş duygularla rutubet bağlamış. Yapmayın valiz ağzına kadar dolu olsa dahi açın fermuarını, üstü açık kalsın. Dolmayın gırtlağınıza kadar. Bırakın dünya alev alsın. Sadece biz söndüremeyiz bu yangınları.

Plajda iş neticesinde iletişim hâlinde olduğumuz birçok stant var. Kumpir standı ile yeni yeni samimi olmaya başladık. Ayşen ve Gamze isminde iki abla çalışıyor. İkisi de Kilyos'ta çalışmaya başlamadan ev tutmuş, orada oturuyorlarmış. Benim de kalacak yer aradığımı öğrenince 'Bizde kal,' dediler, iyi denk geldi. Çadırda uyumak nasip olmadı, belki başka sefere. Uğur ne kadar ısrar etse de onlarda kalmamaya niyetli olduğumu anlayınca ikna oldu. Hem merak etme, kalbimde oda edindin. Servisle giderken evi gösterdiler. Erdi ise benim burada güvenlik bayanla kaldığımı sanıyor, sandığı o kadar çok şey var ki. Ertesi gün valizimi hazırladım. Bu kırmızı valiz benden ne çekti... Nerelere götürmedim, nerelerden getirmedim. Çok kez gidip de gelmedim, gelip de gitmedim. Alışkınım ağır ağır taşımaya, iyi ki sırtımdakileri görmüyorum o zaman kesin yere gömülürüm. Gittiğim yerlerdeki insanlar valizimdeki eşyalarımla geldiğimi sanıyorlar. Onları çok yanıltıyorum.

Bu akşam iş bitiminde Erdi, Savaş ve çocukluk arkadaşım Tuğba gelecek. Elbette bu bana iyi gelmeyecekti. Ne güzel mutluydum sensiz, nereden çıktın? Telefonda zor katlanıyorum bir de buraya gelmesi çıktı. Şimdi ayrılalım desem gelir beni buralarda rezil eder, alıp götürmeye çalışır. Korkularım beni yedi bitirdi. Yalvarıp yakarsam da buna Uğur'un dayanacağını sanmıyorum, bayağı kıyamet çıkar. Hep çıkılmaz yollara girmekten nefret ediyorum. Uğur ile olan gelişmelerden sonra bu hiç iyi olmadı. Bunu eveleyip gevelesem de akşama doğru Uğur'a söyledim. Hemen yüzü düştü, benim düştüğüm durumdan bile kötüydü. Burada daha net anladım hislerimizin farklılaştığını, bir de anlamamak için elimden geleni yapmıştım. Söyleyemediği, içine attığı şeyleri duymak istiyorum. *"Valizini onların yanına kadar ben getiririm. Onlar da Ayşen ablalara bırakır seni. Eğer bir problem yaşarsan ararsın,"* dedi. Tabii o esnada dudakları buruşmuş, kaşlarını çatmış, ben de içer kendimi paralarım kafasında. Ona neden böyle olduğunu, bu durumdan çıkamadığımı anlatmıştım ama ne anlatırsam anlatayım yetersiz kaldığının farkındayım. Yanlış bir tepki vermemesi için çok dil döktüm. Kafayı yemesine rağmen beni zor duruma sokmadı, helal olsun! Başkası olsa tutamazdı o, ayakları titrese de yumruğunu sıkıştırsa da tuttu.

Yalnız hâlâ beni düşünüyor, al kızım valizini bir de senin yükünü ben mi taşıyacağım demesi gerekirken yaptığına bak. Bu da ne ki daha ne yüklerimi taşıdı kendisi.

Normalde sabırsız bir kişiliğe sahip ancak bana karşı Allah ona peygamber sabrı vermiş olmalı. İşten sonra hesabı kitabı bitirip kumsalda yürümeye başladık. Onlar da inmiş arabadan bize doğru geliyorlarmış. Valizim elinde susuyor, arada gözlerime bakıp kalbindeki o ses 'Hayır gitme onun yanına,' diyor. Bakıyorum o sesi duyuyorum, susuyorum sonra dayanamayıp cevap veriyorum 'Keşke her şey daha farklı olsaydı.' O zamanlar da bu cümleyi çok kullandım. Sahilin ortasında buluştuk. Gün batmak üzere bizim gibi. *"Hoş geldiniz,"* dedim yapmacık bir sesle. Kalbim hiç gelmeseydin dilim hoş geldin diyor ne boktan bir an. Söyleyemeden yuttuğum sözcükleri olduğu yerden çıkarıp birleştirsem var ya neler çıkar ortaya. Tuğba'nın yanlarında olması biraz rahatlattı beni. Selamlaşma faslı bitince Uğur valizi bıraktı ve bana baktı. O esnada Erdi beni çok özlemiş gibi sarıldı ya da gösteriş yaptı, dişlerimi sıkarken sesim duyuldu mu acaba? Bu anı görmemek için gözlerimi kapattım. Küçükken babam annemi dövdüğünde bunu yapardım. Yıllar sonra ilk defa kaşım gözüme girecek kadar kapattım gözlerimi. Giderken o bakışı aklımda kaldı. **Belki de en büyük aşklar nefretle değil, en zorları aşmakla başlar, kim bilir.** Ben uzayda yaşamak istiyorum ya da bu durumu hiç yaşamamış olmak. Daha önce Erdi'yle mesajlaşıp idare ederken konuşmamam için telefonumu alıp ona artık uyuyacağım diye mesaj atıp mesajlaşmayı kestiğini hatırlıyorum. Nasıl dayandı diye soracak olursanız o Allah ile onun arasında. Zaten gün geçtikçe dayanamaz oldu. Az çekmedi kahrımı. Aşk adamı her kılığa sokar mı? Öyle bir sokar ki Uğur da en büyük örneği oldu, biz yalanların kölesi olduk. Âşık olmamız hiç beklenmedik bir şeydi neticede, onu bu hâle sokmak istemezdim. Kendim zaten bataklıktayım, kumarda tüm dünyaya borçlanmış gibi hissediyorum. Aşk insanı en iyi insan da en kötü insan da yapabilir, bu biraz kişilikle ilgilidir. Bak aklıma ne geldi, arkadaşım ayrıldığı sevgilisinin asker eğlencesine tanınmamak için çarşafla gitmişti, cesaretine hayran kalmıştım. Sonra yalancının mumu yatsıya kadar yanar diye boşuna dememişler öyle de tanınmış. Aşk insanı hiç olmayacağı insan dahi yapar. Ağzına da s*çar. Uğur çok özür dilerim beni affet, seni hiç olmayacağın bir insan yaptım. Belki de göz görmeyince gönül katlanıyordu. Ses çıkaramıyorum en ağız bozanı da bu. Başımıza ne geliyorsa sustuklarımızdan geliyor. Her şeyin dört dörtlük olmasında gözüm yok bari bir şeyler tıkırında olsun, iki ikilik olsa da olur. Savaş şüphelendi bu çocuğa ne oldu diye sordu, sevgilisi ile kavga etmiş dedim. İdam ipi yok mu ya ben kendimi idam ederim. Keçileri kaçırdım galiba, Cüneyt Arkın filmlerinde kellesi uçan adamlar gibi hissediyorum. Gözlerimi oysaydılar şu sahneyi yaşatmasaydılar. Neredesin Halil ağabey beraber isyaaaaağn çekelim. Kilyos'ta rastgele bir mekânda oturup yemek yedik, galiba sohbet etmişiz olayları canlandırınca fark ettim ben de. Benim kafamda her şey belliydi, daha bir haftada ne oldu bana yanlarında nefes alamıyormuşum gibi. Belli etmemeye çalışsam da olmadı. Soğuk davranıyorum diye Erdi benimle kavga etmenin peşinde. Senin bana kızmaya hakkın yok, beni bu duruma sen getirdin diye söyleniyorum kendi kendime. Haksız da sayılmam ilahi adalet işte, kendi elleriyle beni aşka teslim ettin. Valizim de onda olunca geri götürmekle tehdit etmesi zor olmadı. Mecburiyetlerden kaçamayıp bahanelere sığınmaktan nefret ediyorum ama gene bunu yapıyorum. İyi davranıp ikna ettim, her zamanki taktik. Allah'ın psikopatı, kurtuluş yok mu senden? Niye idrak edemiyorsun artık seni sevmediğimi? Eve bıraktırdım kendimi, yani en azından bunu yapabildim. Giderken kocaman bir çiçek çıkardı arabadan galiba gönlümü almaya çalışıyor, gönlüm artık başkasında haberi yok. Evin kapısına koydum çiçeği çöpe atmaya dahi korktum döner bakar diye. Gamze abla odayı gösterdi gidip eşyalarımı yerleştirirken beynime milyonlarca soru işaretini yerleştirdim. Saatlerce oturup düşündüm, çıkış aradıkça kapandım. Uğur'un o bakışları aklımdan çıkmıyor. Uyku bana küstü acaba mesaj atsam mı atmasam mı diye kafayı yerken bir mesaj geldi. *"Dayanamadım seni onun yanında görmeye diye başlayıp olmamam gereken bir kadına âşık oldum,"* diye biten. Ah be adam, seni bu durumdan kurtarmayı çok istiyorum, kendimi bile kurtaramıyorum. **Eğer gecenin üçünde oldukça uzun bir mesaj geliyorsa ya âşık birindendir ya da sarhoş, eğer ikisi birlikteyse kork, o zaman durumunuz vahimdir.** Sabah aynı iş yerinde aynı masada karşılıklı oturup kahvaltı ettik. Çatalı aynı zeytine batırdık yüz yüze baktık. İçimizdeki fırtınaya aldırmadık.

Göbeğimdeki Uykun

Evlerinde kaldığım Gamze'ye kanım kaynadı da Ayşen'i sevemedim. Bana karşı yapmacık, süslü püslü, otuz yaş üstü bir hatundu. Selülit sabunları eksik olmazdı. Biri sabununa küpe sokmuş gelip bana soruyor. Ben küpeyi direkt sana sokardım sabununa değil. Yine de sağ olsun ya onun yanında kaldım o kadar. Allah'tan kira parasına ben de yardım etmiştim, bir de yüzüme vursaydı kafayı yerdim herhâlde. Neyi kaybolsa bana sorar, sanki işim gücüm yok onun eşyalarını karıştırıyormuşum gibi. O benim kıyafetlerimi giydiğinde söz etmedim, asla bir eşyasına el sürmedim, huyum değil. Bak yalan söylemeyeyim acil ped lazımdı ondan aldım. Valla sadece o kadar. Hep kendimden ödün vermeye alışkındım, almaya değil. Bu konuda anneme çekmişim. Bazen kuzeni Ferhat'la birlikte Uğur da bizimle kalırdı, kaldığı zamanlar en güzel zamanlardı. Ayşen ile Ferhat'ın arasında da bir şeyler vardı, oradan geliyor bu rahatlık. Kadın o kadar rahat ki çocuğun yanında tangayla geziyordu. Neyse ki bu durum Uğur varken hiç olmadı yoksa cinnet geçirip Dabbe'yi çekebilirdim. Gecenin bir yarısı doğruluk mu cesaret mi oynardık. Doğrudan utanınca cesaret sarardı. Zaten yanında hoşlandığı biri olan herkes bu oyuna hastadır. Biz de öyleydik o zamanlar. Ergen oyunu olmasına rağmen, herkes aramızda bir şeyler olduğunun farkındaydı. Bir laf iğnelemeleri var, alfabeyi yutsak içinden çıkamazdık. Böyle zamanlarda durmadan sırıtırdık. Bana bakardı anlamlı anlamlı onlara cevap vermek isterdi ne yazık ki veremezdi.

Evin kalabalık olduğu bir gün bize tek kişilik yer kaldı, sanırım birlikte uyuyacaktık. Bunca insanın içinde nasıl olacaktı? Zaten şüpheleniyor herkes, belki de bilerek yaptılar? Bu aralar bizi çok çekiştiriyorlar. Tek dertleri itiraf edemediğimiz aşkımız oldu. Kesin arkamdan kıza bak iki çocuğu birden götürüyor biz bir tane bulamıyoruz falan diyorlardır. Hislerim kuvvetlidir duyuyorum, Uğur duymasın. Şunun neşesine diyecek yok herkes yattı. Cidden biz nasıl uyuyacaktık, düşününce işin içinden çıkamıyorum. Uyuyayım bari daha doğrusu uyuyor numarası yapayım. Uğur'un ne yapacağını merak ediyorum. Yanımda uyumaktan başka çaresi yoktu. Biraz başımda nöbet tuttu, beni izledi, biraz da mırıldandı dile getiremediklerini benim uyuduğumu sanıp. Duyduklarım paha biçilmez şeylerdi. Şu an sizinle paylaşamam. Kalbimin atışı öteki odadan duyulacak gibiyken gözlerimi açıp sen de uyusana dedim, koltuğun kenarına doğru çekilip ona yer açtım. Utana çekile geldi uzandı Allah'ım yan yanayız! Kokusunu alıyorum, yemin ederim huzurdan öleceğim. Tebessüm ettim, içten içe kucaklamak yeniden dudaklarına değmek istiyorum ama beceremedim. Bu sefer de insanlardan, düşüncelerinden, yargılarından, pis yakıştırmalarından çekindim. Her şey bu kadar netken ben hâlâ neyi saklamaya çalışıyorum. İnsanların kirli düşüncelerini değiştirmek için ilk önce doktor olmak gerekir sonra mimar gibi dekor vermek. Yine de değişeceğini sanmıyorum. Kimse kimsenin içini bilemez Allah dil vermiş değerini bilen yok. **Bizim en büyük aptallığımız insanların düşüncelerine, önyargılarına kendi düşüncelerimizden daha fazla değer vermemiz. Bu yüzden yaşanması gereken birçok şey yaşanmıyor, eksik göçen göçene.**

Her şeye inat yaşayacağım seni.
Sevgi dolu dilinden öpüyorum.

Tek kişilik yatakta çift kişilik aşk teması işleniyor. Yastık ikimize yetmeyince göbeğime koydu başını. Zaten benimki de ayva göbeği yastık gibi. Orada uyudu kaldı, göbeğimdeki uykunun masumluğunu görseler inan bana dünyadaki savaşların sebepleri unutulur, barış ilan edilir. Sabah nasıl uyuduysak öyle uyandık. Tuhaf, insan hiç mi rahatsız olmaz sağa sola dönmez? Uyandığında gülümseyerek *"Ömür boyu böyle uyuyabilirim, hiç bu kadar rahat uyumadım,"* dedi.

Ben de ömür boyu böyle uyanabilirim adam.

Kumsaldaki Ateş

Özellikle Kilyos'un gün batımı, en sevdiğimiz an. Ansızın koşar arkamdan sarılır, bakmayın zayıf falan ama deli kuvvetine sahip kaldırır döndürür. O kumsala savurur durur beni, benle birlikte gülüşlerimizi. Az mutluluğumuzu çekmedi bu kumsal.

Kanımız kaynıyor, yaşımızdan olsa gerek hiç durmuyor. Akşamüstü parkta yaşlı bir çiftin arasına katıldık, torunlarını getirmişler. Laf lafı açtı gençlik maceralarına kadar gitti. Kaçarak evlenmişler, biraz da tüfekle kovalanmışlar. Bir oğlan bir kız iki evlatları varmış. Çok mutlular her hâllerinden belli. Otuz sekiz yıldır hiç ayrılmamışlar, Allah ayırmasın. Kıskandık desem hoş olmayacak farkındayım, farkında olup kıvırmamın bir getirisi yok ne yazık ki kıskandık. Uğur sordu hemen *"Sen onların yerinde olmak ister miydin?"* Aptal ya senden daha çok isterdim.

Allah herkese böyle mutlu evlilikler nasip etsin. Umarım bizim de sonumuz bunlar gibi olur, el ele tutuşarak uzaklaşırız nasihat ettiğimiz genç bir çiftin yanından. Doya doya aşkımızı yaşamamız gerektiğini söylediler. Âşık olduğumuzu nerden anladılar, yılların tecrübesi mi dersiniz? Teyze gitmeden Uğur'a baktı sonra döndü kulağıma *"Bu çocuk sana çok âşık kıymetini bil, kaybetme!"* dedi. Lakin ben hayatım boyunca en değer verdiğim eşyamın bile kıymetini bilemedim, kaybettim. Umarım seni hiç kaybetmem. Alttan alttan sırıtmalarına kurban olduğum...

Uğur hâlâ *"Teyze ne dedi?"* diye sormaktan vazgeçmedi, meraklı şey. Oha saat kaç olmuş biz nasıl dalmışız birbirimize, yine unuttuk her şeyin varlığını. Bu saatten sonra eve de gidemeyiz, herkes uyuyordur. Hangi pansiyona otele gittiysek kimlik yok diye almadılar. Hata ben de geri zekâlı Dilara, çantanda donun dahi var kimliğin neden yok! Ayıkla şimdi pirincin taşını. Belli oldu bugün sokakta kaldık. Daha doğrusu sokakta kalmak zorunda kaldık, aferin bana. Nerede enteresan bir şey var onu biz yapıyoruz, iyi alıştık. Al işte bir anı daha. İki güldük gece olmuş hiç anlamadık geçen zamanı, hangi ara geçti. En son bana pamuk şekeri yediriyordu. İki saattir çekirdek çitliyoruz tabii. Ciddi ciddi sokakta mı kaldık? Tinerciler gibi köşelerde mi sızacağız. Aman gören de sosyete kızı sanacak! Ya parkta uyuruz ya da sahilde. Sahil daha romantik geldi diye sahili seçtik, aslında zatürre olmayı seçmişiz, fark etmedik. Uğur bana bakıyor ben Uğur'a. Biraz uğraşsak kalacak yer bulurduk belki ama gecenin ikisinden sonrada kim uğraşacak, dört saat sonra sabah olacak biraz da işimize mi geldi ne? Bu maceraya da el atalım dedik. İyi ki iti kopuğu denk gelmedi, denk gelse de korkmazdım zaten bütün korkularımı götüren kişinin yanında. **Yanınızda en sevdiğiniz insan varsa korkmazsınız, en sevmediğiniz insanları bile o varken seversiniz.** Sevgi böyle bir şeymiş, sevdikçe sevesin geliyor, paylaştıkça çoğalıyor. Kumsala doğru sarmaş dolaş yürürken üç beş çalı çırpı aldık yanımıza. Sahilin ortasında denizin dibinde ateşe verdik, güvenlik nasıl görmedi bir fikrim yok. Ya oradan da kovulsaydık, vay hâlimize. Yüzümüze vuran alev rengi neyin habercisiydi. Gökyüzüne diktik başımızı, kaymayan yıldızları görünce *"Doyasıya yaşayalım aşkımızı,"* dedim, diledim öyle yıldızlar bahane. Dileğimi söylemedim diye küstü bana, şiirlerimi okuyup gönlünü aldım. Nasıl da içten dinliyor, içten okumayı bilirim de içten dinlemenin de varlığına şahit oldum sayende. Dinlerken dizimde uyuyakaldı, ateşimiz de sönünce soğuk sert vurmaya başladı ama olsun, beraberken her soğuğa meydan okuyabiliriz. Çantamdan kimlik yok lakin eteğim var. Ne enteresan bir durum! Başımıza koydum beraber uzandık. Ay çok romantik diye sırıtmayın kesin, bizim götümüz dondu, aynısını önermiyorum. Çaresizliğin de çaresizliğini kumun üzerindeki eteğime başımızı koyarak, ağzımızı yüzümüzü kum içinde bırakarak, sabaha kadar da dalga sesinde titreyerek geçirdik. O kadar sıkı sarıldık ki birbirimize, içimizi ısıttığı doğrudur, dışımızı değil. Ağzımızdan çıkan kumlara, gecenin soğuğuna, rüzgârın dalgalarla eşliğine rağmen gülüyorduk. İlk kez dışarıda kalmıştım hem de sevdiğim adamla, sahilin kıyısında. Hâlâ anlamıyorum nasıl birdenbire sevebildim?

Zor sevdiğimi sanırdım oysa yanlış kişiler için geçerliymiş. Altı gibi uyanıp plajdaki minderlere attık kendimizi. Bir hafta boyunca hasta kaldık, geçmedi. Kabul hata bizim. Hastalığa davetiye çıkaran bizdik yalnız biz akıllanmayız, her hafta hasta kalmaya razıyız hep birlikte uyuyacaksak. Uğur'a kalsa hep birlikte kalalım da yerin hiç önemi yok.

"Sen yanımda ol, çöp tenekesinde bile yatarım," derdi. Hiç sormaya tenezzül etmiyor sen yatar mısın diye, sizce yatar mıydım? Yatardım tabii ki ben niye böyle bir şeye cevap verdim ki ah be sevgilim beni yine kendine benzettin. Eminim ki o kumsal bunu da unutmamıştır bizim unutamadığımız gibi.

Ne de güzel anılar bıraktık kumsala.
Ne de güzel anılar bıraktık ağızlara.

Üç Harfli Melodileri

Bir ayın sonunda annemin çenesi yüzünden artık eve döndüm. Bu bir ay, hayatım boyunca yaşadığım en güzel aydı ve devamı geldi. Evde üç gün duramadım, tabi kalbime Uğur kaçtığı için ben de evden kaçtım. Annem de psikolojimin çok boktan olduğunu bildiğinden pek uğraşamaz benimle ama güvenir, onun verdiği rahatlık da var biraz. On gün Dilara arazi, yeri Uğur'un kalbi. Aramayın sormayın beni mutluluktan ölmeye hazırlanıyorum. Gittikçe ona benzemeye başladım, hayırdır inşallah. Artık sokakta kalmışlığımız bile var, tecrübelerimiz zirve yaptı. Birlikteyken geçen zamanı yakalarsam iki çift lafım var, biraz daha yavaş olsun.

Yakın arkadaşlarımdan Ayseli beni aradı, kızlarla birlikte Karasu'da yazlık daire mi ne ayarlamışlar beni de çağırdılar. Aslında Uğur olmadan gitmek istemezdim fakat onları da özledim. Uğur Sarıyer'den bindirdi beni, o da işlerini ayarlayıp bir iki güne yanımıza geleceğini söyledi. Lakin çok sürmedi ertesi gün soluğu yanımda alması. Yanımda nefes almadığında oksijeniyle arası açılıyor adamın.

İşin ucunda kavga olunca işi gücü kim düşünür. İlişkinin oturması, kavgaların ayaklanması demektir. Bunu unutmayın. Kavga ettik ya sabahın köründe. Yağmurun yağası, onun da geleceği tuttu. Eyvah ben yandım! Neymiş kavga etmeyecekmişim, oldu canım başka. Daha dur bunlar ilk kavgalarımız.

Hemen de geldi yağmurla karışık sempatik bir dayak yedim. Dayağında sempatiği oluyormuş demek ki, ıslak ıslak olmaz ki ya. Aşkım tamam özür dilerim kovalama ya. Gaza gelip biraz hızlı koşmuş olabilirim, belki de kaçan kovalanır muhabbetini seviyorumdur. Aslında ortaokulda yarışlara katılacaktım da antrenmanlar yorunca vazgeçtim. Pek zora gelemiyorum, hep zorları aştığım için yorulmuş olabilirim. Bu koşturmalar da vazgeçtiğim yarışların patlaması olabilir. Kovalama artık yeter dur, burada taş var demeye kalmadı. Düşüp dizimde bir damla kan oluşunca bütün kızgınlığı geçti. Ben suçlu olduğum hâlde kendini suçlu belledi. Bu aslında kavga değil aşk cilveleri. Kendimi yaramaz çocuklar gibi hissettim. Annelerinin yapma dediklerini yaparlar, düşüp dizlerini kanatınca anne diye ağlarlar Ben de her düştüğümde isminle ağlayacağım, ne de olsa sen de annem gibisin. Hadi şimdi gönlümü al bakalım. Yağmur yağıyor, dizim kanıyor, sokağın ortasında binaların arasında kucağına almak zorunda kalırsın. Hadi Pepe şarkını da söyle, biraz daha bağır, insanlara rezil olmazsan affetmem! Böyle, hadi bakalım şimdi bu şekilde eve götür beni sana ceza. Oh be iyi ki dizim kanadı valla bir daha bu kadar kaşınmayacağım. Olay benim kuruntularımdan ibaret. Baksana çocuğu yerinde durduramadım. Hoşuma gitmiyor da değil hep böyle kavga edelim beni bırakmasın, gelsin neredeysem. Zaten yan yana gelince dayanamıyoruz biraz söylenip barışıyoruz. İki dakikada adamı delirtip bir dakikada düzeltebiliyorum. Biz kadınların zeytinyağı özelliği var bak vallahi. Bize ayrı durmak yaramıyor. Ne zaman ayrı kalsak birbirimizi yemeye başlıyoruz. Kavga etmemek için birbirimizin kuyruğu gibi gezer olduk. Artık kavga etmemek için mi durmadan özlediğimiz için mi orasını bilemiyorum. Yalnız yağmurda dayak yemeyi hiç tavsiye etmem böyle günlerde kaşınmayın. İnşallah ciddiye almıyorsunuzdur. Havada ayyaş gibi değişken, öğleden sonra düzeldi tabii o zamana kadar biz de düzeldik.

Ayseli ve Uğur ile birlikte Karasu'nun sahiline geçtik. Şunlara bak nasıl da kaynaştılar sanki 40 yıllık arkadaşlar, bak kıskanasım geldi, yok daha neler. Uğur küçükken boğulma tehlikesi atlattığından denizle arası pek iyi değilmiş. Benim azıcık açılmama dahi kızıyor. Kıyıda benimle uğraşmaya, özellikle kafama garezi var suya gömmeye bayılıyor. Kafama takmış kafayı. Aslında açılarak kaçabilirim bu sefer de bas bas bağırıyor "Gel boğmayacağım," diye kıyıdakilere reklam oluyoruz. Vefasızlar beni kuma gömdüler. İkisi bir oldu ayıp be kaç yıllık kardeşimsin sen benim, gel Uğur'u gömelim der insan. Ah bu Uğur'daki şeytan tüyü yok mu herkesi kekliyor, kimsenin ruhu duymuyor. Sana ne demeli Uğur Bey, kumun altından böcek çıkar, sevgilimi ısırır zaten zor kavuştum, ona nasıl kıyarım diye düşünmen gerekmiyor mu? Ayseli kurbağa gibi yüzmeye gidince yalnız kaldık. Herkes gülümseyerek bakıyor bize, bu çok hoş bir his. Kıyıdaki kuma uzandık, denizin dalgası ayaklarımıza vuruyor. Bak bu konuda tecrübemiz var neyse ki gecenin dördünde değiliz, güneş tepemizde üşümeyiz. Yine nankörlüğüm tuttu. Bu güneş hep gözümü almıştır, bir gözüm kapalı diğeri kısık kalıyorum. Bal gözlerimi mahrum ediyorum kahve gözlerinden. Beyefendi gözlerimi görmeden duramıyormuş açacağım da nasıl, gözlük de kurtarmıyor.

"Aşkım güneş senin de gözünü almıyor mu?"

"Sen varken mi?"

Umarım kalbimin sesini duymamışsındır.

Vakit güzel olunca akan saate hesap sorulmuyor, akşam oldu bile. Ayseli'nin saç saça baş başa girmeden duramadığı kardeşi Melisa ile onun arkadaşı Ayça da vardı. Bizle birlikte beş kişiydik. Melisa biraz arızadır, Ayça da sırık. Birbirlerini kumam diye seviyorlar. Hatta şüphe edeceğim neredeyse bunlar lezbiyen diye, birbirlerinden hiç ayrılmıyorlar ama güzel dostlukları var umarım hiç bozulmaz. Uğur hiç rahat durur mu kızlarla da kaynaştı. Az kaldı sülaleme atacak kapağı neyse ki kalabalık bir ailem yok. Kızların açıklarını bile kovaladı, maymunluk yapacak ya. Ayça üç harflilerden korkarmış, yahu sen bunu hangi ara öğrendin; başımın belası ne var yine aklında? Vallahi Ayça, Uğur bunu duymamalıydı. Sen şimdi yandın ben onu nasıl durduracağım. Üç harfli hikâyeleri anlatmaya başlamış ben o ara duşa girmiştim. Planı Ayseli ile beraber kaşla göz arasında yapmışlar. Bir ara kız korkudan altına edecek hâle geldi. Bunu şofbenin az akan suyuyla uğraşmama rağmen hissettim. Bu ne hız ben havluyu almış kurulanmaya çalışırken sigortaları attırdılar. Issız bir ortam oluşturdular. Beyaz çarşafı acaba hangisi giydi derken ben de korktum doğal olarak Ayça'nın çığlıklarından. Duştan çıktığımda dibinde kalan rimeli akmış gözaltlarım, abartılacak durumda değildi. Kız beni görünce çığlıklarıyla melodi yaptı ben de eşlik ettim. Bunlar üç harfli melodileri. Dairenin aşağısından yukarısından duvarlara vurmaya başladılar. Evlerde uzun ve kalın sopalarına *'Haydar'* ismini vermiş insanlar çıkıp kapıya dayanırsa boku yediğimizin resmiyetidir. Artık millet rahatsız oldu ne yapsınlar. Ben biraz söylenince bizimki hemen kendini frenledi. *"Aşkım vallahi ben bir şey yapmadım,"* demeleri yok mu, güldürüyor beni. Sanki ben malımı bilmiyor muyum? Bir de hesap soruyor; *"Sen ne yapıyorsun iki saattir banyoda?"* diye. Tövbe estağfurullah bir şey derdim de kızlar burada aşkım benim. Özlemiş o yüzden sormuş. Kıyamam acısını kızdan çıkardın değil mi, yazık ben sana bunun hesabını sormaz mıyım? Bakmayın bu baş belasıyla uğraştığıma neşemiz yerinde Ayça'nın çığlıkları sağ olsun. Huyum kurusun onunla uğraşmadan duramıyorum. Durulduk muhabbet sohbet derken de gece yarısı olmuş. Bu arada evde eşya yoktu. Kızlar da bir tane şişme yatak da yatıyor. Bizim de nedir bu çektiğimiz adam akıllı bir yatakta yatamadık. Boş bir odada kalacaktık. Eşya yok, yere battaniye attık ve bir yastığı bölüşmüştük kalbimiz gibi. Orada bile rahat uyuduk. Önemli olan birbirimizin kalbinde olan yeri, olduğumuz yerin pek de önemi olmadı desem de inanmayın belim çok ağrıdı. Hep şikâyet ediyorum biraz da sen etsen diyorum. Beni bana şikâyet ediyor. Neymiş az sarılıyormuşum kemiklerini kıracağım sarılmaktan yetmiyor.

"Kır gıkım çıkarsa adam değilim."

Ben senin adamlığına kurban olurum be. Oh buldum yine o teninin güzelliğini ne güzel ısıtırım. Biraz da saçlarına dokundum mu bütün yorgunluğu atarım, sen böyle masum bak yeter ki. Bütün yaramazlığını yanımda yap. Yanımda kal. Böyle deli gibi sev. Mis gibi bıyıkların, hadi sarıl uyuyalım.

Sabah Ayça ile Melisa intikam almak için Ajdar'dan *'Şah damar'* şarkısını açıp telefonu kapının altından odaya fırlattılar. Onlar da haklılar, doğal olarak sabahın köründe aman Allah'ım Ajdar'ın sesi ile uyandık.

"Ne Ajdar'ı aşkım bu sabah da beraber uyandık."

İyi ki girdin hayatıma hiç çıkma olur mu? Kapıdan kovsam bacadan girip bulacak beni. Çıkmak nerden çıktı.

Ayça ve Melisa sizi tebrik ediyorum. İntikamınız çok afili oldu, gülmeye doyamadık birbirimize doyamadığımız gibi.

Üç harflilere zaafım var adam,
ömrüme GEL, SEV ve KAL.

Aldattım

Bu dünya sadece benim veya senin değil, milyonlarca insanın etrafında dönüyor hatta bitkilerin hayvanların bütün canlıların. Sadece senin isteklerinin olduğunu bir düşünsene tüm dünyaya sen hâkim olurdun. Oysaki bu dünyaya hiç kimse hâkim olamaz çünkü zaten olan biri var.

Temiz insan yoktur az kirli insan vardır, önce bu konuda anlaşalım. Evet, itiraf ediyorum ben Erdi'yi Uğur ile aldattım. Bunun adı gerçekten aldatmak mıydı? Ben emin olamadım adını siz koyun. Aslında bana kalırsa ben kimseyi aldatmadım, sadece kendimi aldattım. Kimse de kimseyi aldatmaz, herkes kendini aldatır, herkes kendine aldanır. Beni affet Erdi demeyi inan isterdim, ilk kendimi affetmem gerekmeseydi. Öteki tarafa bu yük ile gitmem hoş olmayacak. Ama ne yapabilirim, içimizdeki kelebekleri dahi sayamadım. Biz istemezdik bu şekilde aşkla yüklü olmayı. Şimdi aranızda orospuya bak diyen de olabilir, yazık aşklarını yaşayana kadar acaba neler çektiler diye düşünen de. İkinci kısmı sormayın neler neler. Ben aylarca onunla kendimi aldattım ama kimse buna aldatma demez. İlk kendimi aldattım sonra onu. Olsaydı keşke haksızlığın da bir kanunu. Belki o da aldatmıştır bu kadar kopuk bir ilişkiden ne beklersiniz ki bana göre sadece onun takıntısıydım, ona göre fazlası. Böyle avunsam ne olacak sanki? Nasıl insanlarız biz, hatalardan dersler almayı bile beceremiyoruz. **Biri kocasına gecelik giymez, diğeri karısına çiçek almaz. Yaşıyoruz işte delik cebimizle.** Aslında kimse hiçbir şeye mecbur değil, biraz da benim geri zekâlılığım. Ben geri zekâlıyım o ileri zekalı ortada buluşuruz gibi derken ortaya sıçtık. Ortaya sıçmak, ortada sıçan top oynamak gibi bir şey değildi. Ayrılalım diye yalvardığım zamanlarda ayrılmayalım diye yalvarmasaydı, beni kirli tehditlerine alet etmeseydi, kaçırmaya kalkmasaydı bunların hiçbiri yaşanmayacaktı. Bu olay aslında çok komik ve yaygın, bunu bir dünya insan yapıyor belki sonra pişman oluyorlar iş işten geçince. İlişkilerini elde tutmak için yanlışlarla sözleşme yapıyorlar çok şahit oldum. İlk örneği ben olmak üzere birçok örneği var. Aklımda Uğur varken ayaklarıma kapanıp ağlayandı, hiç unutmuyorum. Ben ki artık Uğur için dünyaları ayaklarımın altına alırdım. Kötü başlamak zorunda kaldı hikâyemiz. Kirli başladığımızı inkâr etmiyorum lakin temiz sevdik. Duvarları turkuaz renk bir evdik, bacadan mutluluk sızanlardan. Güzel başlayanların sonu kötü bitiyor belki bizim sonumuz güzel olur. **Hayatta yapmam dediklerini yaptırıyor hayat.** Dünya ikili oynuyor, senin altılı kuponlarınla bir değil. Başka seçenek kalmayınca gözü dönmüş bir adam âşık iki insana yenildi. Kabul ediyorum âşık oldum. İlk görüşte aşka inanır mısın sorusuna yıllardır hayır diye cevap vermişimdir, hata etmişim.

Mesela ilk haftada oluyorsa ilk görüşte de olur. Olmayacak duaya âmin dememem gerektiğini fark edip artık içimden geldiği gibi davranmaya başlamam zaman aldı. Siz bu hataya düşmeyin, sonucu ne olursa olsun içinizden geldiği gibi davranın, hayat zaten göz açıp kapayıncaya kadar. Hem ne oldu sanki sonunda ebem de ağlasa bitti bitene kadar bizi bitirmiş olsa da bitti. Aylarımı çalsa da bana günleri haram etse de rezillik üstüne rezillik çıkarsa da beni yerden yere vursa da onu sevmediğimi kabul etmek istemese de vicdanı olduğunu hatırladı insafa geldi. Kabullendi sevgi yoksulluğumu. Çaldığı zamanım yanına kâr kaldı, vazgeçti benden. Keşke bu şekilde olmak zorunda bırakmasaydı. Tek taraflı ne yürümüş ki? En basitinden oyuncak bir araba düşünün, dört tane tekerleğinden birisi kırık. Hangi çocuk götürebilir o arabayı, düzgün gider mi? Tamir edilebilecekse ne âlâ, peki ya tamir edilemeyecek gibiyse? Ufak sinek bile mide bulandırıyor. Bu dertte sessiz kalması için gözyaşlarımı avucuna akıttığım bir Uğur vardı, çaresizliğimin asıl kahramanı. Sabretmeseydi hiç biz olmazdı belki. Onun dilinden çektiklerini size anlatamadığım için özür dilerim. Bilmece gibi bu kız ne anlatmaya çalışıyor diye düşünenler var hissediyorum, anladım üstünü az kapat diyenler de var gibi. Çok kurcalıyoruz hayatın detaylarını, biraz sesimizi kısıp mutlu olmayı denesek çok mu şey yaparız kendimiz için. Hep başkaları için bir şeyler yapmaya alışmışız ayıp valla bize çok haksızlık ediyoruz kendimize. **Başkaları bizi, bizim onları düşündüğümüz kadar düşünseydi mutsuz insan mı kalırdı.**

Özgürlüğe gelsin sıra, özgürce yaşanması gereken anlara.

Sana Açım

Artık tamamıyla özgürüm, yalandan telefonda birini idare etmek zorunda değilim. Gece kafamı yastığın altına sokup kendi kendime sabaha kadar hesaplaşmak zorunda değilim. Tırnaklarımı derime geçirecek kadar sıkmayacağım. Sana sarıldığım an içime dolan huzuru, aklıma getirdiğim saçmalıklarla bozmayacağım. Bağırıp çağırıp küfretmek yok. Kahkahanın ortasında somurtmayacağım. Senden saklanıp gözyaşı akıtmak yok. Benden sakladığın kızarıp şişmiş gözlerini fark etmeyeceğim. Aldığımız nefese hüküm giydirmeyeceğiz. Haksızlıktan sebep hırçınlaşıp birbirimize ağır konuşmayacağız, artık saçma sapan bir çelişkinin içinde kalmayacağız. Karınca yuvasında saklanmayacağım. Basılıp ezilmek, bozulmak yok.

O kadar zaman üstü kapalı bir sandıkta paramparça yaşadık hikâyemizi, hep eksiktik artık tamamlayabiliriz. Yapmak istediği o kadar şeyi görürken onu durdurmak zorunda kalmayacağım. Artık seni içindekilerle mağdur bırakmayacağım, inadına doyasıya yaşayacağım. Benim için sabretmek yok, tüm dünya rezil olsun. İçine attıklarını artık çıkarıp semtin tabanına tavanına denizin kıyısına atacağım. Yeniden doğdum seninle.

Dökülen duvarıma elleriyle alçı attı, hayata olan bakışımın rengini değiştirdi. Griydim turuncu oldum. Bu gelişmeyi çok sevdim, çünkü eşyaları eksik bir evdim. Eşyaları olmayan evi dizmek kolay, ya eşyam olsaydı da evim olmasaydı? İşte o zaman arazi.

Sen mutlu ol varsın, tüm dünya mutsuz olsun ben de bu kadar sencilim.

Allah belanı vermesin, nasıl sevdirdin kendini.

Mesela onun sporu sırtında ben varken koşmaktır. Bazen atımmış gibi üstüne binip "deh dıgıdıg" dediğim oluyor. Olmayan kasları oradan geliyor. Belindeki gamzesine hayranlığım var, imzalı fotoğraf alıp cüzdanımdan ayırmayacağım. Belki ekmek almaya gitmez ancak bana eti puf almaya çok gitmiştir. Uykusunun o kadar ağır olmasına rağmen su istediğimde ikiletmez, kafasını duvara toslasa da kalkar getirirdi. O zamana kadar ben uyumamış olursam içerdim tabii. Tam bir kiraz reçeli, seni ekmeğe az sürmedim. Ona rağmen yanında hiç karnım doymadı hep daha fazlasına ihtiyacım var. Birbirimizle yeni alışkanlıklar edindik. Örneğin bana siyahın yanındaki beyazı sevdirdi. Yıllardır gördüğüm denize farklı baktırdı. Maymun iştahlı yaptım onu, aynı benim gibi cipsi, şekeri, çekirdeği karıştırabiliyor. Bir gün zehirlenirsek birbirimize ilaç oluruz. Vücudumu kuma gömmeseydi iyiydi hatta elinde olsa kafamı gömecek, bazen poşet geçirip öyle dolaştıracak diye korkuyorum yeter ki bakmasınlar. Kovalardı beni yakaladığında öper, kovalardım onu yakaladığımda döver. Güzel bir çiftiz romantikliğin yanı sıra tehlikeli. Belimden tutup döndürdüğünde başımın dönmesini bırak bağırsaklarım ağzıma gelecekmiş gibi oluyor sonra kuma atıp üzerime düşüyor. Başımın dönmesi midemin yalan olması yetmezmiş gibi kemiklerimi sızlatıyor. Deniz rahatlatıyor insanı desem de inanmayın yanındakinin katkısı daha önemli. Küçücük salıncağa oturur sıkışan götüm ağrıyana kadar kalkmazdım. Ben çığlığımı abartana kadar salıncağı yavaşlatmazdın. Değişik bir hayal dünyam var, salıncaktan yüz metrelik mesafesi olan kayalıklara düşeceğimi düşünürdüm. Kollarımı kocaman açtığım salıncağa yapışırdım, sanırsın Japon yapıştırıcısıyla yapıştırmışlar. Ondan önce uçuyorum diye çığırmalarım var elbet. Bizimki benden de garip ben sallanırken karşıma geçip Pepe kılığına girip "Bana beni sevdiğini söyle" derdi. Jestleri mimikleri yok mu bitiriyor beni. Ve bununla tehdit eder söylemediğimde daha sert iterdi beni bize doğru. Sempatik şey seni, ciğerlerine dolasam mı kendimi? Nefesine etki eder mi? Naneli sakız bile bana senin verdiğin ferahlığı vermiyor adam.

Utanmadan bu seslerle bağırarak şarkı söyleyip insanları kaçırmakta üstümüze yoktur. Çok insanı rahatsız ettik, bu bizi rahatsız etmedi. Kul hakkına girer mi acaba? Mutluyken düşünemiyoruz bu tür mevzuları. Amaaan amma da yaptım bizim mutluluğumuzla rahatsız olacaklarsa varsın olsunlar çünkü biz kimsenin mutluluğundan rahatsız olmadık. **Mutluluğunuza engel olacak insanlara gözlerinizi, kulaklarınızı kapatın.**

Yorulmadan da yatardım dizine; başım dizini severdi, elleri saçlarımı. Baharatlı mısırları dayayacağım sana. Doydunuz mu derseniz asla hâlâ açım.

Düşünüyorum da bu kesinlikle geçmişimi unutturmaya gelen adam olmalı, başka türlüsü olamaz. Bütün saçmalıkları yapmaya hazırım seninle eğer saçma sapan her şeyi unutturacaksan. Unutturmuş da olabilirsin. Valla karpuzu alırken kendisi seçti. Baba gibi sahiplenmesi var, bu kesin o beklediğim olmalı...

Sana doymak mı, açlıktan ölüyorum...

Ömrümün Kumsalı

Özleyin birbirinizi alışın, sevin, sevgi kadar kutsal ne var ki bu dünyada. Yaramazlık yapın, klasik yaşamayın aykırı olun, umursamayın mutsuz olacağınız konuları. Serbest bırakın duygularınızı, mantığınıza esir kılmayın, aşka dokunun, yalnızlıktan kaçın. Yalnızlık gözlerini torbaya çevirir. O torbaların ağzını bağlayıp atın. Yalnızlık yalnız cehenneme yakışır. Mutluluğunuza bakın. Özlemekten, ilk mesajı atmaktan kaçmayın. Sevmekten gocunmayın. Yaşayabildiğiniz her şeyi fazlasıyla yaşayın, kusurlarınıza dahi iyi bakın bu şekilde yemeği üç kere tuzlu iki kere yağlı yaparsınız daha sonra ortayı bulursunuz.

Ayseli ile birlikte Uğur'un yanına geldik. Yanına gitmezsem yanıma gelecek, arada bir fark yok. Anası babası az çekmedi benden ama vallahi benim günahım yok, hep Uğur'un başının altından çıkıyor yanımda olmak. Galiba bu sefer çadırda kalmak kaçınılmazdı. Zaten bir o kaldı. Farkında mısınız kalmadığımız yer kalmadı. Mezara da göz koyalım mı? Hava güzeldi kötü olsa ne olacak, biz güzeliz. Gecenin yarısı kumsalı bulduk, şu kumsaldan da bir ayrılamadık. Uğur yanına plajdan Enes'i aldı, Ayseli ile birbirlerine arkadaşlık etsinler. Aslında severim, iyi çocuk tanıdığım kadarıyla bir de tanımadığımız kadarı var elbet. Komedi filmlerine sahne verebileceğimizi iddia edebilirim. Gırgır şamata derken bulduk yerimizi. Uğur gönlümün kumsalına ömürlük çadırı kurdu. Kilyos'a bir günlük kursa ne olur, en fazla aşk olur. O da zaten olmuş. Plajdan da bir iki tane minder çaldık geri koymak şartıyla. Kavuşunca daldık birbirimize, yok uzak kalmak bize göre değil. Dalga sesi kulağımızda, kum tanecikleri çadırımızdaydı. Özlemimizi saymazsak sadece o an ikimizdik. Romantizmin dibiydik. Plajın ortasına çadır açacak kadar da dengesizdik. Özlemek diye bir derdimiz ve yanına kâr kalan aşkımız, galiba bugün şanslıyız. Dudakları dudağıma değdi, bütün tüylerim dans etmeye başladı. Şu teninde büyümü var anlamıyorum, parfüm pek sıkmıyor ancak bu koku harcıyor beni. Oğlum bana sen ne yapıyorsun ya şu çadırda yaşlanasım geliyor seninle valla. Hatta burada Masal'ı çıngırak ile oynat ben de *'Babamı çok seviyorum,'* yazan zıbınını giydireyim. İçerideki varlığından dolayı, dışarıdaki hayat dışımda kaldı. Ayseli ile Enes'i de unuttuk sahi onlar nerede? Çok çişim geldi romantizmimizi bozdum vallahi, nefret ediyorum böyle hiç olmadık yerlerde çişimin gelmesinden. Yerim senin ağzını burnunu! Aldı beni kucağına öylece taşıdı tuvalete kadar. Tuvalet de sandığınız kadar yakın değil, bir de kum ve yokuş, ikisi bir arada helal olsun hiç bırakmadı. Utanmasa yanımda gelirdi hatalı cümle oldu utanan ben olmasam kesin gelirdi. Gecenin yarısı geri geldiğimizde çadırın etrafında birini gördük. Kumsal zindan gibi oda kara olunca fark etmek kolay olmadı. İlk biraz tırstık orada kim var ya. Ayseli sen misin? Allah Allah bu kız niye geldi ki. Aşkım sen bunu Enes'le postalamadın mı baş başa kalacaktık. Ne oldu demeye kalmadan başladı Uğur'a isyan etmeye. Senin bu arkadaşın macun yemiş demesin mi? Yuh çüş oha nasıl yani? Gülelim mi ağlayalım mı? Vay Enes vay! Ummadığın taş baş yarar derler ya o hesap, sessiz sakin olanlardan korkmak lazımmış. Uğur artık hesabını sonra sorar. Kızı kaçırmış, haspam biz evden kaçıp buralara gelelim sen kızı yanımıza kaçır. İki muhabbet edecektin alt tarafı, öpmeye çalışmak da ne demek? Yaktın bizi koca denizin yanında. Ayıp be ne güzel romantizm yaşayacaktık bencilliğim tuttu farkındayım. Çadırda bir yer daha açtık ne enteresan gece. Hani romantizmin dibiydik, bütün romantizm denizin dibine gitti. Biz daha doyamadık birbirimize deyip Ayseli'nin götüne tekmeyi atmak istediğimizi belirtmek isterim. Allah benim tepemden baksın. Garibimin günahı çocukla iki muhabbet etmek oldu. O da bizim yüzümüzden oldu, Enes karıştırdın ortalığı. Sen neymişsin be! Uğur'a sarıldım zannederken Ayseli'ye sarılmışım. Uğur da Ayseli'nin ayağını benimki sanıp ayağını üzerine atmış, frekanslar karıştı epeyce. Sahilin tam ortasında hazır çadırda minderlerin üzerinde bulduğumuz bir battaniye ile birlikte üçümüz romantik bir gece geçirdik. Romantik geçirdiğim en üçlü geceydi. Sabah sıcaktan oluşan boncuk boncuk terlerle günaydın dedik yeni bir güne. Sabah öpücüğünü de aldı, masumiyetine doyamadığımı gülümseyerek uyandırdım. Adını Uğur boncuğum koysam nasıl olur?

Biz beraber çok uyumadık mı?
Kumda, barakada, çadırda...
Şimdi olmasın mı gözümüz mezarda?

Gitme

Hayat çok enteresan değil mi; neyi, ne şekilde, ne zaman, nerede, nasıl sunacağı hiç belli olmuyor. Bir bakmışsın hatalarını örtüyor, bir bakmışsın ortaya sunuyor. İmkânsız dediğini yaşıyorsun, gitmez diyorsun arkasına bakmadan gidiyor, gitmem diyorsun gidiyorsun, yok diyorsun var oluyor, var diyorsun yok oluyor bir hayli garip iş ne olacağı belli olmuyor. Ne Allah'ın işine karışılıyor ne de gönlün.

Döküntüden daha yeni çıktığım için bir ilişkiye sahip çıkacak kıvamda olduğumu düşünmüyordum hiç öyle değilmiş aslında. Uğur o kadar güçlüydü ki en başında tek başına bize sahip çıktı. Zor karakterim, benimle uğraşmak akıl işi değil. Gurur deyince akan suları durdururum, marifetmiş gibi de anlatmalarım var. İkimizde çok kıskancız ancak onunki biraz daha ağır basıyor. Whatsapp'da son görülmem yakın zamansa veya Facebook'da biri beni eklediyse ayvayı yemiştim. Hoş değil fakat çok hoşuma giderdi. Bu da benim beyinsizliğimden kaynaklı, neyi hoşuma gidiyorsa artık sonra daha çok hoşuma gitsin diye davranışlarını hesaba katamamıştım. Flörtün ilk dönemleri en önemli dönemlerdir, uzatabildiğiniz kadar uzatın. Orada heyecan uzar, kavga da uzak kalır vallahi bak. Tek iyi yaptığım şey gitmek. İyi yaptığım her şeyden kötü sonuç alırım. Engel olur kızgın da olsa gitme demeyi ihmal etmez. Çoğu zaman hatalı bendim üste çıkmayı iyi bilirim. Öfke elde değil, kalkıyorsun zararla oturuyorsun. **Yönümüz yok gökyüzümüz var, bir de sayısız pişmanlıklarımız.** Dönerdim arkamı bomba gibi patlamaya hazır olduğumu bildiği hâlde rastgele kablomu koparırdı. Anlayın işte sarılırdı, patlamana razıyım der gibi karşılık vermezsem onun koca kalbine haksızlık etmiş olmaz mıydım? Olurdum. Hep gitme diyen taraf oydu, benim gitme dememe fırsat vermedi. O yüzden gideceğini hiç düşünmedim. Ne zaman büyük konuşsam başıma gelir. Yoksa gider mi? O dönemlerde Yıldız Tilbe'nin yeni çıkmış *'Gitme kal'* düetini az dinlemedik.

Gitme diyen insanlar gitmeyen insanlardır,
işin içine Allah girmediği sürece.

Aklımdan Çıkmayanların

Zamanında lise birinci sınıfta karnesinde bir tane bir var diye sevinen sevgilimi tebrik ediyorum, bütün notlarının sıfır olması gerçekten büyük başarı.

Ya ortaokulun sonları ya da lisenin başlarında (balık hafızalı olduğum için yarım yamalak hatırlıyorum) öğretmeni Uğur'a sürekli saçını kestir diyormuş. Uğur ise kestirmemek için hocam babam maaşını almadı aldığında kestireceğim dermiş. Hoca, Uğur'u elinde dolu abur cuburla görürmüş *"Bunları alacağına saçını kestirseydin"* dediğinde Uğur, *"Hocam ben bunları borç yapıyorum babam maaşı aldığında ödeyecek,"* dermiş. Her şeye de bir cevabı vardır. Garibim hoca da üzülürmüş ona. Sonra bir gün veli toplantısına Uğur'un babası Yılmaz ağabey de katılmış. Yılmaz ağabeye hoca mesleğiniz nedir diye sormuş, kuaför dediğinde hocanın yüz ifadesini görmek isterdim. Adama bak çocukken bile üçkâğıtçıymış, hey maşallah. Evet, yaramazlıkta üstüne yoktur. Lakin cebindeki son parasını yanına gelen dilenciye veriyor. Onun yumuşacık kalbine haksızlık edemem. Defalarca şahit olmuşluğum var. Kendini hiç düşünmez, yardıma ihtiyacı olanın yanından ayrılmaz adeta 'Süpermen' gibi. Ama o benim yeşil adamım. Yaramazlıkla hesap sorulmaz enteresan bir adam. Sevgisinden endişe duymalı mıyım? Şanslıyım diye gurur mu? Kesinlikle ikincisi derdim de şımarır şimdi. Geleceğimde gözü varmış, geçen sabah öyle dedi odunun romantiği. Zaten **geleceğimde olsun gözü, gelmeyeceğimde değil. Mutluluğumu aylar anlatsın size.**

Geçen bir fotoğrafına rastladım, hemen sinirlendim. Sağa sola kafamı çevirip söylenmişim, fark etmedim. O suratını dağıtırım senin, benden başkası çekiyorsa o fotoğrafı o kadar güzel gülemezsin.

İlk sen ol, sonra sağlık. Kahveyi değil çayı sever, çaykolik adam babası gibi. En sevdiği işlerden biri de alarm ertelemek, ne tesadüf benim de öyle. Belgesel ile dizi arasında kalınca kumanda kavgası çıkarmam kaçınılmaz, neyse ki kazanan hep benim dizilerim. Aslında asıl kazanan dizilerin reytingleri. Neyse ki yemekte olduğu gibi kıyafette de seçici değil, bulduğunu giyiyor, anlamıyor neyin yakışıp neyin yakışmadığından. İyi ki de anlamıyor. Bensiz bir yere gidecek olursa çirkin kıyafetlerini giydirir paket ederim. Hem maalesef çirkin giyinse de yakışıyor, malzeme iyi. Kıyamaz kırılan tırnaklarıma. Pis desem anlamaz, ne zaman isterse öper ayak parmaklarımdan. Belki biraz sigara kokar ama tertemiz onun ağzı. Gözleri kahvenin tonlarından, sakalları en çok yakışan, üst dudağı bıyıklarının altında gizli, elleri hep sıcak, kalbi ay ile aynı parlaklıkta. Küçücük burnu var hep akar durur. Kızınca heyecanlanınca eli ayağına dolanır hatta kekeler, bir lafın sonunu getirene kadar canı gider. Mutlu olduğunda hiperaktifliği üstünde olur, itfaiye hortumuyla yıkasam az gelir yerinde durduramam. Tutamaz kendini olduğumuz yerin önemini dinlemez saygısızlığımız diz boyu, kocaman öper çenemin altındaki o şişko gıdığı.

İşlediğim en büyük günah olsun
tenini sevmek,
nasılsa aşkın boynuna...

Kalbim Saçlarına Dokundu

Alt tarafı bir kelimesiyle mutlu olabiliyorsanız siz çoktan olmuşsunuz, Allah bozmasın.

Hiç ummadığım bir anda İstanbul ayağımızın altındayken, suskunluğumuzun yanında etrafı süzerken, yapraklar kucağımıza kadar düşerken yanaşıp kulağıma *'kadınım'* diye fısıldadı. Çirkin ördek yavrusu kalmamış dünyada. Göçmen kuşlar göçmekten vazgeçmiş. Bir kelime beni gökyüzüne ışınladı. Benim senin kadının olmaya ihtiyacım var. Bu kelimeye olan zaafım en dipteki köşedeki kıtalardan bile anlaşılmış olmalı. İçinde bu kelimenin geçtiği alakasız olduğum şarkıları bile binlerce kez dinlemişliğim var. Bir şeyler oluyor hadi artık kendine gel, gören de üç aylık ömrü varken sağlığına kavuşmuş sanacak. Bir kelime başımı dünyaymışçasına döndürür mü? Döndürdü. Artık kelebeğin ömrüne sahip olsam gözüm arkada gitmem, aklıma geldikçe hâlâ kalbim yerinden fırlayacakmış gibi. Onun kadını olmamı istediği kadar, istiyorum kadını olmayı. Onu tanıdığımda küflü paslı olan kalbim, şimdi elinden gelse dışarı fırlayıp halay çekecek.

Düşünüyorum da seninle kavga ederek, senden giderek seni çok kez üzdüm, özür dilerim. Şimdi imkânım olsa o günlere dönüp kendimi hırpalardım. Ne bileyim işte cetvelle ağzıma vururdum, kum torbasına kafa atardım, kulaklarımdan tavana astırırdım. Üzmeyin seven adamları, onlar bulunamayan Hint kumaşı. Gidin bulaşık suyundaki sarı bezleri hırpalayın.

Zincirli kuyudan ayrılıp eve gitmeyi tam başaracağım derken metrobüse bindiğim an *"Özledim,"* diye mesaj gelirdi. Daha bir dakika geçmedi. Şimdi söyleyin ben bu adamı nasıl sevmeyeyim. Yaramazlıklarını dahi seviyorum, onu düzelteceğim derken ona benzemeyi bile. Onu törpülemek gibi bir niyetim var evet, ama ona benzemek daha eğlenceli.

Bir akşam yanıma Uğur gelecekti. Fırsat bu fırsat az aşka zaman ayıralım. Ona kızartma yaptım, köftenin soğanını kendim ayarladım bayılır, sofrayı kurup çoban salatasını hazırladım. Artık gelir diye tuzunu yağını limonunu attım tam suyuna banmalık oldu. Bayılıyoruz şu salatanın suyuna. Bak şimdi canım çekti. *Hadi artık aşkım nerede kaldın sofra hazır seni bekliyorum yazdım. 20 dakikaya oradayım* yazdı sonra aksilik işte Göztepe'ye kadar gelince telefonunun şarjı bitti. En fazla bir saatte gelmesi gerekirken epey sürdü. Göztepe'den Maltepe'ye ne kadar sürecek ki? İçim içimi kemirmeye başladı, işkilleniyorum. Telefonu kapalı olmasa içim rahat olur ama telefonu da kapalı, ulaşamıyorum. Meraktan kafayı sıyıracağım aklımdan bir dünya şey geçiriyorum aynı zamanda dua ediyorum başına bir şey gelmesin diye. Niye bu kadar kötü oldum anlamıyorum balkonda soğuk demeden nöbet tuttum. Geleceği yönden gözümü hiç almadım en sonunda bir baktım ki koşarak gelen bir adam, kalbimin atışları değişti. Neden bu kadar korktum bilmiyorum, bildiğim tek şey sarılınca geçtiği. Çok sıkı sarıldım, onun başına bir şey gelmesinden çok korktuğumu belli ede ede sarıldım. Allah'ım sen sevdiklerimizi koru. Gece olduğu için otobüs bir saat geç gelmiş etrafta kimse olmadığından arayamamış, yoksa beni habersiz bırakmazdı. Telefonda konuşmama vaktimiz en fazla yirmi dakikaydı, belki inanmazsınız ama vallahi billahi öyleydi. İşim var derdim, izah ederdim olsun benle de konuş derdi. Dayanamaz ağda yapacağım derdim, olsun yine konuşalım derdi. Tam bir baş belası, samimiyeti öyle bir noktaya geldi ki bacağıma kendisi ağda yapana kadar bile uğraştı. Müşteriyi tıraş ederken mesaj atar. O kadar yetenekliydi benim sevgilim, müşterilerden az küfür yemedi. Beni de her dakika konuşmaya alıştırdı, bir saat ayrı kalınca ödüm koptu. Yine de Allah korusun.

İlişkide bir tane akıllımız yok, iki deli bulmuşuz birbirimizi. Rujdan nefret eder, amma velâkin kıyamaz izin verir. Bordo rujum tam kirli sakallarına layık, öpücük yolladım göğsüne koca bir kayık. Çayı şekerli seven aşkım benim sadeliğime bayılır. Onun yanında hiç makyaj yapmamalıyım ama o uyurken rujlarımı üzerinde deneyebilirim. Pijamalı hâlime içi eriyor, gördüm gövdesinden akıyordu. Küçükken annesine saçını okşatmadan uyumazmış, bazen dizime yatıp *"Hadi aşkım,"* derdi. Tam ben aynayı önüme koymuş cımbızla kaşımı düzeltirken. İlgiye âşık kendimle ilgilenmemi bile kıskanır, bir ona güzel olmalıyım başkası görmemeli. Saçım güzelse bozar, rimel varsa silerdi. Başımın belası, elimi tutar kafasına koyardı ne işim varsa bıraktırır, o saçlarını okşayana kadar bırakmazdı. Çok severdim saçlarını, işimin gücümün arasında gelmesine rağmen. Saçlarıyla oynarken dayanamaz öperdim ben dizime doğru eğilip öptükçe kalbim saçlarına dokunurdu. Ağzım severdi öpmeyi, burnum bayılırdı öperken koklamaya.

Şampuan kokan saçları diyorum sonra konuşamıyorum.

Seviyorum Lan Seni

İtiraf edelim mi? Herkesin avucunun içi gibi ezberlediği biri vardır. O birinin paha biçilmez değeri, bir de bitmeyen eğerleri. Gökkuşağının en sevdiğin rengi hangisi? Hangisi annene benziyor, hangisi eşini anımsatıyor, hangisi çocuğuna yakışıyor, hangisi arkadaşın gibi? Sen hangisi olmak isterdin? En güzel renk mavi işte o, Uğur'a benziyor. Kırmızı, benim gibi canlı. Pembe varsa masal olsun. Herkesin özlediği bir koku yok mu? Peki ya herkesin vazgeçemediği bir doku? Benim vazgeçemediğim bir adam var. Senin vazgeçemediğin ne var? Çizgi film senaryolarına benzeyen hayallerimizin size selamı var. *"Senden önce yaşamamışım,"* derdi. Önceden yaşıyor gibi görünmüşüz, yaşayınca anladık. Siz ne anladınız?

Öyle çok geçme sokaklardan kıskanırım. Zaten omurgalarımı merdiven niyetine kullanıyorsun. Gözlerim dünyan, boğazlarım tünel geçiyorsun, benden kurdun düzenini kalbim evin.

İdam edelim mi mesafeleri, haksızlık değil mi araya girişi? **Seni kalbimden kaderime terfi ettirmek istiyorum.**

Allah'a emanet olsun sensiz geceler. Sen söz ver ben tutarım, oltaya gelmeyen balığı boş ver, iğnesini yanlış yere atmışızdır. Sen sev ben ev olurum. Yarınlarımız dünde kalmasın. Bana sen lazımsın sana ben, biz bize muhtacız, siz de size. Olursa olur olmazsa Uğur oldurur, sizin de olduranız vardır elbet. Asla unutmam sen karım ol ben karın tokluğuna yaşarım demelerini. Ah bir de ikimize benzeyen çocuklarımız olsa yandık, dünyayı kim kurtaracak? İçinde merhamet olan herkes çocukları sever, eminim siz de çok seviyorsunuzdur. **Biz büyükler, küçüklerin masumluğunun arasında kaybolmayacak kadar büyük olabilsek.**

İyi parçasın, ne güzel severim.

En Kıymetli Doğrum

Eğer seviyorsanız ortak yönünüz çoğalır yoksa bile olur. İnsanlar sevdikleri için az fedakârlık yapmazlar ancak önemli olan değip değmeyeceğidir birçoğumuz da burada yanılabiliriz. İnsanoğluyuz elbette yanılacağız. Yanlış insanlara güveneceğiz, belki aşkla belki arkadaşlıkla hatalar yapacağız. Seveceğiz, üzeceğiz, güleceğiz, belki pişmanlık duyacağız belki umursamayacağız... Bunların ne önemi var ki? Aslında çok önemi var. Hayat herkes için aynı yazılmamış ki. Her görüş farklıdır, mühim olan anlaşmak. En sevdiğim insan tipi ne biliyor musunuz? Her şeye rağmen gülümseyen insanlar. Ben onlara hayranlık duyuyorum çünkü onlar bana bir sanatçıdan daha çok şey öğretiyor...

Sebebini hatırlamıyorum ama mutsuz olduğum bir gündü. Ben lavaboda elimi yüzümü yıkarken Uğur benim çantamı kurcalamış. İç çamaşırlarımı ortaya çıkarmış ve aralarından en seksisini alıp eşofmanının üzerine giymiş. Ohaa kırmızı donumu giymiş! Yuh, çüş deve! Bir de bana nasıl olmuş aşkım diye sormaz mı, şaka mısın sen, insan güldürmek için bu kılığa girer mi? Senin varlığının benim gülmem için bir sebep olduğunu unutma. Of çok utandım ya ikimizin de yüzü domatesin renginden daha canlı. Orada kirli çamaşırlarım bile vardı inşallah onları görmemiştir. Çok gülen insanlar yaşlanmaz derler. Ne güzel, Uğur'un yanında hiç yaşlanmayacağım, velhasıl kelam yaşlanmaya meyilliyim.

Kendimi en mutlu hissettiğim anlardan biriydi. Engelli konserinde yardım amaçlı dans etmemden dolayı alnıma değdirdiğin o dudağın. Bir anda üç tane mutluluk kaynağım söz konusu; biri sevdiğim işi özgürce yapmam, ikincisi bunun niyetinin iyi olması çünkü bilirsiniz ki dans edenlere pek iyi niyetle bakılmaz ve bu iş genellikle iyi niyetle de yapılmaz. O yüzden biz iyi niyetli olunca bu işte bir bok yapamıyoruz. Zaten Anadolu Ateşi'ne seçilip de benim gibi gitmediysen, dünyanın en aptal ödülüne layıksındır yani pek seçeneğin kalmamıştır. Üçüncüsü malum alnımda biten dudağın kefil bana.

Mesela en sevdiğimiz türk film İbrahim Çelikkol ile Belçim Bilgin'in *'Sadece Sen'* adlı filmi. Çünkü sonu tuhaf olsa da çocuk sakat da kalsa kavuşuyorlar. Önemli olan kavuşmaları değil mi? Sevdiğimiz insanların başlarına bir şeyler gelse onlardan vazgeçebilir miyiz? Bana kalsa tabi ki hayır sonuna kadar savaşırız. Şimdi bazılarının kafasında soru işareti oldu, "Acaba gerçekten savaşabilir miyim?" diye. Yapmayın öyle Allah'ın işine karışılmaz her an herkesin başına her şey gelebilir. O sen de olabilirsin, vazgeçsinler mi senden? Vazgeçen zaman geçirendir seven değil. Huzura çabalamadan ulaşamayız. Gel gelelim ki hepimiz ayağımıza gelmesini bekleriz. Hiçbir şey kendiliğinden ayağımıza gelmez. Biz gideriz ayaklarımızın gittiği yerler çok önemlidir. **En kolay hastalık ayaklardan kapılıyor veya gittiği yerlerden** yanlış yerlere bile bile gitmeyin. Doğruyu bulunca benim gibi sevin. İnsanın başına kaç tane Uğur gelebilir ki sanki başka örneği varmış gibi kaç tane diyorum o bir tane. Allah aynısından size de versin. Eğer bir tane doğrunuz varsa boş verin üç yanlışı. Bu açık öğretim sınavı gibi değil veya KPSS, ÖSS... **Hayattaki yanlışların her zaman doğrularını almaz senden hatta zaman zaman yanlışların doğruları bile doğurabilir.** Bu söz bana başlayan ilişkimizi hatırlattı. Yabancı bir adamın modellik yapan bir sevgilisi varmış. Bir gün ormanda çıkan yangında vücudunun %60'ından çoğu yanıyor. Yüzü tanınmayacak hâldeyken sevgilisi onu bırakmıyor. Şu an evlilik aşamasındalar diye duydum. İşte bunun adı gerçek sevgi, eminim benim başıma gelse Uğur da beni bırakmaz. Ben onu istemesem dahi o beni bırakmaz. Onun başına bir şey gelse ben de asla bırakmazdım. Olması gereken bu zaten, bunların tersini yapan insanlar insan değiller. Ne yazık ki öylesi çok fazla, adam karısı kanser, kadınlık yapamıyor diye başka kadınlarda hayat arıyor. Bu da kendi karısının hayatını elinden almaya yarıyor. Ne sabır gösteriyor ne çaba. İyi seçin, güzelliğinizi değil karakterinizi seven adamları sevin. Paranıza değer vermeyen kadınları sevin. Onlar baki olanlar. Hatta Uğur ile beraber okuduk bu haberi, tebessüm edip sarıldı boynuma. *'Aynı Yıldızın Altında'* bakın bu filmi de severdik, sonu hüsran olduğundan içime sinerek dile getiremedim. Desenize sonu hüsran olmayan film tutar mı diye. Bu arada bizim en sevdiğimiz şarkı *"Bana ellerini ver hayat seni sevince güzel..."* Gerçekten hayat güzel değil mi sevince? Hem de senin gibi biri ile.

Senin için her şeyi göze aldım diyenle değil, bizim için her şeyi gözden çıkardım diyenle ol.

Masal

Keşke bütün hikâyelerin sonları masallara benzeseydi.

Her masal bir gün biter derler. Gerçekten biter mi? Bitmeyen masallara saygım sonsuz. Saçma olsa da masalların sonuna inanın. Bırakın masallar bari mutlu olsun. O da mutsuz olursa sonumuz geldi demek. Son demişken lafımın sonunu da masala getireceğim, yani çocukluktan geliyor masallara zaafım. Pek dinleyememiş olsam da başucumda annem masal okuyup beni uyutmasa da seviyordum dinleyemediğim masalları özellikle de sonlarını. Burada annemi kötülemek istemiş gibi göründüm sanırım yok canım kadın ilkokul birinci sınıftan terk. Okutmamışlar sadece okuma yazmayı biliyor. Nasıl masal kitabını bana okuyacak. İşte birilerinin hayatında böyle eksik yanlış şeyler var hep birileri tam olsun diye. Hangi masalda kötü son var. Çocuğum olursa adını Masal koymak istiyorum. Hayatımızın maskotu oldu olmayan çocuk. Benim sevdiğim ne varsa severdi, sevmezse hatırı kalır. Uğur sordu neden Masal? Mutlaka bir masal okumuşsunuzdur sonları nasıl? Gerçek hayattan bağımsız ve mutlu biter, mutsuz biten masal gördünüz mü?

Ben de görmedim. Berbat bir hikâyem olduğu için masallara özeniyorum. Film seyrediyoruz çok beğeniyoruz zira ağlatan sahne olmadan olmaz. Kitap okuyoruz sonunda biri ölüyor ben ölümsüz sonları seviyorum, sonumuzu sevmiyorum. Kötü karakterlere garezim var. Mesela Deniz olsun isterdim maviliği için ama o da gökyüzünden alıyor maviliğini. Kandırıyor bizi tonlarca şiir, kendini kandırıyor denizin maviliği ile. Nehir olsun derdim o da akıp gidiyor akıp gitmeyen olsun. Hani hep mutsuz oluyoruz ya hayallerimizde bari masal sonlarını yaşayalım. Uğur çok asidir lakin içinde masum bir bebek uyutur, o bazen bana uyanır. Asi olan insanların içine iyi bakın oralarda bir yerlerde masum bir şeyler çıkacaktır. Bizimki kendine masal anlattırmadan uyumaz oldu, iyi alıştı benim mutlu sonlarıma. Bende de ne senaryolar var. Bazen bizi anlatırdım, kötü başlayan hikâyemizin sonunda erdiğimiz mutluluğu. Sonumuz için pek çok yalan söyledim çünkü sonunda ne olacağını bilmiyordum, olmasını istediklerimi söylüyordum. Bence masallarımın sonlarını merak etme sebebi ise sonlarının mutsuz bitmeyeceğini biliyor olmasıydı. Geçenlerde Uğur'un kardeşi Kürşat; *"Neden ağabeyimin telefonundaki bütün oyunlarda adı 'Uğur Dilara Masal,' bu Masal kim?"* diye sordu. Dünyada olmasa da aramızdaydı.

Her masal bir gün biter derler ya
bizimki bitmez de sonsuzluğa giderse?

Aralığın Yağmuru

Ben hiç sınavlara çalışmış insan değilim. Hayatım boyunca sadece bir kere lise ikinci sınıfta müşteri hizmetleri diye bir dersin sınavına çalıştım, onda da 96 alıp sınıfın en çalışkan öğrencisini geçmiştim. Fakat herkes kopya çekmişim gözüyle baktı. Zaten hep öyle olur kişi kendinden bilir işi. Burada hiç kopya çekmedim, demek istemiyorum. Sadece o gün kopya çekmeden o notu aldım. Hem eminim öğretmenler bile zamanında kopya çekmiştir. Aslında kabiliyet var ama gösteremiyorum. Mesela sürekli atıştığım bir öğretmen vardı -ismini hatırlamıyorum- beni hiç sevmezdi, bunu iyi hatırlıyorum. Çanakkale ile ilgili şiir yazmamı istediler. 18 Mart töreninde bana okuttular. Beni sevmeyen nice öğretmen ayakta alkışladı. Özellikle o hoca gelip tebrik etti ve alnımdan öptü. Öğretmenler aslında çok yüce insanlar ama bazen onlar bile ön yargılı davranabiliyor. Onlar tarafından sevilmeyen bir öğrenciydim, aslında sevilmesi gerekirken. Neden çok dışlanan bir öğrenci olduğumu bilmiyorum, öğretmenlerim bilir. Belki de çocukluğumun usluluğunu, büyüdüğümü hissettikçe atmak istedim, yaramazlaştım. Dersi dinlemez, köşeye çekilir, kendi hâlimde olurdum veya dans eder insanları kışkırtırdım. Çok garip bir ruh hâline sahiptim. Sanırım ben, beni anlamadıkları için böyle olmayı tercih ettim. Anlaşılmak bazen hakikaten zor, belki beni anlasalardı daha farklı olmayı tercih edebilirdim. Neyse ki artık beni anlayan biri var, umarım onu hiç kaybetmem. Siz de sizi anlayan kişileri kaybetmezsiniz.

Bir an önce ATV'ye binip şile turuna çıkalım. Leş gibi çamur olalım, seninle temizlenirim. Biz niye hâlâ paintball oynamaya gitmedik? Hadi çarpışan arabaları boş ver, jet skiye o kadar ısrar etmene rağmen ne diye binmedim? Bir mağaraya salıncak kuramaz mıyız, olmadı ateş yakalım orada uyuyalım. Seninle her yerde her şeye razıyım. Daha yapmaya heves ettiğimiz bir dünya şey var. Canımı sıktığında seni bagaja atabilirim, yüzünü çikolataya batırıp yiyebilirim, sakallarını tarayacaktım daha nereden çıktı bu askerlik! Damarlarımdan hayal kırıklığı fışkırıyor. Daha aşkımızın canım cicim aylarını bitirmiş değiliz, ayıptır birbirimize ihtiyacımız var. Her şey yolunda giderken bu yol bozan ne diye çıktı? Keşke hiç böyle bir durum olmasaydı. Bu keşkelerin Allah belasını versin, dönüp dolaşıp beni buluyor.

Yazdan sonra işine devam ettiği ajansı basıp iş tahtasına *askerim* yazmıştım. Kıyamamış silmeye işten çıkana kadar o orada kaldı. Artık bizden sonra silenin canı sağ olsun.

Uğur'un kuzenine kalmaya gidiyoruz hatta onun ismi de Uğur. Orada biraz kafa dağıtacaklar artık hangi dağınıklık bizi toparlayacaksa. Asker psikolojisi bize hiç iyi gelmedi. Gitmeden psikolojimizi etkiledi. Allah bilir gittiğinde ne hâle geleceğiz? Ne o gitmeyi istiyor ne ben gitmesini. Zaten kim ister ki gençliğinin baharında güllerinin koparılmasını.

Gidiyor gönlümün son durağı. Ama işte vatan sağ olsun. Eminim bu cümleyi anneler sevmiyordur. Ama yine de vatan sağ olsun.

Koşmaktan paçalarımızda çamurlar birikti. Galiba yağmur seviyor bizi, ne zaman kıstırsa yoğunlaşıyor çamurlarıyla. Kapının önünde köpekler tarafından alıkonulmuş olsak da eve varabildik. Soğuğu seven aylardan aralıktaydık. Mecaz olarak da soğuk bir aydı, gidecekti ötesi yok. En güzel yerinden bölünecek aşkımız. Nasıl duracaktım onsuz her dakika birlikte zaman geçirmeye, zamanın bizsiz geçmemesine bu kadar alışmışken. Çok zor olacak. Valla boks şampiyonlarının gücü bile sevginin yanında halt yemiş. Simitle çay, karpuzla beyaz peynir, rakıyla balık gibi... Biri yoksa diğerimizin tadı hiç olmadı. Şimdi o olmadan ben nasıl tat alacaktım yediğimden, içtiğimden; o nasıl anlayacaktı doyduğunu? Öyle işte bir şişe viskinin dibine geldiler, muhabbet de meze olunca geceyi ettik. Kuzeninin eşinin köpeği Çapkın var. Ay çok tatlı! Bembeyaz tüyleriyle sempati saçıyor sanki adı gibi de çapkın, yanımdan hiç ayrılmadı. Uğur'a da nedense pas vermedi. Uğur bir ara haklı olarak Çapkın'dan kıskanmaya başladı, onunla kavga ediyor. Yarın bir gün kendisinden kıskanıp kendisiyle de kavga ederse hiç şaşırmam. Bizimkinin içince çenesi açıldı, sohbeti de sarıyor doğrusu. Kuzenine giderken daha önce onunla ettiği kavgaları anlattı. Küçükken epey kavga etmişler. Alkolün etkisiyle olsa gerek kuzeni bizi bize övdü. Uğur'un bana olan aşkından bahsederken çok yakıştığımızı da ekledi. İyi yağcılık yapsa da haklıydı, herkes çok yakıştırıyor bizi. Uğur *"Buraya gelirken Dilara'ya seninle ettiğimiz kavgaları anlattım, ama evlenirken söz veriyorum nikâh şahidim sen olacaksın,"* dedi. Benim göğsüm kabardı. Şişenin sonunda üç dublelik kaldı. Uğur'a bakıp *"Daha fazla içmeni istemiyorum,"* dedim. Çünkü neredeyse şişeyi o bitirdi. Ben öyle dedikten sonra şişeyi aldı cama doğru gitti devam edeceğini düşünüp kendi kendime söylenmeye başladım *"Yüz verdim astarını ister oldu,"* diye. İçimden günahını alırken şişeyi camdan fırlattı. Neyse ki fırlattığı yer araziydi, kimsenin kafasını yarmadı.

"Bu zıkkımı seviyorum ancak senin tırnağın kadar değil. Sen istedikten sonra benim yapamayacağım hiçbir şey yok!" dedi. Vicdansız bir de sarılmasın mı, benim de bir kalbim var aralık haziran oldu, evde alkolün kokusu dağıldı aşk kokusu yayıldı. **Mis gibi kokuyor sakladığım yarınlar.** Tüm ışıklar kapalı. Kuzeninin kıçında pireler uçuşuyor olmalı, Çapkın bile sızdı. Pencereyi açıp yağmur damlalarının yarışını izledik. Buğulu cama sonsuzluğu çizdi. Gülümsedi ve ilk kez o gün konuştu. Gözlerimden öpüp *"Benim görmek istediklerim ömrümün sonuna kadar bunlar,"* derken saçlarımı koklayıp boynuma yanaştı. *"Bu benim cennet kokum. Sonun, sonum olsun,"* dedi. O kadar güzel şeyler söyledi ki ağzım açık kaldı, yaz olsa kesin içine sinek kaçardı da kendime gelirdim. Şimdi kendime gelmem için bir sebep bile yok. 'O böyle konuşmazdı, alkolün mü etkisi acaba?' diye içimden geçirirken *"Ben âşığım, sarhoş değil!"* dedi. İçimi mi okudu yoksa? Artık içimden konuşmayayım.

"Belki belli edemiyorum ama seni kendimden vazgeçecek kadar çok seviyorum kadınım. Sana söz veriyorum, sen beni bırakıp gitsen bile ben ömrümün sonuna kadar seni sevmekten vazgeçmeyeceğim. Sende hissettiğimin zerresini başkasında hissetmedim. Bana

çok farklı duygular yaşattın, asla yapmam dediklerimi seninle yapıp iyi ki yaptım dedirttin. Sakın ağlama, bir gözyaşın uğruna yakmayacağım hiçbir şey yok. Senden tek istediğim beni sev. Sana kızsam da bana bağırsan da kalbini kırsam da kalbinden beni atma! Beni oralarda bir yerlerde zula yap. Gitmeyi en çok senin için istemiyorum. Sensiz burada duramazken orada yokluğuna mecbur kalmaya tahammülüm olmayacak. Sensizlikten çok korkuyorum çünkü seni çok seviyorum kadınım."

"Seni çok seviyorum adamım."

İnanın çok şaşkınım çünkü Uğur böyle şeyleri dile getirmeyi beceremez. İçine atar, dolan gözlerini saklar, bir tebessümle ifade eder veya en fazla bir cümleyle anlatır. Öyle anlardım söylemek istediklerini. Bunları söyleyen oydu, onun içinde kalanlardı bunlar. Şimdiye kadar haklı olsa bile kendini ifade etmeye çalışmış biri değil, gelmiş bana burada neler söylüyor; bu da aşkın hilesi mi yoksa? Yemin ederim çok iyi geldi. Pencerenin kenarında, yağmur sesinin baskınlığında dudaklarına anlattım anlatmam gerekenleri...

Pencereden başını çıkarıp "Seni çok seviyorum," diye bağırmaya başladı. "Sus! Millet uyanacak! Bana ne senin aşkından diyecek." Ensesinden tutup içeri çektim, sımsıkı sarıldım kalbinin sesini kalbimde hissedene kadar. Islanan başını boynumla omzum arasına yasladı. Saçındaki yağmur damlaları kalbime doğru akıyordu. Dünya dönüyormuş, o ara durdu sandık...

Alkolün etkisi uçkuruna vuranları değil çenesine vuran adamları sevin, onlar güzel sever.

Aşk Mutfağı

Biz her ne kadar kabullenmek istemesek de bin bir çeşit gidiş var bu hayatta, bir tanesi baki kalan. Diğerleri gelip geçici gidişler. Örneğin annen memleketine gider, kızın üniversiteye, belki atanmış bir memur vardır ailende o da bırakır gider gereken yerlere. Askerlik çağına gelmiş evladın varsa işte ben buna çok üzülürüm, bu gidiş farklı dokunuyor insana. Belki çalışmaya belki düğüne belki de cenazeye... Amma velakin her gidişin bir dönüşü vardır. Allah dönüşü olmayan gidişler göstermesin.

Uğur'un mevlidine bir gün kaldı. Ev tıklım tıklım akraba, gelen giden beni soruyor. Fadime abla *'Uğur'un kız arkadaşı'* diye tanıtıyor. Belki bir gün ben *annem* derim, sen de *gelinim* dersin. Cümlesi bile güzel oldu, yaşaması nasıl olur acaba? Çok seviyorum ben bu aileyi, aile duygusunu hiç tatmadığımdan mı bilmiyorum. Yemeğin kokusu, sıcak oluşu, babanın sofraya beklenmesi, onun da arayıp bir şeye ihtiyacınız var mı diye soruyor olması, ihtiyaç yoksa bile ekmek ile içeceği eksik etmemesi... Sofra saatinde kuruluyor, salatası eksik olmuyor, hiç olmazsa bir düzen var. Klasik bir olay aslında ama ne bileyim işte yaşamayınca böyle oluyor demek ki.

Herkesin ağzında askerlik anıları, anlatan anlatana... Uğur'un yüz ifadesini görmeyin jesti mimiği hatta direkt şaftı kaydı. Amcası, dayısı, eniştesi onu önüne alıp nasihat etme peşinde. O da ellerinden kaçıp benim yanıma gelmenin derdinde. Ben ise çay dağıtıp duruyorum, bir yandan da beynimi kemiriyorum. Ara ara dayanamayıp nefesimi daraltan odaya geçip gizlice ağlıyorum, sesimi duymasın üzülür. Yokluğumu fark ettirmeden kaldığım yerden devam ediyorum. Hem o göstermese de bizden bin beter. Yengesi geldi yanıma Sezen'den *"Geçer geçer daha öncekiler gibi bu da geçer,"* dedi. Çok sevip dinlediğim şarkıdan nefret ettim. Belki geçince severim. Geçmeyen her şey gönül yoruyor. Elbette her yoğunluk bir gün son bulacak. Belki bu dünyada belki öteki. Geçici dünyadayız. Geçmeyen o kadar dert tanıdım, onlar bile geçti. Sen de geçip gidiyorsun gözümün önünden...

Belli etmese de içi gidiyor kendisi gibi. Odada yine ağlarken beni kıstırdı *"Eğer böyle yaparsan kaçarım, seni de kaçırırım! Tek damla gözyaşına kurban olurum,"* dedi. Rahat rahat ağlamama bile izin vermedi.

Herkes bulduğu yerde uyudu. Karşılıklı koltuklardayız. Kimseyi uyandırmamak için konuşamıyoruz, kendimiz ise uyuyamıyoruz. Uzandık, koltuktan koltuğa mesajlaşmaya başladık. Bunu ilk zamanlar odadan odaya yapardık. Karanlık olmasına rağmen telefonların ışığının yansımasından birbirimizi görebiliyoruz. Mesaj attığımda rahatlıkla yüzündeki tebessümü görebiliyorum. Yazdığımı okurken o mimikleri, Allah Uğur'u benim için yaratmış olmalı. Kırk yıl düşünsem aklıma gelmez, koltuktan koltuğa mesajlaşmak da neyin nesi ama inanın çok güzeldi. Zaten bizim yaşadıklarımız kırk yıl düşünsem aklıma gelmeyeceklerden ibaretti. Uğur beş dakikada bir *"Hadi mutfak,"* demeye başladı. Şu durumda bile bulduk mekânımızı, mutfak aşk yuvamız oldu. Çocuklar duymasındaki Meltem ile Haluk gibi... Ancak onlar problem olduğunda mutfakta çözmeye çalışıyorlardı, biz ise özlediğimizden biraz daha sarılmak, biraz daha yakın olmak için. Evde o kadar kişi varken cesaretimize hayranım. Çatalı yere düşürmeseydim daha iyi olabilirdi. Mutfağa girip kapıyı üstümüze kapattık. Sıcaktı ortam, ilk göz göze geldik biraz torbalı, biraz kırmızımsı, birbirine çok yakın iki çift göz. İçimi bir buçuk milyara yakın böcek kemiriyormuş gibi hissediyorum. Bütün organlarım gitme diye çığlık atıyor ayak tabanlarım, parmak uçlarım, akciğerim, safra kesem, kaşım, gözüm. Bir tek ağzım eşlik edemedi. Bel omurgalarımdan tutup kendine doğru çekti. Elinin tersini yüzümde gezdirdi, çenemden kaldırdı, ayak parmak uçlarımda durup dakikalarca bakıştık, başparmağını dudaklarıma götürdü, ikimiz de kapadık gözlerimizi bütün dünyaya... Ensemden tutup dudaklarını dokundurdu dudaklarıma, eli saçlarımda elim sakallarında. **Böyle bir ömür gideriz, sen gitme.** Daha göğsünde uykum var.

Bir metrelik uzaklıktayken bile özlüyoruz birbirimizi. Ben şimdi bunu nasıl anlatayım ki kokusunu almadan anlayamazsınız. Elimi uzattım eline, hadi bu şekilde uyuyalım en azından. Elimi tut, biri tuvalete kalkarsa elimize takılır düşer o zaman uyanırız zaten. Allah bize sabır versin. Miletin havadaki horlama sesleri, bizim aşk kokumuzla beraber romantik sahne yaşadılar bize de yaşattılar.

Aşkımız mutfakta mesaiye kaldı.

Kalbimin Otogarında Kal

Hani hep derler ya en kolayı gitmektir diye, ben buna inanmıyorum çünkü ikisini de yaşadım, ne gitmek kolay ne de kalmak. Söyleyenler yanlış söylemiş.

Akşam Alibeyköy'den Uğur'u bindireceğiz. Acemi birliği Manisa merkeze çıktı ve 21 gün sürecek. Doğu'ya düşmedi buna da şükür. Hem şanslıyız, bu alışmamız için iyi süreç. Allah'tan 56 gün süreninden değil. İyi avutuyorum kendimi.

Yıldızlarla da aram iyidir ama Uğur olmadan onları saymayı dahi denemedim. Merhaba uykusuzluktan göz kapaklarımı kaldıramayacağım günler. Hiç bırakmak istemiyorum hem de hiç. Dolu dolu geldik otogara gidişi en soğuk kış günü, gecelerle aram açılsın, varsın dünyaya düşman olayım sen gitme. Sen gidince içime bir sıkıntı düşüyor sanki her şey çok kötü olacakmış gibi.

Eniştesi Süleyman ağabey Uğur ile birlikte Manisa'ya kadar gidip Uğur'u birliğine teslim edecek. Hepimiz Uğur'u tanıdığımızdan tereddütteyiz kaçar gelir diye, o nedenle garantiye almak istediler. Şu içimden söylediklerimi yüzüne söylesem zaten gitmemesini garantilemiştim. Arkadaşları, amcası, halası hepimiz otogardayız. Giden birinin yeğeni, birinin arkadaşı, babasının oğluydu. Annesinin canı, benim ise kalbimdi. Tek seveni ben değilim ki. Ben kalbimdeki adama el mi sallayacaktım? Duygularımı çıkarıp bir poşete bağlayıp rastgele bir yere fırlatmak istiyorum. O zaman bu hâlden kurtulacağım sanki benimki de laf olsun işte. Küflenirim lan ben sensizlikten. Paslanır cümlelerim. Vallahi kuaföre gitmem, aynayla konuşmam, tırnaklarıma bakmam. Benim iç kemiklerim kollarında incinmeye alıştı, şimdi kim saracak? Hâlâ ne yaşadığının farkında değil, bana hep gitme dedi kendi gidiyor. Daha ne gidişlere şahit olacağız Allah bilir. Herkes birilerini yolcu ediyor, sarılıp ağlıyor. Biri anne, biri baba, biri evlat amma velâkin hep giden birileri var. Bütün gidişler iptal olsun. En zor, en savunmasız, en çaresiz anlarımızdan biri oldu. Dolan gözleri durdurmak mümkün değil. Artık sıra öpüşme faslına geldi. Ağlamamak için zor tutuyorum kendimi, elde mi sanki? Annesiyle babasına sarıldığında içim burkuldu, bana geldiğinde parçalanırım. Çok tuttu gözyaşlarını illa dökülecekti ki sarılırken dayanamadı. Annesinden başladı ben de tamamladı. Kollarımla boynunu sıktığımın farkına varamadım. Ellerimi yumruk yaptım, gözlerim kapalı, bakamıyorum yüzüne. Senin bu hâlini görmeyi kaldıramıyorum. *"Senin bana akan gözyaşlarına kurban olurum. Lütfen gitme ya bunun başka bir çaresi yok mu ne olur gitme yanımda kal."* Bunları dıştan söylemeye cesaret bile edemiyorum duysan gitmeyeceğini biliyorum. Sonuçta vatan borcu, boynumuz kıldan ince. Parçalarımı nasıl toplayacağım şimdi? İnsanların hatta hayvanların bile en son vedalaştığı kişi başkadır, ona çok fazla şey anlatmak ister. En son bana sarıldığında ne anlatmak istedin? Ben seni dinlemeyi seviyorum. Vücuttaki suyun hepsini tükettik, çenemizden göğsümüze doğru... Bırakmayı istemiyorum. Suyu gelmiş üzüntüler doğuyor. Sanki mutsuzluk kanımıza işlenmiş. Bu ezan vakti değil, resmen ayrılığın vakti. Ben daha önce istemeyerek kimseden ayrılmadım ki bu nasıl bir ayrılık. Mecburiyetlerden şaşma imkânımız olsaydı keşke. Hesap sormak istiyorum gözyaşlarımıza, 'Ne akıyorsunuz, bitirip gelecek. Sabret!' diye, sanki garantisi varmış gibi. Elbet bu kadar kolay olmadı sorması. Otobüs kalkacak artık gitmesi lazım. Kulağıma yanaştı, *"Seni çok seviyorum,"* dedi. Kalbi geri, ayakları ileri gitti. Peki ya ben, yerin dibine girmek istedim veya yeryüzünde bulunmamak istiyorum. Allah'ım bu ne acı bir gerçek. Bir sarılışı var, anasından evladını aldıklarındaki feryat ile aynı.

Otobüse bindi, cam kenarına geçti, yavaşça hareket ediyor. Önüne geçsin, biri bayılsın, ne olur bir şey olsun gitmesin. Sanki bununla gitmese diğeriyle gidemeyecek. Hepimiz el salladık, alamadı gözünü benden; ben de alamadım kendimi bu hâlden. Ne zormuş istenmeyen ayrılık. Hıçkırıklarım ağzımda, Allah'ım yardım et. Fadime ablayla birlikte sarılıp ağlamaya devam ettik, durduramadık. Bu kez omzuna kafamı koyduğum, ellerini sıkıca tuttuğum Uğur değil annesiydi. Eve geldik. Oysa ben sensiz hiç bu eve gelmemiştim. Senden ayrı senin yatağında yatmamıştım.

Ayakları gitti gönlü kaldı.
Ayaklarım kaldı, gönlüm gitti.

Sensizliğin İlk Sınavı

Varlığına alıştığınız insanının uzaklığını kabullenemezsiniz. Zira önemli olan onun neyi kabullendiğidir.

Allah'ım bu ayrılık adaletsizliğin masterı mı? O kadar ton o kadar renk varken neden payımıza düşen siyah? İhtiyar bir amcanın bastonu olsam en azından işe yararım, yere vura vura götürürüm adamı gideceği yere. Valla işe yaramazın tekiyim, sen yokken şarjı bitmiş telefon gibiyim. Sol yanıma kramplar giriyor yanımdan ayrıldığından beri. Ben şimdiden çok özledim. Uğur, bulunması zor değil imkânsız bir adam. İnsan acemi birliğine telefon sokar mı, vallahi soktu. Gider gitmez kendi telefonundan mesaj attı. Hem de ilk günden ilk saatten. Sen başıma gelen en güzel şeysin. Sığdırırım seni eklemlerimin arasına. Orası sana yaramadı bak, hasta oldun hemen.

Telefondan fedakârlık kokusu alıyorum. Takvim, Uğur'un telefon kulübesinde sıra beklemesiyle değil bekletmesiyle geçiyor. Dakikalarca değil saatlerce konuşuyorduk. Adam resmen kulağıma sesini enjekte etti. Konuşacak ne buluyorduk bilmiyorum. Ne konuştuğumuzu bilmesem de sürekli konuştuğumuzu biliyorum. Anormal bir durum, askerin bu kadar rahatını daha önce hiç görmedim. Onunla yatıyor onunla kalkıyorum. Daha iki gün geçmeden özledim kaçacağım demeye başladı. Üstüne telefon yakalattı ama bir saat geçmeden gidip askerlerden yenisini satın almış. Ben kızıp bağırınca sensiz duramam deyip gönlümü almayı iyi biliyor. Eyvah eyvah ben boku yedim, bütün sorumluluk bana yüklendi. Bu yediği her haltı benim üzerime atacak *“Seni çok özlediğim için...”* deyip sıyrılacağını sanacak ama yok öyle beleş dünya. Ya anası babası arayıp *“Oğlum senin yüzünden askere gitmiyor, vatan görevinden kaçıyor.”* derse ne diyeceğim, sapsarı olurum cevap bile veremem ki. Zordu onu orada tutmak, rahat durmayacağını hepimiz biliyoruz ancak onun için dua etmekten başka çaremiz yok. İnşallah ilerleyen zamanda sıkıntı çıkmaz. Acemi birliği kısa olduğundan olsa gerek bir problem yaşamadık. Zira bu problem yaşamayacağız anlamına gelmiyor. Kendini bir gram düşünmüyor. Millet orada dokuzda uyku modunda Uğur ise ben uykuya dalana kadar uykuyu aklının ucundan geçirmiyor. O yorgunlukla sürekli konuşmak istiyor, sebebini çözemiyorum siz çözün. Ertesi günü uykusuz eğitim alıyor, uykusuz kalmasına gönlüm razı gelmiyor. Artık uyudu numarası yapmaya başladım, uykusunu alsın diye açmıyordum telefonunu. Onun yaptığı fedakârlıkların yanında bu yaptığımın adını koyamadım.

Resmen küçücük çocukla uğraşıyoruz. Yaptığı hiçbir şey yetişkin gibi değil, bu yüzden mi seviyorum seni? Ben bu adamın neyini seviyorum diye sorunca kendime, az şey gelmiyor dilimin ucuna. Özgürlüğün kısıtlanması, bir hayli kızgınlığın artması, neyse ki şu sıra yormuyor bizi iyi kötü geçiyor. Oranın uyku düzenine alışması kolay olmadı elbet, muhtemelen kimse için kolay olmamıştır. Farklı bir şehirde, bir bölükte, hiç tanımadığı ranzalarda. Banyo sırası, çamaşır sırası, alışılacak tabi adam olmanın zorlukları bunlar. Kimse kızamık geçirecek yaşta değil. Hele tecrübeli hiç değil. Bu naçizane benim görüşüm. Herkesin bir görüşü vardır. Herkes aynı değil neticesinde on yaşından beri çalışan insanlar da vardır aralarında sütten çıkmış ak kaşıklar da. İyisi de var kötüsü de; Laz'ı da var Kürt'ü de. Her memleketten... Biri yirmilerin ortasında, dede torun muhabbeti olmasa bari. Tabi baba olup gelenler de var. Evlat özlemi bizimkinden de ağır olsa gerek. Galiba bir detayı atladım askerde kalmak için çaba sarf eden insanlar da olmalı. Evet, neden olmasın ki bu evren herkese aynı değil sonuçta. Onlar deli mi diye hemen ön yargıyı ortaya koyalım ama yok öyle yağma, evi yurdu olmayan zorluklarla yaşayan bir dünya insan var, bu haksızlık değil mi size. Bu devirde olmayan ne kaldı ki? Uğur öyle birkaçından bahsetmişti. Bizimki kaçmaya yer ararken orada kalmaya çalışan insanların varlığına ilk ben de şaşırmıştım. Oysa nelerle karşılaşıyoruz, buna şaşırmasak da olur. Bunlar derin mevzular girdiğimiz gibi çıkamıyoruz. Aralık, ocak ona yaramadı; ana ocağı değil ki yarasın. Grip, öksürük hepsi bir arada iki hafta, belki daha uzun sürdü. Askerlikten ziyade bensizlik yaramadı hastalandı. Öksürükten boğazı parçalanıyor olmalı... Kıyamam kesin burnu yara olmuştur, dudakları da kurumuştur, sesi de kısıldı. Duymak için telefonu kulak zarıma yapıştırır hâle geldim. Acemiliği 21 gün olsa da biz özlemle küflendik, gel artık. Yokluğun buralara hiç iyi gelmedi.

Allah tüm askerlerimize yardım etsin.

Hani en çok yakışan çift bizdik, Ezel ile Dayı bile yanımızda halt etmişti. Ne oldu Bugs Bunny ile havuca, Tazmanya Canavarı kıstırdı bizi. Hiç ayrılmayan karakterler olmalıydık. Bu ayrılıklar bize göre değil. Kovuyorum kendimi senin olduğun mevsimlere. Şarabın yanına peynir, benim yanıma gülüşün meze. Kadehler yokluğuna ağlıyor. Dudağım uçukladı özlemekten. Közlerim hazır, yüreğim mangal. Tansiyonum sesinde düzenleniyor. Totem yapıyorum sevgilim, yanımdaysan her şey güzel olacak. Dilime sen bulaştın, elime mürekkep. Kalbimi geçtim kafamdaki şalterler bile senin için atıyor. Sensiz cıvatalarım sıkılmıyor, gevşek kalıyor. Anla işte sensiz olacak gibi görünmüyor.

Hoş Geldin Huzur

Saati boş ver kar yağıyor işte. Ocağın başlarında, şehrin sofrasında şemsiye satan Suriyeli mi ararsın, tecavüz eden genci mi, alkol kusan kızı mı? Arlığı mı ararsın arsızı mı? **Yaşadığımız her şeyin bir bahanesi var. Bazıları soğukta kalıyor, bazılarının kalbi soğukta kalmış.** Bazıları kuaförde saçlarını yaptırıyor, bazıları renkli montlarla geziyor. Herkesin bir rolü var, ona ayak uyduruyor. Bizim rolümüzün yeri çok yersiz. Ağzımı başkalarıyla yormak, bize sırayı hiç getirmemek istediğimi belirtmek isterim. Öyle işte, acemi birliğini iyi giden birlikteliğimizle birlikte bitirdik. Sanırım telefon hastalığına yakalandık ama olsun. Asker olan sadece Uğur değil, ben de onun askeriyim. Geriye yaklaşık 340 gün kaldı, bu resmen bize infaz. Tamam, bugün mutsuz olmayacağım çünkü Uğur geliyor. Annesi ile babası yemin törenine Manisa'ya gitti. Onlarla birlikte sevgimi yolladım, gelene kadar idare etsin. Gelmelerinden bir iki saat önce onlara geçtim; çok heyecanlıyız, kavuşacağız! Sürekli birbirimize fotoğraf yollamamız, telefondan ses tellerimizi ezberlememiz yetmiyordu. Ona dokunmama az kaldı. Teninin sıcaklığı müthiş bir his, Allah soğukluğunu göstermesin. Dokunarak sevmenin en gerçek hislerden biri olduğunu savunurum. Göz görmeyince gönül katlanırmış derler yalan, biz katlanamıyoruz. Kapı çaldı ki koşarak gidip kapıyı huzura açtım. O gülüşünü gördüğümde ağzımla kulaklarım yer değiştirdi. Huzurum geldi. Annesiyle babasının yanında saygıyı unutup atladık birbirimizin boynuna. Kokusunu duyduğum an ayaklarımı hissetmedim. Yeni tıraş olmuş, çıkan sakallarının batmasını bile önemsemedim. Boynundan aşağıya inemedim öyle hemen. O da bırakmadı belimi. Oturduğumuz masada hasret, sevgi, aile, huzur hepsinden bir parça vardı. Fadime ablayla Yılmaz ağabey, göğüsleri kabararak yemin törenini anlattı. O gururu yaşamayı Allah nasip ettiği gibi sağ salim teskereyi almalarını da nasip eder inşallah. Binlerce askerin içinde gözbebekleri oğulları da vardı. İnsanın o kadar asker içinde oğlunu araması bile onur verici olmalı. Uğur'un teyzesi Hayriye abla ile eniştesi Süleyman ağabey de aramızdaydı. Bir de doğacak bebekleri var. Yılmaz ağabeyler biraz yol yorgunu. Manisa'nın doğasından, börtüsünden böceğinden bahsettiler. Bu arada en sevdiğim gülüşünü gösterdi, vallahi ağzının içine girmek istedim. Off boğazları yırtılmış sanki nasıl öksürüyor, kıyamam ya... Başında sabahlarım şimdi. Şu askerliği bitirip bir gelsin benimle de baş göz ettikleri zaman ailesine bir şey kalmayacak. Sonra ben ayvayı yemiş olacağım, uğraşır dururum. Hatta şimdiden bunun muhabbeti bile dönüyor. Uğur çok yaramazlık yapsa da kimse kıyamıyor ona, artık nasıl bir şeytan tüyü varsa. Herkes bir ağızdan konuşmaya devam ediyor. Askerlik nasıl dediklerinde gözlerime imalarla baktı. *"Sen olmasan kötü,"* dedi bakışlarıyla. Bakışlarımla karşılık verdim, *"Sesini duymasam buranın çekilecek yanı yok."* Eminim o duymuştur.

Hoş geldin dualarımın âmini olmaya.

Fotoğraflar Ölümsüzdür

Çok fazla fotoğraf çekin, bir gün sevdiklerinizin onlara ihtiyacı olacak...

Hadi yine iyiyiz. Uğur boncuğum yedi gün burada kalacak. Usta birliği İzmir, Eski Foça'ya çıktı. Epey uzak ama olsun biz yakınız. Gidip okula da staja da rapor almam lazım. Ne dediğimi hatırlamıyorum ama iyi rol yapıp raporu kopardım, oley be! Aaa annemi unuttum, ona ne diyeceğim? Arkadaşım ameliyat oldu, onun yanında refakatçi kalacağım. Evinde de kimse yokmuş ben bakacağım. Ne güzel bir yalan, aynısını daha önce yaşamıştım şimdi söylemek nasipmiş, yemin etsem başım ağrımaz. Allah'ım sen affet! Şu an gözünüze çok antipatik göründüğümün farkındayım. Hem annem bilir benim arkadaşlarıma düşkün olduğumu, kesin inanır. Bazen işin limitini kaçırmak bizim gibilerine farz olabiliyor. Yedi gün hiç ayrılmamalıydık, tam olarak da öyle oldu. Sabah senin varlığınla uyanmak paha biçilmez bir durum. Etrafımdaki bütün objeler gözüme rengârenk kelebekler gibi görünüyor. Sabah kahvaltısını hazırlamak için erkenden kalkıp tam yataktan çıkacakken bir el kolumu tutup nereye bensiz dediğinde, dut yemiş bülbül gibi kalırdım. Öpüp tuvalete diye mutfağa kaçardım. Zaten o sıra kafasını yastığa koyar koymaz uyumuş olurdu haklı olarak. Orada sadece bizim özlemimizi çekmedi. Bu yedi günde her şeyi dört dörtlük yaşamalıyız. Peki ya sonrası? Ne yapalım elimizden gelen bu, yoksa bu durumdan iyi duruma ışınlanmayı biz de istiyoruz. İstediğimiz her şey olmuyor, olsaydı neler olurdu diye çok düşündüğüm oldu. Kaşla göz arasında kuruyorum sofrayı, en sevdiği şeyler gözdem oluyor. Bir gözünde çapak diğerini ise yumruğuyla ovarak geliyor yanıma. Yine kandırdın beni sensiz bıraktın diye hesap soracakken kahvaltıyı fark edip gülümseyerek lafını geri alıyor. Adisyonu kilitleyeceğim haberi yok paşamın. Hem karnını hem gönlünü doyurdum. Sonra filmleri sıralardık; gerilim, aksiyon derken aşka gider elimiz. Mısır tuzsuz olmaz, biz ilgisiz. Hangi ara şakanın seviyesini aşıp leylek leylek havada oynamaya başladığımızı sormayın, Allah tepemizden baktı. Evde kimsenin yokluğu sermaye oldu. Nasıl bir özlemse sarıl sarıl bitmiyor. Fırsat bu fırsat, âşığı olunca doyamadım o günü fotoğraflara sığdırmaya. Onlar anı ölümsüz kılan tek şey, onlar aşka yakışır. **Belki insanlar gibi yıpranır, tozlanır, lakin canlı kalır kendiliğinden ölmezler.** 40 yıl sonra lazım olacaklar. Sana söz vermiştim fotoğraf çektirmeyi sevdireceğime dair. Sanırım artık başarmışımdır.

Kalbim yerinde değil,
ellerinde saçmalamam ondan.

Doğum Günüm

İnsanın en berrak olduğu gün, doğduğu gündür onlar kutlanmaya değer.

Beni reşit eden yaşım olmadı, yaşadıklarımdı. İnsanları yaşlarıyla yargılayan bütün insanlara garezim var. Kimse kimsenin olgunluğunu yaşında göremez ancak öyle davranıyor. **Herkes her şeyi bildiğini sanıyor. Bence kimse hiçbir şeyi bilmiyor.**

Seninle tanıştığımız güne şükürler olsun, bütün zorluklara rağmen hâlâ ayakta kalan aşkımıza da. Doğum günüme bir gün kaldı. Çok sevdiğiniz birini kaybettiğinizde onun doğum tarihini mi ölüm tarihini mi dövme yaptırmak isterdiniz? Bu sorunun cevabını çözemedim belki siz çözersiniz. İyi ki Uğur'un burada olduğu zamana denk geldi. Ben daha on sekizliğim demek için parti vereceğim. Parti vermek aslında çok aptalcaymış ama yine de yaşımızı yaşamaya değer. Sarıyer'den Uğur ile kardeşi Büşra'yı da aldık, bize gidiyoruz. Ailesinden bir günlüğüne iki çocuğunu, bir ömürlüğüne Uğur'u aldım. Yabancı aksiyon bir film koyduk. Çerez cips derken geçirdik vaktin güzelliğini.

Annem işten geç gelecek. Uğur'u da arkadaşım diye tanıştıracaktım. Erkek arkadaşım diyemezdim; saçma sapan bir ilişkiden sağ çıktığımı değil de düzgün bir ilişkiyi bozduğumu biliyordu kadın. O da ne yapsın bir şey anlatmadım ki Erdi'nin anlattığı beli iki büklüm mutluyuz yalanlarını biliyor. Ne bilsin dayak yediğimi, ne bilsin tehditlerini. İçimde yaşadığım için pek anlatamam böyle şeyleri, aslında anlatmam gerekiyor. Keşke anlatsaydım da Uğur'un yanında *"Erdi nerede?"* diye sormasaydı. Kadın sen de kaç aydır görmüyorsun şimdi çocuğun yanında neyini soruyorsun? Pis yalaka! Kendini nasıl tanıttıysa artık. Sinirden elim ayağım titredi *"Yok Erdi!"* diye bağırdım. Sonrasında tüm derdimi anlattım ama geç oldu. Böyle olması iyi olmadı. Uğur'a karşı o kadar mahcup oldum ki yüzüm kızardı, boynum büküldü. Uğur'un gözleri hıçkırık içinde. Bu sinirimizi bozsa da düzelecekti. Elbette bunun bilincinde olduğumuz için içimize attık ya da yansıtmadık.

Gece uyumadan saçlarımı kurumuş elleriyle ördü. Annem de arkadaşlarım da acıtırdı, bir tek sen acıtmadın şu saçımı. Canımı da acıtma olur mu? Sabahtan arkadaşlarım bize gelmeye başladı. Mavi tek kollu mini bir elbise giydim. Geceden ördüğü saçlarımı tekrar ona açtırdım. Pembe rujumu sürüp turkuaz ayakkabılarımı da giydim. Beslediğim rengarenk umutlar gibi oldum. Çok güzel olmuşum Uğur söyledi. Bir de tükürerek maşallah dedi, koca karı misali. Bir taksiye binip mekâna geçtik, en yakınlarım da yanımdaydı. Diğerleri kuru kalabalık zira ben yaş severim. Dans etmekten ayaklarımız kopacak az kaldı. Uğur locada annem ile oturuyor birkaç arkadaşımı da sağına soluna almış gün boyu beni izledi. Ben de milletin üzerine sevgi serpiştiriyordum. Annemi aramıza alıp kızlarla fotoğraflar çekiliyorum annem benden güzel olmuş, tam süslü kokana. İlk defa bir doğum günümde bu kadar mutlu oldum. Uğur'u kaldırıp dans ettirmek için kırk takla atsam da işe yaramadı, ağırlığını korudu. 70 kiloluk adama bak ağırlığını da korurmuş. Aslında böyle olmak ona daha çok yakışıyor. Şimdiye kadar sadece bir kere dans etmesini sağlamıştım. O da daha önce kırmamak için annesi ile on saniye falan Ankara havası mı çiftetelli mi ne oynamıştı. Hiç görmek istemezdiniz. Allah'tan böyle bir konuda iddialı değil yoksa ayvayı yemiştim. Hiç aklıma gelmemişti, bir gün kafası güzelken oynattırıp videoya çekmek lazım sonra beni her deli ettiğinde koz olarak kullanabilirim. Kaptım bunu, iyi fikir! Liseden çocuklar, mahalleden arkadaşlar derken *"Doğum günün kutlu olsun, al bu canım senin olsun,"* diye klasik o parça çıktı. Seslendiren bir kadındı ancak algım sevdiğim adamdan yanaydı, sanki o söylüyordu sözlerini. O an pastam geldi gülümsediğim bir kare vardı üzerinde tam da öyle gülümsedim. Dileğimi diledim. *'Uğur beni diledin mi?'* der gibi baktı mumları üflerken. Yine gülümsedim. Annem, yıllarımın kadını, aldığı sonsuzluk kolyesini kalabalığın içinde boynuma taktı. Alt tarafı bir sayıdan sonsuzluğu çıkarmışlar nice anlamlara gebe kalmış. Belki günü geldiğinde düğünümüzü de 8'inci ayın 8'inde yaparız, ikimize ait olacaksa anlamı büyük olmalı. Şimdi Uğur'a söylemeyeyim direk nikâh tarihi falan alır aman aman. Bir ara attım kendimi sahnenin koynuna, duygusala bağlamış olmalıyım, mikrofonu aldım herkese geldiği için teşekkür ettim. Herkesi çok sevdiğimi söyledim ancak en önemlisi Uğur'u herkesten daha çok sevdiğimi söylemeyi unuttum. Zaten herkesi çok seviyorum derken de onun gözlerine baktım anlamıştır büyük ihtimal, annem ve kardeşimle yan yanaydılar. Bu bugünün en güzel tablosuydu. Yüzüme pastanın imzasını atan atana. Yüzüm kremalı oldu, pasta muzlu. Yanaklarım kıpkırmızı, gözlerim akmış, biraz terli biraz dağınık. Öylece sarıldım boynuna, belki kremam yeni çıkan sakallarına bulaşmıştır. İkimizin de dişleri sayılmaya yer arıyor bugün, Uğur kıskançlık bile yapmadı. Kemiklerim eriyor gibi böyle bir hastalık var mıydı? Bu türün yeni örneği oldu sayende. Kalbim zaten senin yanında hoşafa dönüyor. Dans ederken gözlerimizin içi parlıyor. Ellerim boynunda, bakışlarım bakışlarınla masal oldu. Ben nasıl anlatayım ki şu mutluluğu, hangi cümle kurtarsın beni bu aşktan?.. Annem benim bu hâlimi gördükten sonra bir daha Uğur dışında kimsenin adını ağzına almayacak, hissediyorum. Elbette bir sürü hediye aldım ancak en güzeli sendin.

Merak etme,
dileğim sendin.

Uğur'un İkna Kabiliyeti

Ömür boyu seninle olmak için nasıl bir bahane üretmeliyim ki bıyık altından bana kendisini gösteren dişlerini öpeyim. Türet hadi bana sevgini, her hâlini seveyim...

Epey eğlenceli ve yorucu bir günün sonunda oluşan ayak şişliklerine ve baş ağrılarına merhaba diyelim. Hadi bu gece de bizde kalalım. Seni bensiz yollamaya gönlüm razı gelmiyor. Bensiz gitmeyeceğini daha annem bilmiyor. Herkes ufaktan dağıldı. Annem de işe gitti, gecenin geç saatlerinde dönecek. Yanımızda bir Büşra bir de Sultan kaldı. Sultan'ın da gitmesi gerekiyor, yarın sabah finali varmış; Sakarya'da okuyor. Aslında annemden yana içimizin rahat etmesi için Sultan'ın da bizde kalması lazım. Daha önce arkadaşlarım sürekli bize kalmaya gelirlerdi. Annemi de yanımıza alıp sabahladığımız çok oldu, bu rahatlık oradan geliyor. Ancak işin içine arkadaş değil de sevgili girince durum biraz sıkıntılı olabiliyor. Sandığımız kadar rahat olamıyoruz. Pot kırmak diye bir şey var. Şimdi kızın finali de varmış kal dememin bir anlamı olmayacak ama Uğur bırakır mı peşini, daha bugün tanıdığı arkadaşımı ne yaptı etti kanına girdi. Resmen hücrelerini yeniledi beyninin, resetledi finale göndermedi. Yuh lan nasıl yaptı o kadarını! Ben hiç araya bile girmedim, o sorumluluğu nasıl alayım. Doğrusu ben bile bu kadarını beklemiyordum. Bu nasıl bir ikna kabiliyeti bilmiyorum. Onları kaynaşsınlar diye bırakıp mutfakta kalan bulaşıkları yıkamaya içeri geçtim Bunlar bir olup kaşla göz arasında alkol almaya bile gitmişler. Bitmedi muhabbetimiz gece boyu, Sultan'ın çenesi düşük olduğundan iskeletimiz çıktı, gömün bizi. Bir de pompacı eski sevgilisi var. Pompayı kendi ciğerine Sultan'ın kalbine yerleştirmiş. Aslında çocuğa bir garezim yok, Sultan'ı harcaması dışında. Altı yılını verdi ona boşu boşuna, hâlâ anlatıyor. Altı yıl o Sultan'ı, Sultan da benim ömrümü yedi. Tabii Uğur'un da işine geliyor nasılsa Sultan kaldı bizimle, finale de göndermedi. Altı yıl daha Sultan bizim ömrümüzü yiyebilirdi. Sultan mutfağa yanıma geldi. *"Bu çocuk çok iyi biriymiş, çok sevdim. Hakikaten seni de çok seviyor,"* demeye başladı. Hangi ara bunları öğrendi bu kız, çenene sıçayım. Sultan iki dakikada kafama sıçtın, git biraz Uğur'un kafasına. Büşra garibim de abisinden çekinip sigara içecek delik arıyor, tuvalete kapadı kendini. Sultan yanıma gelince bizimki fırsattan istifade odamı karıştırmaya başlamış. Dolabımı, eşyalarımı, bilgisayarı bile. Arkasından izledim belli etmeden. Nasılsa kirli çamaşırlarım yok, içim rahat. Geçen de kafamı almış eline kurcalıyordu neresinde ben varım ne kadar varım diye, hiç şaşırmadım. Merak etme her yerinde en çok sen varsın.

Uykumuz mu geldi? Artık günü bitirme vakti. Annemin aldığı kolyeyi çıkarttıktan sonra aşk geldi yanıma, sanki saatlerdir bu anı bekliyormuş gibi. Uykulu gözleriyle saçlarımı kenara atıp arkama geçti, ayak parmakları topuğuma değene kadar yanaştı, enseme bir öpücük kondurdu. O sıcaklığı yetime verilen sevgiydi sanırım. Ben benden ona geçtim nefesini hissedince. Askerden getirdiği künyeyi taktı boynuma. Üzerinde *"Ömrümün sonuna kadar beraberiz kadınım,"* arkasında ise *"Dilara Dede"* yazıyordu. Ömür boyu beraber olmak tek temennimiz, soyadı Masal'dan önce en büyük hayalimizdi. Karşıma geçti o küçücük kahve gözleriyle kocaman bal gözlerime meydan okudu. Ellerimi avuçladı, *"Ömür boyu beraberiz kadınım,"* derken dudakları alnımla tokalaştı. Belki de dudakları kalemdi, alnıma adını sığdırdı; kim bilir...

"Her doğum gününde bu künyeyi tak olur mu? Belki 40 yıl sonra bu anı hatırlarız, iki kadeh kaldırırız geçmişe. Rabbim seni bana verdiği için şükürler olsun, doğum günün kutlu olsun."

Yemin ederim hayatım boyunca aldığım en güzel hediyeydi bu sözleri. Benim duymadığın ne şükürlerim var bir bilsen. Kadının, adamı olacağın günü bekliyor haberin olsun. Teşekkürler Allah'ım, künye için değil künyeyi vereni bana verdiğin için. Künyeyle yattım o gece hatta birçok gece. Şu an akıp geçen geceyi ranzanın altına falan depolamak istiyorum. Ara sıra açıp bu anı tekrar yaşarım, ne olur balık hafızam bu anı bana hep hatırlat olur mu? Kötü geceler olmasın, iyi geceler adam. Aynı çatı altında, ayrı yataklarda seninle uyuyorum, benimle uyan.

Gece yanımda olmadığın günlerde bile sabah seninle uyanıyorum.

Vakit Ayrılık

Ve bazen her şey o kadar güzel olur ki hiç bozulmasın isteriz tam da o esnada bir şey olur o an bozulur.

Yedi gün tam istediğimiz gibi geçti hiç ayrılmadık. Yedi gün ne ki alt tarafı içecek ismi biz aşk ile buluştuğumuzdan beri hiç ayrılmadık. Bize iyi aşklar size iyi akşamlar derken şimdi bu ayrılık da neyin nesi? Yine mi gidiyorsun? Ben giderken bile arkama bakarım, gidenin arkasında kalmaya alışkın değildim. Dondurmamın en güzel kısmını hep seninle paylaştım. Çubuklu olan dondurmaların sonunu sıyıramazdın. Sen de meyveli kısmını hep bana bıraktın. Biliyordun sevdiğim tarafını. Kulaklığımın birini takıp aynı şarkıyı kiminle dinleyeceğim? Tabağımda yiyemediğim yemekleri sana yedirtirdim, israf olmasın diye tek kelime etmeden yerdin. Yastığın ben kokan tarafını şimdi kiminle paylaşacağım? Kim gecenin yarısı eve taksi yollayacak, özledim diye? Dudaklarım kurur, tırnaklarım kırılır. Valla stresten sırtımda bile sivilceler çıkıyor. Küpelerimi dahi attım kenara. Yanık yemek kokusu olsa umursamayacak hâldeyim. Yokluk gibi senin yokluğun. Kafayı sıyıracağım. Yorganı sensiz yataktan mı çekiştireceğim? Kokun hiçbir parfümde yok ki. Geçen dedin ya *"Sensiz ne yapacağım?"* diye. Bana sormadın, ben ne bok yiyeceğim? İzmir, Eski Foça'nın resimlerine baktık birlikte. Bana bakıp *"Bu denizi sensiz mavi görmem,"* dedin. Ben sensiz en sevdiğim rengi tanıyamıyorum, beyazı siyah sanıyorum. Yine bir ah çekmek kalıyor dilimize. Ne çabuk geliyor bu ayrılık vakitleri. Yırtıp atasım geliyor şafağını sayacağım takvimleri. Her ayrılığa günü geldiğinde hesap sormak istiyorum, onlar yüzünden aşkımızı yaşayamadık. Dondurma grevine giriyorum sen gelene kadar tabağımdaki yemekleri de tencereye geri koyacağım. Bu haksızlığın turşusunu kuracağım. Bu sefer otogar değil, havaalanı unutmuyorum bana aldırdığı havayı. Hep aynı sahne, sarıl, öp sevdiğini söyle. Bunları yaparken beni parçala, parçalarımı da koy bavuluna öyle git. Gitmemesi için o ayaklarını kesmek istesen de nafile, mecburiyet zor bir ihale. Seni çok seviyorum derken birleşen dudakların bari bende kalsaydı. Biliyorum çok sevdiğini, aynı durumda olan insanlar birbirlerinin hâlinden anlarlar. Ayrı geçen zamanımız zarar ziyandır, günahtır. Zaman bile zamansız davranıyor. Pireyi deve yapan ben, hep gitmeyi sevdim. Hatırlasana gitme derken kapının önünde bağdaş kurup beklediğin günleri. Sinirle göğsüne yumrukları sallarken dişlerini sıkıp karşılık vermediğin gibi kollarını açıp sarılmamı beklediğin günleri. Ben gitmeleri bırakırdım sen kalamadın. Keşke elimizde olsaydı. Oysa kalmaya alıştırdın beni sende kalmaya, şimdi ardında kalmaya.

Gitmeden başım omzundayken Ziynet Sali'nin radyolarda sık çalan o parçası çıktı nedense ikimizde o an susup şarkıya daldık. Sözleri dalınmayacak gibi değildi, yüzebilecek gibi hiç değil...

"Gelemiyorum yanına
Mutlu olurum unutma
Cennette yerin yanıma düşerse, düşerse
Gelemiyorum yanına
Kısa sürecek unutma
Korkuyorum dönene kadar biterse ya biterse."

Bir hafta sonra bunu dinle dedin vefasızın oğlu, içim cız etti yapma be. Bir hafta geçti, sen gittin. Ben de dinledim. Üzerime benzin döktün, bir kibrit çaksalar alev alırım. Bir an önce gel de yarınlara gidelim.

Hani mutluyken şarkıyı mutsuzken sözleri dinlersiniz diye bir söz var ya, o sözün hakkını yemeyelim. Şu an bu şarkının bize en yakın kısmı *"Gelemiyorum yanına..."* Belki bir gün *"Korkuyorum dönene kadar biterse..."* Belki de bir gün *"Cennette yerin yanıma düşerse,"* olur. Allah'ın işi belli mi olur.

Kendime iyi bak adam.
O sende kaldı, ben kendine bakarım.

Seni Yazdım

Maddi olarak beş para etmez değerlerin maneviyatı milyonlar eder.

Avuç içlerinin yanında ansiklopediler halt etmiş. Bakışlarında kütüphaneler barındırıyorsun, gözbebeklerin mucizelerin sunumunu yapıyor. Nasıl bir adamsın, huzurdan başka bir şey vermiyorsun. Ayıp bu yaptığın, ben nasıl sana yazmayayım?

Uğur, acemi birliğindeyken ona defter hazırlamıştım. Her sayfasına da bir kere onu sevdiğimi yazdım. Milyonlarca kez yazsam azdı aslında. Milyonlarca kez de okumalıydı milyonları. Bir o kadar seviyordum işte. Bir askere verilecek en güzel hediyeydi. Giderken gizlice çantasının gözüne koymuştum.

Stajda, evde, otobüste derken 365 sayfayı tamamladım. Umurumda değil dünya, mümkün olsa dünyaya yazarım senin gülüşünü. Otobüste yanımda oturan teyzelerin kafalarını uzatıp gizliden okumaya çalışmaları ise iyi başarıydı. Ancak ödev olarak gösterdim, takdir ettiler. Zaten ödevimsin, takdire değersin. Sınıf arkadaşım Burak ile aynı yerde stajyerdik. Çocuğun ciğerlerine kadar seni anlatmışlığım var, yetmezmiş gibi tanımadan sevdirmişliğim. Şeytan tüyü bana da bulaşmış demek ki! Serkan'a ne demeli, çocuğa aylarca seni anlattım çıtı çıkmadı. Sayemde ünlü olacaksın, herkes sevgimi konuşuyor. Hatta artık ben anlatmadan Serkan sorar nerede kaldıysam hatırlatırdı. Kızlara pek anlatamazdım, bilirsiniz onlar erkekler gibi değil. Erkeklerle daha iyi anlaşıyorum, sen biraz kıskansan da. Ali ile Hüseyin de az çekmedi kahrımı. Çocukları yakın gördüğümden seni paylaşa paylaşa bitiremedim. Bunu neden yaptığımı bilmiyorum, belki de rahatlıyordum. Hiçbirinin hakkını ödeyemem. Bazen İlknur hocaya bile içimden seni anlatmak gelirdi, hatta sürekli kavga ettiğim edebiyat hocasına bile. Ne bileyim işte, herkes sevsin istiyorum, herkes tanısın. Bunu neden istediğimi dahi bilmiyorum. Ben böyle değildim. Nasıl böyle oldum anlamadım, nazar değdirmezsem iyi. Geçen eski eşyalarımı topluyordum. Ev resmen çöp olmuş! Defterleri, kitapları, fazlalıkları atacaktım ki açtığım her sayfada seni bulunca vazgeçtim. İyi ki her yere seni yazmışım, herkese seni anlatmışım. İçinde sen varsan bu çöplerle de yaşarım hatta onlara hakaret edemem; çöp değil aşk kırıntıları. Acaba hâlâ o sıralarda cam kenarlarında sana yazdıklarım duruyor mudur? Küpenin ucuyla tahtaya yazdığım ismin hâlâ başköşede midir? Devlet malına zarar vermekten ceza alsam haktır bana.

Bütün romantik replikler sana feda olsun. Tıpkı nar ekşisinin çiğ köfteyle gidişi gibisin. Gülüşün damağımda kaldı. **Benimle doğmadın benimle ölebilirsin, ölebilir misin?** Bu yazıyı en sonuna yazdım. Valizin gözünde fark ettiğinde karşılık olarak **kalbimdeki senle ölmezsem göz-**

lerim açık gider dedi. O kadar odun, kalas falan dedim; haksızlık mı ettim? Bir cevher var sanki özleşmeyi bekleyen. Askerde kaç bin kere okuduğunu bilmiyorum ancak bir askerin yüzünün gülmesi için sarılacağı bir umudu varsa o bu defterde mevcuttu. Askere verilebilecek en güzel hediyedir sevgi, ardından kitap.

Yazmak kadar rahatlatan çok fazla şey tanımıyorum bir de senin dışında. Belki de bana rast gelmedi. Bu defter benim ilk tecrübem oldu. Belki ilk kitabım da sen olursun, kim bilir? Bir de utanmadan kitabının içinde ben olacak mıyım demez mi? Şapşal ya her kitabımdaki adam olacağını bilmiyor.

Ben her yere seni yazdım da
önemli olan alnımıza yazılan.

Yarınım

Olmayı istediğim yer ile olacağım yer farklıdır, olduğum yer ise aynı. Mesafe; duru suyu bulanıklaştırır, zemzem suyu olsa içilmez. Hadi bu kez alışma vakti, bunun için bize duygu nakli gerekli. Sen benim vücudumun kangren hâlisin, neremi keseyim de kurtulayım? Kurtulamam ki... Zaten kurtulmak isteyen kim? Kim ne anlar derdimizden, herkesin derdi başından aşkın. Kışın ceketini kim örtecek üzerime, kim üşüyünce ısıtacak, kim kışın güneşi olacak? Henüz bir fikrim yok. **Portakal ağacı kadar güzel kokuyor omuzların.** Mesafeleri bile kabullenmek istemiyor. Kızlar babalarına düşkün olur derler, düşkün olacağım babam yerine düştüğümde tekme vuracak babam vardı. Sağ olsun diz kapaklarımda hâlâ yara izleri duruyor. Ne diz kapaklarımdan ne de ayak parmaklarımdan öpen bir adam olmadı senden önce. Senin ise dokunmadığın kemiğim kalmadı. Baba sevgisi, tanımadığım bir selamdı, selamını alamadığım. Çok çelimsiz hayatım desem yeridir, acaba beş yıl sonra yerim neredir? Erken mi konuştum bilemedim. Çocukluğum, başkalarının hayatlarını izleyip imrenmekle geçti.

Hiç kıskanmadım, kıskansam düzenleri bozulsun isterdim keza hep mutlu olsunlar istedim. Çünkü hep bir gün benim de mutlu olacağımı ümit ettim. **Lavaboda tıkalı kalan küçüklüğümü hiçbir sifon götürmedi.** Öyle bir çocukluğum var ki atamıyorum beynimden, cümlelerimin arasına karışıp duruyor. Baba sevgisi, samanlıkta aradığım iğne olmalı. Ama yine de olsun imrenilecek hayatım olmasa da imrenilecek bir adama sahip oldum. Sanırım Rabbim bazı şeyleri tartmadan vermiyor. Ne kadar mutsuz olduysan o kadar mutlu ol, ne kadar güldürdüysen o kadar gül der gibi. İnsanın hayatına mutlaka birileri giriyor birileri çıkıyor. Hiçbir gelene kal demedim, hiçbir gidene dur demedim. İkisi de üç harfli bir kelime, tek hece zor geldi. Şimdi başka çok başka, önceleri anımsatacak gibisinden değil. İnsanların hayatını yaşadıkları şekillendiriyor. Biz insanoğlu çok ön yargılıyız. Üstü kirli bir insan görünce yüzümüzü ekşitiyoruz, farkında olmadan kalbimizi eksiltiyoruz. Yara bandı satan çocuğa neden diye sormadan anasına babasına isyan ediyoruz. Belki anası babası dahi yok. Yarasını saramıyoruz, yara bandı satmasına karışıyoruz. Sanki ekmeğini biz veriyoruz. Ani yaşantımızda ne cani insanlar olduk, sokakta ağlayan kız görünce hemen sevgilisinden ayrılmıştır diye koyuyoruz damgayı. Belki aylar önce annesini kaybetti. Kumar masasından farksız yaşıyoruz. Hem kazanmalı hem kaybetmeli. **'Çünkü'den bir valizim var, pişmanlık köşemde saklıyorum.** Hep eksiktim, kimse hissetmedi hissettiklerimi. Kim biliyor karşısındakinin içini? **Görmeyin görülmeyenleri, bugün de her şey göründüğü gibi olsun.** İyi ki sen geldin, iyi ki hoş geldin. Valizleri öteye ittin, keşkelere elveda dedirttin. Üzerime karanfiller ektin. Kötü ki gittin.

Kimse hissettirmedi hissettirdiklerini. Bilirim, kimse de sana hissettirmedi benim hissettirdiklerimi. Sen benim tamlayanımsın. Belki de ben yarım artı. Yerin kalbimde nefes almaya yer bırakmayacak kadar yoğun. İğne atsam çokluğundan düşmez. Senin yerin yanım, benim yanım yarının. İyi ki varsın dağınık evime deterjan kokuları getirdin. Tek kişilik soframa bir tabak daha eklettin. Döküntüyü adam ettin, kendine adam dedirttin. 'Adam'daki dört harf üzerine dört dörtlük oturdun. Bana senli yarınlar armağan ettin. İlk bana gaz veren arkadaşlarıma sonra da kendime teşekkür ediyorum. İyi ki o ajansa o formu doldurmuşum.

Allah yarınlarımızı eksik etmesin.

Yaşadığımız her şeyin bir bahanesi var.
Bazıları soğukta kalıyor,
bazılarının kalbi soğukta kalmış.

Nasip Kısmet

Nasibinde, kısmetinde ne varsa onu yaşayacaksın. Senin üç bacağın, iki burnun yok! Payına düştüğü kadardır hayat, hiç kimsenin kaderine torpil geçmez.

Büyüklerimiz nasihat etmeyi sever. Ama bir ürkeklik var hâlâ kanaat getiremedim, ben yapamadım sen yap demezler. *"Araya mesafe girince düşünceler değişirmiş,"* öyle dediler. Şöyle bir oturup düşününce hak verdim. Kimse durduk yere uydurmuyor, herkesin bir bildiği bir yaşadığı vardır illaki. Her şeyi bir başımıza yaşayacak kadar ömrümüz olduğunu düşünmüyorum. Başkalarının yaşadıklarına da saygı göstermemiz ve tecrübelerimizin arasına serpiştirmemiz gerekiyor. Ne de olsa biz daha toyuz. Onların tecrübelerinin yanında karınca kadar boyumuz.

Doğu'da asker olanlar, Allah onlara da ailelerine de sabrın en büyüğünü versin. Her an kötü haber gelecek diye tetikte olmak nasıl bir durum, yaşayan bilir. Şimdiden içim karardı, kan ağlayanlar ne yapsın? Biri şehit olursa herkesin dilinde dolanır, vatan uğruna. Vatan, Uğur'uma uğrama! Anaların içi delik deşik olduktan sonra biz nasıl sağ olalım diye sormadan duramıyorum kendime. Ama o allı kanlı, aylı yıldızlı bayrak var ya işte ona her şey değer.

Genelde sevgilisi olan askerler için aldatılmalar meşhurdur veya araya giren soğukluklar, bahaneleri savunmalar. Bazıları sırf bunu yaşamaktan korktuğu için askere giderken sevgilisini terk ediyor. Bilmiyorum bize ne olacak? Bazıları ise askerde daha sıkı bağlanıyor. Bu biraz karaktere de bağlı. Şimdi bazı kadınların da hakkını yemeyelim dibine kadar bekleyebiliyorlar. Bazıları da...

Güven uçurum gibi kalmak ile düşmek arasında, tuttum sandığınız güvercin misali uçuverir. Aslında mesele mesafe değil. İnsanın biraz elinde biraz da sevgisindedir. Gitmenin yanında kolay olan beklemektir. Genelde böyledir, ölüm dışında her şey insanın elindedir. Ben beklemekten korkmuyorum çünkü Allah izin verirse geleceğini biliyorum. Fakat geleceğimizi bilmiyorum. Bu dünyada herkes hak ettiğini yaşar derler, acaba gerçekten öyle mi? Uğur beklenmeyi hak etti. Sizce de öyle değil mi? Ancak zaman neyi gösterir bilemem. Mesafeyi engel olarak görmüyorum sadece ayrılığa gelemiyorum, haksızlığa gelemediğim gibi. **Bizden başka hiçbir şey bizden önemli değil.** Bu sizin için de öyle, sizden başka hiçbir şey sizden daha önemli değil. Lafa gelince cümbür cemaat gidiyoruz ama icraat için aynı şeyi söyleyemeyeceğim. Kendimden biliyorum. **Emin olun sizin ne hâlde olduğunuz kimsenin umurunda değil, çünkü siz yaşıyorsunuz onlar değil.** İnsanların tek bildiği gıybet; tutup oradan oraya çekiştirirler, yakıştırmalar yaparlar. Biz de çoğu zaman onlara göre hareket ediyoruz. Bu, kendimize yaptığımız en büyük hakaret! Çünkü falanların filanların hiçbirinin hayatımızda yeri yok, etrafta yeri var. Mesela oğlu anasının lafına bakıyor eşiyle kötü oluyor. Bu aptalca, çünkü bu hayatı özgürce yaşayan kendi düşüncelerimiz olmalı. Başkalarının düşünceleriyle veya duygularıyla değişen düşüncelerimiz değil. Hayat, diğerlerine izin vermeyecek kadar kısa.

Aslında biz insanlar nerede hata yapıyoruz biliyor musunuz? Hesap kitap, plan program yapmakla. Çünkü hesapta olan her ne olursa olsun Allah bir problem çıkartırsa yaptığın hesap tutmaz kitap yırtılır.

Hayatta her şey nasip kısmet.

Yarını bilmiyoruz, biliyor gibi yaşıyoruz. En çok hatayı burada yapıyoruz. Mesela yarın yaparız dedik erteledik, **yarına çıkmaya senedimiz bile yokken geleceği tapuladığımızı sandık, tabutu hiçe saydık.** Başka zaman konuşuruz dedik içimizdekilerde kalabilirdik. Üstümüzdeki yük her neyse kaldırmak için çelik kuvvetine sahip olmamıza gerek yok. Çelik gibi kalbimiz olsa belki de altından kalkamayacağımız yük kalmaz. **Kimseyi kırmayın üzmeyin. Yarın her şey olabilir, belki de hiçbir şey.** Zamanın geri getiremeyeceğimiz tek şey olmasını bilmemize rağmen kıymet vermedik. Yarından ders almalarımızla geçiyor ömrümüz, bugüne ne veriyoruz?

Bugün Allah bana seni versin yarını düşünürüz. Bak hâlâ ne konuşuyorum. Muhtemelen herkes benim gibi düşünüyor, kırın benim bacaklarımı...

Nasip kısmetteki nasip kelimesinin Uğur olmasını isterdim. Eminim sizin de aynı yere koymak isteyeceğiniz isimler vardır.

Çabuk gel sevgilim, sevgi ilim. Tek bekleyen ben değilim, hayallerimizi sinirlendirmeyelim. Keşke elimde olsa dediğini duyar gibiyim. Kulağıma mı küfredeyim yoksa tam kavuştuk derken araya giren bu kilometrelere mi? Fotoğraf video yeter mi bize his lazım. Özlemek hissini sökün ciğerimden, kendime geleyim. Artık hangi organın işleviyse alın da kurtulayım valla intihar sebebi. Tiryakisi olduğum omuzların nasıl? Olmayan kaslarına hayranım. Saç telinden tut, tırnak ucuna kadar olan özlemden bahsediyoruz. Öyle kendi çapında değil bildiğin dünya çapında. Bir his fırtınaları koparıyor, ne yapsın limanı uzak. Yorganı kafama kadar çekip nefes almadan konuşuyorum çünkü o telefondan nefesini alıyorum. Geceden sabaha parmaklarımız uyuşsa da mutlu edecek çok şey vardı o mesajlarda. Bizi buzdolabına saklayacağım bozulmayalım. Mutluluk nazara çabuk gelir. Hadi bileğimize mavi boncuk takalım, koca karılara inanalım. Bir gün karı koca olacağız, yakışalım. Umutlarımızın üzerine fermuarı çekelim. Tohumları sağlam ekelim. Yarın biçtiğimizi yeriz. Bugün bir kadeh ayrılık içeriz. Ayaklarına iyi bak oralarda nasır tutmasın. Bana gelmeni onlar sağlayacaklar.

Özlem Nöbetleri

Askerde üç beş nöbetleri vardır, bilen bilir. O nöbetler bizim de nöbetlerimizdi. Göz kapaklarımı kirpiğimden tutup kaşıma yapıştırmam gerekiyor. Uyumamak için on dakikada bir lavaboya uğrardım. Suratım buz gibi olsa da soğukta, doymazdım elimi yüzümü yıkamaya. Çünkü doyamadığım biri var telefonun ucunda. Yorganın içinde ısınmazdı hemen ayak parmaklarım, sen olduğunda hemen ayağınla sarardın. Biraz uykulu biraz uykusuz ben staja, sen içtimaya. Sayısı belli değil alışılması gereken günlerin. Annenin oğlum diyen sesine değil çavuşun sesine uyanıyorsun. Alışamadım hâlâ yokluğuna, alışamıyor insan zamanla da. Dünyanın en dayanıklı canlısı olmalarına rağmen tardigradlar bile dayanamazlar yokluğuna. Hayvan olduklarına bakmayın bazı hayvanlar insanlardan daha insanlar. Bunu bilim adamları yakında kanıtlayacak diye bekliyorum, belki de kanıtlanmıştır.

Uğur'un yaramazlığı yine üzerinde, nasıl beceriyor bu kadar hiperaktif bir çocuk olmayı anlayamıyorum. Yakında senenin çocuk bakıcısı ödülüne adaylığımı koyacağım. Yanıma gelmek için askerdeki bütün şartları zorlamaya devam ediyor. Gitmediği doktor, kendiliğinden çıkarmadığı hastalık kalmadı. Psikiyatriden tut ağız burun kulak doktoruna kadar hatta aralarında kalp doktoru bile vardı. Komutanlar revire, hastaneye göndermekten bıktı; bu gitmekten bıkmadı. Tabii sonunda bana kavuşmak var bıkar mı? Utanmasa ürolojiye hatta jinekoloğa bile giderdi. Beraber pembe teskereyi bile düşünecek kıvama geldik, geberiyoruz çaresizlikten. Hava değişiminden umudu kesince Kadıköy'deki GATA'ya göndersinler diye yapmadık hile bırakmadı. Yeşil reçete acaba işe yarar mı? Psikologdan çıkınca beni sen delirttin demesin mi? Seni ben delirtmedim ama beni sen delirteceksin sevgilim az kaldı. Artık bir şekilde gelmesi lazımmış. Şimdiden izin kullanmak istemiyor, onlara daha sonra ihtiyacı olacak. Aslında normal insan gibi askerliğini yapması taraftarıyım ancak onu siz tanımıyorsunuz rahat durmuyor. İllaki gelecek, yoksa kesin kaçar. Ne yapayım basur ol diye dua mı edeyim yani? Oynadığı oyunlara beni özlediği için kızamıyorum. Sanki o uğraştıkça bedeni ona yardımcı oluyor. Kalp doktoru sağ olsun Uğur'a dediğini yaptırdı. Kadıköy'e yolladı. Kalbinde ritim bozukluğu mu ne varmış, düzensiz çalışıyormuş. Aslında bir şey olduğunu sanmıyorum. Uğur acaba sonuçları değiştirmiş olabilir mi? Yoooook artık! Yılmaz ağabeyler Uğur'u Atatürk Havaalanı'ndan alıp arabayla Anadolu yakasına geçtiler. Beni de Üsküdar sapaktan aldılar, GATA'ya gidiyoruz. Nedense gözlerini görünce bütün kızgınlığım geçti.

Rahatça sarılamıyorum ailesinin yanında. Çıkmayan sakalların yine gözüme batıyor. Kokun diyorum, en çok burnuma yakışıyor. Nasıl özlemse bu, bitmek bilmiyor. Yanımdasın doyamıyorum, gizliden elime değen ellerin sıcacık, heyecanından mı? Yine şu gülüşünü gösterdin. Tiryakisi olduğumu biliyorsun paraladın beni. Dikkat çekeceğiz, gözlerini çek benden. Arabanın içinde kalbine sıkışıp kaldım. Dur dur, vazgeçtim çekme gözlerini, onlar benim nefes alma sebebim. Tırnaklarım ellerine mi battı, dalmışım fark etmedim. Cildin yorulmuş belli eve gidince maske yapalım. Seni kendime sıkı sıkı sarıp kundaklasam çok güzel olur. Aaa hastaneye gelmişiz! Aşkım elimi bırak artık ayıp oluyor, aşka dalınca çıkmak zor oluyor.

Ta İzmir'den buraya göndermek akıl işi değil. Uğur bunu gerçekleştirene kadar akla karayı seçti, ben hâlâ ne konuşuyorum. Hem şimdi mutlu oldum ya konuşurum tabii. Danışmanlık, doktor, hemşire derken bir dedenin yattığı, dört hasta yatağının olduğu bir oda verdiler. Yarın efor testine de girdikten sonra bir şey kalmıyor. Sonuçların iyi çıkacağına ben kefilim. Mavi, bol, enteresan pijamalar verdiler, Uğur'un üstüne giymesi gerekiyormuş. Askerlerin hepsinde o pijamalardan vardı, rahat içine üç kişi girer. Şerefsize o bile yakışıyor. Acaba onlar da askeriyeden uzaklaşmak için bin takla attı mı? Refakatçi olarak ben kaldım. Zaten gitme gibi bir ihtimalim yoktu, vallahi Uğur beni vurur. Bizimkinin yüzünde güller açıyor, bahar bahçesini anımsatıyor. Sanki ben farklıyım. En güzel bitkilerden oluşuyoruz. Birlikte uyuduk o tek kişilik hastane yatağında, bir burası kalmıştı. Yakında bulutlara çıkıp üzerinde yatacağız diye korkmaya başladım. Yanımızda yaşlı, tatlı, tontiş bir dede yatıyordu. Ameliyat olmuş, geçmiş olsun. Uğur da ameliyat olmak için dua ediyor. Allah'ım bu çocuk beni kanser edecek. Saçımı göğsüne koydu koklarken *"Sadece bunun için İzmir'den buraya yürüyerek bile gelirim,"* dedi. Yine bir hoş oldum. Dede bile çaktırmadan güldü. Aşkımıza şahit bir insan daha oldu. Başım göğsünde, kokusuyla uyudum gece boyu. Hemşire bile gördüğü hâlde rahatsız etmedi.

Bize kıyamayan o kadar çift göz var ki. Eğer olur da biz kıyarsak ayrı cehennemlerde yanalım. Şu kokunu alınca hastane kokusunu almaz oluyorum. Şu çirkin pijamalar bile nasıl yakışmış. Altan alttan sırıtmalara bak sen. Hastaneyi de ortak ettik aşkımıza, duymayan kalmayacak yakında.

Sabah olunca Uğur efor testine girdi. Ben de orada beklerken teste girecek bir askerle sohbet etmeye başladım. Yaşı benden oldukça büyüktü, üç yaşında oğlu varmış. Onu nasıl özlediğini ve dört aydır hiç göremediğini söyledi. Karısıyla doğru düzgün telefonda dahi konuşamıyormuş, Doğu'da askermiş. O an bir kez daha şükrettim hâlimize... İçerdekinin erkek arkadaşım olduğunu söylediğimde onu üzmemem gerektiğini söyledi. Asıl o beni üzmesin demeye yüzüm olmadı. Askerlik hakikaten zor, adam konuşurken dahi gözlerinden hasreti hissettiriyordu. Allah yardımcısı olsun.

Uğur testten çıktı. Sonuçlar ise tam beklediğimiz gibi tertemiz, ben biliyordum zaten. Yalnız yarın askeriyeye gönderilecek. Ben bu yanını düşünmemiştim, daha doğrusu yanındayken düşünmek istememiştim. Farkında olmadan yüzüm asılmış, neyse ki gülümsetmek için hemen kollarını sıvayan bir adama sahibim. Askerde elleriyle boncuk dizmeyi öğrenip bana hediye yapmış. Böyle cezaevlerinde yapılan şeylere benziyor ama bu daha güzel, çünkü eli değmiş. İçine isimlerimizi yazmış. Tutuşturdu elime en sevdiğim gülüşü eşliğinde.

"Kalp ritmimim seni görünce düzene gireceğini biliyordum, o yüzden geldim. Artık biraz daha böyle idare edebilirim sonra bir bahane bulur yine yanına gelirim."

Nasıl beceriyorsun, mutsuz olduğumda bile böyle mutlu etmeyi?

Mutluluğumun formülü güldürüşlerinde saklı.

Üç Gün Daha

Kadınımdan sonra en sevdiğim sözün *"Güneşim,"* Bir kelime insanın ağzına ne kadar çok yakışabilirse o kadar çok yakışıyor ağzına. Mesela Marilyn Monroe'nin portrelere yakıştığı gibi. Eğer sen bir gezegen olsaydın o Merkür olurdu, en yakın sensin güneşine veya Venüs, Güneş ben olabilirim, Ay da gecenin olsun. Sen dünyadaki en aydınlık varlıksın...

GATA'dan el ele çıkarken o askerlerin bakışları çok hüzünlüydü. Çok şey geçirdiler içlerinden tahmin edebiliyorum. Onlar da isterlerdi sevdiklerini yanlarında, bizim kadar şanslı olmadıklarını düşündüler muhtemelen.

Üsküdar'a kadar yürümüşüz, hiç de fark etmedik. Kız kulesinin karşısına geçip semaverde demlenmiş çayları karton bardakla aldık elimize. Karton bardakta çay içmekten nefret ediyorum ama seninle onu bile seviyorum. Hadi bize içelim, sevgi ile demlenelim. Hava buz gibi lakin böbreklerime kadar sıcağım, sebebi malum. Elini attın yine saçlarıma, şampuan kokusu eline siner inşallah. Valla ben değil saçlarım seviyor ellerini, burnumun kokunu sevdiği gibi. Sırıtıp beni araya karıştırma, ben onlara karışmıyorum. Al yine bizi buldu çiçekçiler. Abla bize bari yapmayın, ben de Romanım, sevgilim de asker. Biliyorum senin de asker oğlun, cezaevinde kocan var.

Yalnız bu Kız Kulesi'nin manzarasını, boğazın gece manzarası kadar seviyorum fakat ikisi de gözlerinin içindeki manzarayla yarışamazlar. Henüz içine girmedim, bu ilki beraber yaşayalım. Tüm yaşananlar dolaba yerleştirilirken ilkleri üst rafa koyarsınız ve geneli renklidir, göze çarpar.

Bize müptela deseler haksız sayılmazlar. Bağımlılığın en kralını yaşıyoruz.

Yaramazlığına doyamadığım, sana yine doyamadım. Ve sabahın köründe yine istenmeyen bir ayrılık görünüyor. Gitmeni istemiyorum. *'Gitme'* demek yerine *'git'* diyebiliyorum en samimiyetsiz mevzu.

Üç günlük kokunu bıraktın bana,
üç günlük dünya nasıl olsa.
Üç gün daha kalsaydın yanımda.
Hayat arzularımıza göre değil
akışına göredir kimi zaman.

Şafak Yüksek

Gece uyanıp üstünü açık gördüğüm zamanlarda bile kendime kızardım. Nasıl olur da üstünü kapatmadım diye. Şimdi nasıl oluyor da kilometrelerce yola gidiyor, ayağına bir şey olsa nasıl izin verdim diye kendimi yargılarım. Camı pencereyi açıyorum kışın ortasında, zorluyor ama alışıyor insan. Sesini özlememe fırsat verme. Yarı aç yarı tok dolaşıyorum. Allah'tan hep konuşuyoruz, kokun şart. Kokun ile dokuna hayranım. Onlarla yıkıyorum beynimi düzenli olarak. Psikolojime iyi gelen çikolata vardı, onu da bu ara fazla kaçırdım kilo aldım. Çok seversin göbeğimi. *'Eritme,'* derdin *'Eritirsen ben de zayıflarım!'* diye az tehdit etmedin. Gelince seversin artık sana saklıyorum. Sıkıntıdan mı ne seni beklerken çekirdek krizine giriyorum. Sivilcelerim Türkiye'nin başkenti ilan edilir. Gelmeyişlerin zarar ziyan, hayır gelmez. Uçan balonların ucuna asalım kendimizi. Sen İzmir'den, ben İstanbul'dan çıkalım yola, bulutlarda buluşuruz. Seni beklerken kalkamadığım kaldırım taşları bile beraber yürümemizi bekliyor. Senden sonra çapkınlık bulaştı bana, her baktığım adamda seni görüyorum. Özlemek ne acı bir şey. İşlevine bak dünyayı başına yıkar. **Şafak yüksek, bende yükseklik korkusu var.**

Bir de sensizlik...

Gelme Çabaları

Sensiz içtiğim suyun bile tadı yok. Yetmiyor telefonu elime çivilesem bile. Patavatsız bu zamanlar, neyi nereye koyacağını bilmiyorlar. Paydos diyorum, ayrılığa bir ara verelim. Mesafelerin canı cehenneme! Eklemlerinin arasına ekle beni, belki rahat bulurum. Resmen uçurtmamız direğe takıldı. İzin verin de uçuralım. Biraz huzur be kader! Bulutlar allak bullak, sarsıntıda kalbim. Hadi artık çekilmiyor sensizlik. O kadar dolaşıyorsun kafamda. El ele dolaşamıyoruz bu hiç adil değil...

Burada artistlik yaptığıma bakmayın içimden geldiği hâlde bir kere *gel* diyemedim sırf teşvik etmemek için seni. Vallahi dengem kalmadı. Uğur ise gelmek için her yolu denemeye kararlı. Lan benim portakal ağacım, lan benim kara böceğim bir kere de mantıklı hareket et. Ayda bir beni görebilecek kadar rahat bir yere gitmedin, neden kabullenmiyorsun? Utanmadan ayda bir kere çok az diyor? Acaba ben olmasam nasıl olacaktı, rahat duracak mıydın çok merak ediyorum? GATA yetmedi devamını istiyor. Şartlar uygun olsa bana da yetmezdi ancak yetmek zorunda kaldı. İçime atmaktan kalkamıyorum. Acaba sen ne hâldesin? Biliyorum yerinde duramıyorsun, zaman geçtikçe daralıyorsun. Kesin yanıma gelmek için askeriyeyi karıştırıyorsun.

Yapma be aşkım, sabret ya da yap ya ne bilim işte...

Oha gene ne yaptın sen? Gece koluna diş macununu sürüp uyumuş, sabaha kadar kurutmuş. Neymiş ona vurduğunda kolu kırılıyormuş. Sen böyle bir saçmalığı nasıl denersin? Bu çocuğun canımıza kastı var. Kızıp bağırınca seni özlediğim için diyor, her işin içinden çekiliyor. Yok öyle yağma! Ben bunun hesabını keserim, geldiğinde de bir gün boyunca öpücüğü yasaklayacağım. Kıyma canıma, senin canın benim. *"Bizi bari düşün,"* diyorum, *"Düşündüğüm için,"* diye yapıştırıyor lafı. Ne konuşsam boşuna hep bir cevabı var. Bir kulağından giriyor diğerinden çıkıyor. Şimdi de bozuk parayla kıl dönmesi yapılıyor diye duymuş, kuyruk sokumuna bozuk para bantlayıp yatmaya başlamış. Şaka gibi bu nasıl bir cesaret, sen nasıl bir belasın ya. Götünden ne istedin onun suçu ne? Ne hava değişimiymiş be ağzımıza sıçtı, beynindeki havayı dahi aldı. Şimdi bunu ailene söyleyeyim de seni bir benzetsinler. Ama kıyamıyorum işte sebebin belli, Allah'ın delisi. Çok seviyorum lan seni sonra şu deli sevgini. Acaba dünyada var mıdır senin gibisi?

Telefonda konuşurken gözlerinin dolduğunu ses tonundan hissedebiliyorum. Ses tonundan gözlerinin hâlini tahmin etmekmiş aşk. Bunca deliliği sadece birisi için yapmakmış.

Doldurma gözlerini
onlar zaten dolunay.

Ertelenen İyilikler

Baktığım her tabela seni gösteriyor. Hiç tekin değil sensizlik, her an her yerden yalnızlık çıkabilir. Allah korusun yokluğundan. Ufo'lar olur da beni kaçırırsa ilk sorum sen olursun. Bilesin gölgene bile ihtiyacım var. Ufo'ların da işi gücü yok beni kaçıracak, saçmalıyorum işte sensizlikten.

Askeriyeye Kızılay gelmiş. Eminim ilk bizimki girmiştir sıraya. Kendisi iyilik meleği, kan verdikten sonra da benim numaramı bırakmış, sağ olsun. O sürekli telefon kaptırdığı için önem verdiği yerlerde ilk olarak benim numaramı kullanıyor. Bir ay kadar oldu, Kızılay bizim de okula geldi. Hani küçükken okulda aşı sırası olurdu, bütün çocuklar kaçmaya yer arardı. Ağlarken koridorları inletirlerdi, bazıları da tuvalete saklanırdı, hepimizin başına gelmiştir. Ben küçükken çok cesurmuşum en öne geçer, ilk ben aşı olurdum. Keşke bütün konularda böyle cesur olsaydım. Kızılay bizim ayağımıza kadar gelmiş hatta hocamız kan verenlere yüksek sözlü notu vereceğim dedi düşünün yani durum o kadar vahim. Bunu duymak hakikaten utanç vericiydi. Gidip ben de kan verdim. Tabii ki kimsenin lafı için değil olması gerektiği için... Zaten hocanın lafının üzerine yapan varsa onların kanları dahi beş para etmez. Bence bu size de bir hatırlatma olsun, bizim bir yerimizden hiçbir şey eksilmedi. Yalnız benim gibi aptallık edip aç karnına gitmeyin sonra bayılır kalırsınız taşın üzerine. Biz insanlar neden böyleyiz merak ediyorum. Konu iyiliğe dâhil bir şey olduğunda oldukça erteliyoruz. Yarın yaparız, o geldiğinde yaparız, bu gittiğinde yaparız. Mesela kaç senedir arkadaşlarımı toplayıp çocuk esirgeme kurumunda animasyon gösterileri yapmak istiyorum. Bunu çok istiyorum fakat hep saçma sapan bir sebeple erteliyorum. İyi şeyler ertelenmeye doymuyor, alışkanlık hâline getirmişiz.

Ertelenmeye yakışmayan onca şey varken
bir sana kıyamıyorum.

Mavinin Kuyusunda

Ne bileyim ya anlatamıyorum işte! İçimdekiler sığmıyor buralara, onu öyle özlüyorum ki sormayın. Burnumu dayayacağım boynuna, kokusunu öyle içime çekeceğim ki kalbine, dalağına, içindeki tüm organlara ulaşacak...

Çok özledim yanına gideyim diyorum ne dersiniz? Sanki birileri satırlara sövüyor bir rahat durun diye. Siz de özlemle sınandığınızda görürüm sizi. Sürpriz hazırlıkları yapıyorum, bu kez kaçak ben olacağım. İzmir'e kaçağımın yanına kaçıyorum. Belki bir süre kaçmasına engel olurum. Bergama'ya romanların yanına gidip iki göbek atarım. Şu an tam göbek yarıştırma zamanı! İki tane koca karıyla kanka olurum onlarla aram iyidir, söylerim Uğur'a göz kulak olurlar.

Sürekli plan yapıp bozmaya başladım ve nihayetinde bir tanesinde kararlaştırdım. Onun mutluluğunu düşündüğümde içim içime sığmıyor, ayrı şehirlere nasıl sığalım. Renkli balonların içine notlar yerleştirdim her birine şifre koydum biraz, o çözer, çözmeyi de sever. Şifrelerden çıkacak sonuç en sevdiğimiz şarkı sözlerinden birkaç mısra *"Seni almazsam gözlerim açık gider/ Bana ellerini ver/ Hayat seni sevince güzel..."* Yaşayacaklarımız şimdiden gözümü kamaştırmaya başladı. Keşke yaşayacaklarımızın kaydet tuşu olsaydı, mutlu bir günümüzde kasetimizi koyup izlerdik. En sevdiğimiz fotoğraflardan oluşan kalpli magnetler yaptırdım. Orada dolabına asar; beni her gördüğünde ağzı, kulağı tavan yapar. Sonra kesin kıskanırlar umarım onların da yapanları vardır. Yine rengarenk not kâğıtlarına ağzıma ne geliyorsa yazdım. Çirkin olsa bile o sever benim yazdıklarımı okumayı. Küfürlerimi bile özlemiş, geçen öyle dedi. Ah senin damağını seveyim. Küçük dilini öpeyim. Benim bitmeyen şarjım. Beni yanağımdan öptüğün fotoğrafı baskıladığım bir tişört yaptırdım. Fotoğrafta başımda duran bandaj annenin başörtüsüydü. Bandaj yapıp takmıştım, hatırladın mı, çok yakıştırmıştın. Senin de üzerinde giderken bana bıraktığın gömleğin vardı. Sen gittikten sonra bir hafta çıkarmadım o gömleği. Gitmene yakın zamanda çekilmiştik bu fotoğrafı. Tişörtün üzerine *"Hasretle beklediğim yarınlar var, üçümüzün bir olduğu..."* yazdırmıştım. Eminim çok beğeneceksin, sen de anlamını yitirmeyen şeylere önem verirsin. Benim tek saç telimi cüzdanında sakladığını biliyorum, içinde kirpiğimden bir tel bile vardı. Kalbime benzeyen bir sürü mum aldım sadece ateşi eksik. Az kaldı, kalbimi mumyalaştırıp sana sunarsam şaşırma. Çiçekçi yapışkan teyzelerden benim için aldığın gülleri de kurutmuştum, yanıma onların yapraklarını da aldım. Hepsi aşırı anlam içeriyor. Zaten o teyzeler dışında bana çiçek almadın, aşk olsun.

Biliyorum bana kalbinde çiçekler açtırdın, hadi üste çıkmaya çalışma. Her şeyim hazır, yolum sana düştü. Olur da senin yolunun düşmeyeceği bir gün olursa işin düşsün, ben ona da razıyım işin ucunda sen varsan. Adam heyecandan deliye dönüyor ben ne diyorum, duymasın. Sürekli mesaj atıp iki kat nefes aldırmaman bile canıma minnet.

İzmir'e biletimi kestiler, sana niyetimi. Sana yürüyorum sanmasınlar koşuyorum. Gece binip sabah orada olacaktım Allah nasip ederse. Vaktim varken kuaföre fön çektirmeye gideyim. Hem saçlar düz olunca parmaklar arasında daha kolay geziyor anladınız siz onu. Uğur artık saatleri aşmış dakikaların hesabını tutuyor. Saat başı mesaj olarak 3 haneli sayılar geliyor. Otobüste beni de uyutmadı kendi de uyumadı. Sahneye çıkmış çocuk gibi belli eli ayağı zangır zangır titriyor, çok heyecan yaptı. Yazışını görmedim ancak mesajın gelişinden belli. Valla ben de heyecanlandım. Evci iznine çıkacağı için sabah komutanlara imzaları attırıp çıktı. Normalde ailesinin gelmesi gerekiyordu, bizimki bir şekilde onu da halletti. Herkese sözlü olduğumuzu söylemiş, yemin etse başı ağrımaz bir gün o da olacak. Şimdi beni bekliyor. İzmir'de indim, servisi beklerken polis ağabeyle sohbet ettim. Asker sevgilim için buraya geldiğimi duyunca çok şaşırdı *"Bu devirde böyle aşklar kaldı mı?"* dedi. Evet, kaldı ağabey onun için uzaya bile giderim ama o benden önce gitmiş beni bekliyor olur. Eski Foça'ya servise bindim, yol bitmek bilmiyor kesin sana geleceğim diye. Sayıların artık iki haneye düştü heyecandan çatladın değil mi? 50 dakika, 20 dakika derken servisten indim. Ve o an, onu daha önce bu kadar mutlu az görmüşümdür, kanatları olsa tutamazdım. Saçlarını yandan kısaltmış en sevdiğim model, kilo almış işte buna bayıldım. Kokusunu aldım ben İzmir'e mi geldim cennete mi? Ellerimi boynuna doladım sayamadık, kaç dakika öyle kaldık. Bir şeyler geveliyor ağzında duyamıyorum mutluluktan olsa gerek. Gözlerinin içinin güldüğünü servisten inmeden önce fark ettim. Herkes bizi izliyor, gözlerim kapalıyken görüyorum. Neredeyse o dişlerini ısırmak istedim. Nazar değecek diye çok korkuyorum bir daha gülersen dişini kırarım. Zaten millet bizi izliyor, kız çocuğa kafa attı diye tarihe geçeriz.

Tenime değdin ya ötesini arasam da ulaşamam. İzmir'in sadece kızları değil, havası da güzel askeri de. Türkiye'nin en güzel iki şehriyiz, ben İstanbul sen İzmir. İkimiz de maviyiz. İkimiz de tarih. Başkalarının mutluluğuyla mutlu olan insanları seviyorum, sanırım İzmir böyle bir yer. Artık reklamı sonlandıralım millete saygı sunup kahvaltıya geçelim. Bal, reçel, çikolata hiçbiri senin kadar lezzetli değil. Kahvaltı en sevdiğim öğün olmasına rağmen ben her öğün seninle doyarım. Hangi ara vakti yedik, alt tarafı gözlerindeki manzaraya dalmıştım. **Zaman diyorum yan yanayken şelale, uzaktayken göl.** Olduğu yerde duruyor, elimi yüzünden alamıyorum çünkü utanınca kızaran yanaklarını seviyorum. Gülünce kendini gösteren elmacık kemiklerine hayranım, gamzen olsa bu kadar hayranlık duymazdım. O zaman herkes gibi olurdum. **Ben seni herkes gibi değil hiç kimse gibi seviyorum, herkesin sevdiğini hiç kimsenin sevmeyeceği kadar.** Elmacık kemiğine bu aralar çok şiir yazılıyor. Mesela ben yazsam ayak parmaklarımıza yazardım. Kışın buz gibi yatağa girdiğimizde yorgan altında birbirine ilk onları değdiriyoruz. Ayakların ayaklarımı ısıtana kadar tüm vücudum ısınıyor ama olsun, sonuçta senin ayakların onlar hep ayaklarıma yakın olsun. Üst dudağının üstündeki bıyıkların yine şahane görünüyor, onları sevmem için mi şekilden şekle giriyor? Sigara kokuyorsun diye söylenirdim, fark etmedim sanma kokmamak için içmediğini, iç ben söylenmeyi bile özlüyorum. Eski Foça'da ayak tabanlarımız ağrıyana kadar gezdik, görmediğimiz yer kalmasın dedik. Neyse ki küçük semt, yoksa ayak parmaklarımız da ağrırdı. Küçük ama havası var. Seninle İzmir'i didik didik etmek isterdim amma velâkin zamanımız kısıtlı. Olsun, belki yıllar sonra tatile gelir her karışını inceleriz. Çarşısını, pazarını, restoranını... Hediyelik eşyaların satıldığı mağazalara girince çıkamadık. İki tane kalpli anahtarlık alıp İzmir hatırası yazdıktan sonra isimlerimiz ile birlikte şafak 247 ile bitirdik. Anahtarlıklarda yazı durmuyormuş daha sonra silindi. Olsun hafızalardan silinmesin. Eski Foça'nın o eşsiz güzelliğinin olduğu bir magnet aldım hâlâ bizim dolapta duruyor. Yosun tutmuş kayaları gördüm, köşede bir yerde eskimiş gemiler hâlâ capcanlı duran bir manzarası var, çok ısındım buraya. Buram buram tarih kokusu var dağında taşında. Güneş yüzümüze gülüyor. Yine mavi giydim dalgasız deniz ile uyum sağlıyor. Fotoğraf çekmeme elimi bırakmamak için izin vermeyen bir sevgilim olduğunu nasıl unuturum. Kapattım gözlerimi bütün güzel varlıklara... Benim en güzel varlığım yanımda, nefesi kulağımda. Bahar yağmuru bastırınca sıra pansiyon aramada, küçük sevimli bir oda bulduk. Ben sağdan o soldan yüzüstü attık kendimizi yatağa. Karşılıklı tutuştu eller, ıslak burnumuz buluştu. Şimdi kopsun kıyamet kimin umurunda. Saçımdan sarıp göğsüne yatırdı. Belimi sıkıca kavradı. Olmayan göbeğine sarıldım. Zaman dursun istedim, o kadar şefkatliydi elleri. Yaşanan güzel anlar, anılara anlam katar. Sen benim anlamımsın. Sesini açıyorum bütün algılarımın. Kafamızın bir bölümünde kayıt deposu var ve yaşanan her şeyi kaydeder. Gönül, her şeyin değil. Böyle güzel şeylerin oraya kaydolmasını ister. Akşam olmak üzere yağmur da bahar demeden yağıyor. Kesin bize yağıyor. Biz en içten günlerimizi yağmurun ortaklık ettiği anlarda yaşadık. Yağmur sesinde uyumaya bayılırım. Beraber uyanır ayılırız. Uğur'u odadan dışarı atmam lazım, bunu nasıl yapacağım? Acaba yemek almaya mı yollasam? canım tatlı çekti mi desem... Bu kesin bensiz çıkmaz ki. Açım, üşüyorum, hastayım, diyeyim... Yağmur da yağıyor o zaman kıyamaz. Tabi ki bensiz gitmek istemedi, Japon yapıştırıcısı yeter mi bilmiyorum. Zira bizi yapıştırmamız lazım bensiz tuvalete girmek istemiyor. *"Yol yorgunuyum,"* deyince ikna oldu bir şekilde. Yemek alması kısa sürer diye ıvır zıvır bir sürü şey istedim inşallah anlamamıştır. Yaptırdığım tişörtü alelacele üstüme geçirdim. İçinde not olan balonları şişirdim. Onun aldığı güllerin kuru yapraklarını odaya yaydım. Mumlarımı ateşe verdim. Kalpli magnetlerimi yatağın üzerine kalp şeklinde yerleştirdim. Fotoğraflarımızla yatağı süsledim. Küçük notlarımı da yanına koydum. Oda bize bizi tanıtıyor. Nefis bir atmosfer var. Işıkları kapattım, müziği ayarladım bekliyorum. Yıldız Tilbe ve Kıvırcık Ali'den *"Al ömrümü koy ömrümün üstüne/ Senden gelsin ölüm başım üstüne"* şarkısını açacağım. Hep bu işleri karşı taraftan bekleriz oysa her şey karşılıklı olduğu gibi bunlar da karşılıklıdır. Yerine göre kadınlar da yapabilir hatta bununla gurur duyabilir. Romantik olmak erkeklere mahsus bir şey değildir. Kabul edelim, erkeklere desek de bazen biz kadınlar da odun olabiliyoruz. Bugün romantikliğim üzerimde. Odanın kapısını kilitledim. Aha Uğur geldi. Ay çok heyecanlandım kapıyı çaldı, sönen mumları yaktım, müziği başlattığım gibi kapıyı açtım. Tam bir şey söyleyecekti ki olanların farkına varıp dondu, bu sefer gözleri sevinçten doldu. İlk tişörtün üstündeki yazıyı okudu ve alnımı öptü. Gözünden akan tek bir yaşa kurban olurum. Elindeki poşetleri yere bırakıp öyle bir sardı ki bıraksam vicdansızlık olurdu.

- Seni çooooooooooook seviyorum kadınım!

- Seni çooooooooooook seviyorum adamım!

Ben şimdi size iki üç cümleyle anlatamam ki içimdeki bu huzuru hiçbir cümle ifade edemez hatta hepsi aşağılık kalır.

Ben kaç haftadır bu anı bekliyorum, yüzündeki bu gülüşü. Elinden tuttum ve mum ışığındaki odanın ortasına geçtik. Boynuna attım kollarımı, yağmurda ıslanmış saçları nemli... Ellerimin arasına alarak nemini aldım. Aynı şarkıda defalarca dans edip büyülendik. Sanırım ikimiz de bir hocayla anlaşıp birbirimize bağlılık büyüsü yaptık, bazen şüphelenmiyor değilim. Gözlerinin içinde kayboldum. Şarkı bittiğinde bile birbirimizin kulağına yanaşıp şarkıyı devam ettirdik. *Al ömrümü koy ömrünün üstüne.* Her şey tam istediğim gibiydi. Allah bozmasın. Mumlar, balonlar, notlar, eşyalar şahitlik etti anın ölümsüzlüğüne. Tek yaktığım mumları birlikte söndürdük. Balonlardaki şifreleri çözmesi çok zaman almadı. Kuru güllerle ve fotoğraflarımızla kapladığım yatağa uzandık yine başımı göğsüne koydu, tenimde değildi gözü terimi sildi. Biraz öptüm çenesinin altından... Etraf mumdan, tenler aşkımızdan sıcaktı. Anın sıcaklığı dışarının soğukluğunu hissettirmedi. Ayaz gönlümün durulma sebebi. Elinden, kaşından, ensesinden, göğsünden doyamayacak kadar öptüm. Çünkü doyulmayacak kadar güzeldi. Bileğindeki kukla dövmesine bakıyorum da yaptırdığında nasıl da kızmıştım. Kavgalı olduğumuzda yaptırmıştın. Deliye döneyim diye, evet başarmıştın deliye döndürmeyi, aynı şekilde göğsündeki kartal dövmesini de... Onları bile özlemişim. Garip, insan kızdığı şeyleri bile özleyebiliyormuş. Dövmesini dahi özlediysem göğsündeki uykumdan bahsetmeme gerek yok sanırım. İzmir'in Foça'sında, mavinin koyusunda, ilk önce aşka daldık sonra uykuya.

Ah İzmir! Sen çok güzelsin ama benim gözüm diğer güzelliğinde.

İnsanlar mutlu olduğumu sanacak kadar tanıyor, mutsuzluğumu görecek kadar değil...

Yine Bırakmadı

Tabii ki zaman bize acımadan geçti sabah etti. Göğsünde aldım uykumu. Koynumda mışıl mışıl uyuyor. Yaklaşıp kulağına Murat Kurşun'dan *"Benim canım sevgilim iyi ki varsın. Allah'ım benden alsın ömrüne katsın,"* şarkısını söyleyerek uyandırdım. Evet, sesim berbat kargalar duysa bizi rezil ettin diye yüzüme tükürür. Uğur'a nasıl cennetteki meleğin sesi gibi geliyor anlamıyorum. Anlarsınız ya. Uykulu sesiyle *"Bu kadar mutlu etme beni, bugün de göndermem seni,"* dedi. Yapar mı yapar valla. Saat dörtte birliğine geri dönmesi lazım, zaman dur durak bilir mi? Kahvaltı, sahil turu, göğsündeki uyku derken dörde yaklaştı bile. Uğur'un beni bırakmaya hiç niyeti yok. Kafasında tilkiler cirit atıyor, planlar yapmaya başladı bile. Bu çocuk beynini ya da beynimi gece sirkeli suya batırıp ertesi günü çamaşır suyuna mı basıyor bir türlü anlayamadım. Adam doyumsuz, ne yapsan yetmiyor. Yapacak ne kaldı diye düşünüyorum hâlâ. Komutanları aradı oradan girdi buradan çıktı işe yaramadı. Elimi bırakmayı düşünmüyor. En sevdiğim huyu da bu. **Bırakmayan adamlara kızmayın. Onlar en kötü anınızda bile bırakmayacak adamlardır. Biz de en kötü anlarında bırakmayacak kadınlar olalım.** Saat dördü geçti, beş oldu. Göndermem derken şaka yaptığını düşünmüştüm gerçekten de göndermedi. Annemin bana fırlatacağı terlikler neyse de. Onun yiyeceği cezalar bu kadar hafif olamazdı. Komutanları da oyuncak ettik. Tabi ki ben de istiyorum kalmayı ama bu işler böyle olmuyor işte. Ne söylediysem ikna edemedim, kafasına bir şey koyduğu zaman kuralları da kenara süs niyetine bırakıyor. Bahanesi kabahatinden büyük. Neymiş, bana doymamış! Sanki ben doydum. Şartlar buna meyilli olsa da illa zorlayacak. İş aşktan geçti artık cezalarla doyarız. Saat beş altı derken olan oldu gönderemedim. Epeyce direndim artık yapacak bir şey yok. Bankta başımı omzuna koyduğumda hava aydınlıktı bir de baktım gün başım omzundayken kararmış, yıldızlar çoğalmış, sesler azalmış dalgalar kulağımda. Bunlar hangi ara olmuş? Omzunda göğsün kadar rahat sevgilim, kalbin ne durumda? Bize dua etmek kaldı nöbet cezalarıyla yırtar diye ya sürerlerse Doğu'ya, düşünsene! Of ya açtım yine şom ağzımı, bırak artık anı yaşa mutluluğuna bak Dilara! Bunu mum ışığında aradığın zamanlar oluyor. **Güzel geçen şey ansa anıları düşünün, sonunu değil.** *"Sen bir gün daha göğsümde uyu. İsterse askerlik uzasın, hiçbir şey umurumda değil,"* dedi. Ben ömrüm boyunca göğsünde uyurum. Sen yeter ki göğsündeki uykumu bölme. Ah yine namlunda kalbim var, şarjörünü boşaltıp delik deşik ettin. **Bugünlerde değil tüm günlerde gırtlağıma kadar sen varsın.** Öyle işte yine pansiyonumuzu bulduk. Beyaz çarşaflar yerine mavimsi nevresim takımının iç açıcı etkisi vardı. Dün dans ettiğimiz müziği açıp araya biraz romantizm serpiştirdik. Tabandan tut tavana kadar sevgi sağmışız. Televizyonu da açtık, karı koca modunda hissettim kendimi. Dünya alev almış biz kutuptayız. Güzel olan her şey bozulmak zorunda mı? Evet, bozulmak zorunda, öyle bir kaide var benim hayatımda. Ne zaman mutlu olsam tadı kursağımda kalıyor. Oysa arada kalmayı hak etmiyor duygularım. Sanırım sosyal medyadandı, saçma sapan biri saçma sapan bir mesaj attı. İçini aşk ile doldurmuş. Herkes sahte aşkını alıp bir yerine montajlasın, artık kimse huzurumu bozmasın. Ben şu huzura ulaşmak için o kadar zaman yanlış ulaşım yaptım. Bir rahat bırakın ya. Her şey çok güzelken bir anda araya saçmalık girdi. Başkasının bana attığı mesajın hesabını ben başkasına atmışım gibi ödedim. Bu mutluluğu bozmak zorunda mıydınız? Biraz atıştık ama Allah'tan çok sürmedi. Balkonda oturup gereksiz bir sebepten bu duruma gelmemize üzülürken Uğur sigarasını bitirip yanımda bitti. Az önce tansiyonu yükseltip gerilmemize neden olduğu için özür diledi, nefesini ensemde aldı. Kızgınlığı, kıskançlığı ikisi can dostu ayıramıyorum kızamıyorum da. Bugünün içine tam sıçmak üzereydik ki sifon patlak çıktı vazgeçtik. Hemen sarıldım boynuna fazla zaman almadı gönlümü alması. Mutsuzluğa kafa göz daldık, mutlu oldu. Hem özür diliyor hem ceza veriyor; suçlu muyum suçsuz mu ben de şüphede kaldım. Bana dişlerini fırçalattı hatta benim diş fırçamla "Senin ağız tadın var onda," dedi, bir kez daha gönlümü aldı. Saçlarını taratttı sanki uzunmuş gibi, omuzlarına masaj yaptırdı rahatlamıştır illaki... Bin kere öpmemi istedi hatta vicdansız öperken saydı. Cezaymış, bırak Allah aşkına aldığım en güzel ödüldü. İlk fırsatta sana ayaklarını tutup mekik cezası vereceğim, her mekikte bir öpücük ödülün olsun.

Sen bana hep ceza ver.

Soğuk Algınlığı

Evet, bazen bazı şeyler kötüye gidebilir. İş olur, ilişki olur... Her zaman her şey yolunda gidecek diye bir kaide yok. Her yerde her şeyde problemler çıkabilir, bunu olgunlukla karşılamak dışında şansınız olmadığını belirtmek isterim. Çünkü ortalığı karıştırmamın hiçbir manası yok. Ve herkesin başına kötü şeyler gelebilir. Hep birilerinin başına gelir biz seyirci kalırız sanmayın sakın. Aldatılmış olabilirsiniz sınıfta kalmış, yakınını kaybetmiş, iflas etmiş, bu dünyanın farkına kötü şeyler yaşadığımızda varırız. Lakin pek bir yere varır mıyız bilemiyorum. Örneğin intihar edenler. Onlar saçmalığın daniskası onlar güçsüz, onlar aciz, bir de en zorları aşıp ayakta dimdik duranlar var. Onlar dünyayı yutanlar, onların karşısında saygıda kusur etmemeliyiz.

Neyse artık ben konuma doğru yürüyeyim. Ve bazen bazı konular oluyor o konulara girmemek için uzattıkça uzatasım geliyor.

Her şey birdenbire kötüye gitmeye başladı, nazara mı geldik sevgilim neler oluyor böyle? Son zamanlarda sürekli tartışmaya başladık. Anlamıyorum bize ne oluyor, her şey bozuluyor. Bu bana hatırlamak istemediklerimi hatırlatıyor. Sinirlerim alt üst oldu, tartışmayı geçtim sesi yükselince bile ağlıyorum. Böyle biri değildi, orası onu değiştirdi. Bir de cezalardan dolayı Denizli'ye sürülünce biz daha çok etkilendik. Yine kaçma çabaları, ailesini de beni de çileden çıkardı. Tabi annesinin sinirle attığı o mesaj da etkiledi beni. *"Oğlum senin yüzünden böyle oldu,"* demişti. Bir yandan haklıydı, bana olan sevgisi onu hırçınlaştırıyordu fakat ben ona yaramazlık yapması için asla destek olmadım. Hep yanında olmaya ikna etmeye çalışmıştım. Belki Fadime abla kendince haklıydı ama bana haksızlık yaptı, canı sağolsun. Sanırım Facebook'da dans ettiğim videolardan birini görmüşler. Uğur ona sinirlenip yine kaçmaya çalışıyor sanmışlar. Öyle bir şey söz konusu bile değil. Sonra siniri geçince gönlümü almak istedi. Tabi ki kızamadım ona, onun yaşadığını ancak anne olduğumda ve babasına benzeyen bir oğlum olunca anlayabilirim. Fadime ablayla arayı düzelttik peki ya Uğur'la da düzeltebilecek miydik? İpimiz çok inceldi. Ayrılık bize yaklaştı, listemde arabesk müzikler çoğalıyor. Haksızlığın teması işleniyor. Hayallerim hayal olursa kendimi nasıl affederim?

O kadar çok olumsuz sebep var ki. Şüphelerini düzeltemiyordum bunu yapan o değildi. Biliyorum fakat yıpranıyorum, bu elimde değil. Sürekli öfke kontrolsüzlüğü, güvensizlik tavan. Uğur dışında aktivitem yoktu, olmamasına da razıyım eğer mutluysam. Her şeyini benim üzerime kurdu, bu durum güzel olduğu kadar da kötüydü; biz bunun farkına varamadık. Farkına erken varamayıp çözüm bulamadığımız için raftan kaldırıldık sanırım. Belki son kullanma tarihimiz geçmemiştir. Geçmemiş geçmişimin bu kadar üzerine gidilmemeliydi. **Bazı yaralar vardır onlara sarmak için bile dokunmamak gerek çünkü açık kalmaya alışmışlardır.** Doldukça dolduk ayrılmak istemiyorum. Bütün bunları çok sevdiğinden ve oradaki sebeplerden dolayı yaptığını da biliyorum fakat dayanamıyorum. Geçmişimi HD izliyorum. Dolmamın en büyük sebebi de bu. Bu kavgalar bana hafızamdan silmek istediklerimi yeniden yaşattı. Çaresizliğim diz boyu. Ona bu hâl hiç yakışmadı. Bana da yakışmadı bu çözüm aramayan tavrım. Keşkelere misafirlik yapıyorum; keşke düzelse. **Geç olmadan kendine gel, geçince herkes gelir.** Hiç kimse kırıldığı yerden düzelmez ama düzelmeye razı gelebilir. Huzurumuzun üstü açık kaldı, soğuk aldı.

Belki soğuk algınlığımız geçer,
sıcak ağrılarımıza çare bulamadım.

Hayallerimiz ayaklandı yürüyor sanıyordum. Ama onlar artık geri sayım başlatmış. Her şey iyi hoş da geceleri öyle değil. Telaşlanmayın geldiği gibi gidebilir sarılanlar. İsyan sardı ruhumu. Kaderim mutluluğun kilometrelerce gerisinde. Hangi ağrı kesici geçirsin ağrılarımı. Cereyan yaptı yokluğun, her yerden kapandı kapılar. Mesafeler o kadar ağır ki taşıyorken göbeğim çatladı. Duyulmayan çığlıklarımı saymıyorum. Çığ düştü gidişime, kalkamıyorum. Hatalar ayrılığa makas atıyor. Sinsilik gidişlerime bulaştı. Galata'da bir köşede sorma beni. Beyoğlu bıkmış öfkelerimden. Hayatımda ya eksik yazı var ya da hatalı tuşlama. Yüzüme düşünce çizgiler, düzelir mi eksiler? Kovalamaktan çok kaçan insanlarız; bu yüzden mutsuz, umutsuzuz. İstersen istediğin ol olmayınca olmaz bazen.

Yarım Kalan

Bazen doğru olan yanlış olduğunu düşündüğün şeyi seçmektir.

Ben sarı ışıktım sen kırmızı. Biz hiç yeşil lamba olmadık, saniyesinde hazırdık yanmaya. Sudan bir sebep bahanem oldu. Tabi ki de kolay olmadı benim için dünyaları ayağa kaldıran, sesimi yarım saatte duymadan rahat etmeyen adamdan kopmak o kadar da kolay olamazdı. Kırmadığı taş kalmadı, şimdi dünyayı ayağa kaldırsa ben yerimden kalkamıyorum. Bu kadar büyük bir aşk küçükmüş gibi bitemezdi fakat bitti. Birbirimize daha fazla zarar vermemeliydik, iyi değildik. Doğru olan uzak kalmamızdı. Ben size sayfalardır aşkımı anlatıyorum şimdi ise bittiğini. Bana istediğiniz gibi küfür edebilirsiniz. Fazlasıyla hak ediyorum. Çok debelense de yolunda gitmeyen şeyler hemen düzelmemize izin vermedi. Bazen öyle bir noktaya gelirsiniz ki aşağıya tükürsen sakal yukarı tükürsen bıyık. Sevgiyi en son düşüneceğim aklıma gelmezdi. Biz bahanelere yakışmamalıydık, hiç ayrı kalmamalıydık, zamanı ayrı harcamamalıydık ama bu hatayı yaptık, belki de hayırlısı böyle olduğu için. Ya da bilmiyorum niçin? **"Neden her şeyi yarım bırakıyorum," diye sordum kendime, yarım olduğumu hatırlamadan...**

En belirgin özelliğim sabırken neden sabredemedim? Belki her şey düzelecekti neden bizi perişan ettim? Doğrusu bana bir şey olmadı; vurdumduymaz, umursamaz oldum çıktım. Bu kadar âşıkken nasıl oldu anlamıyorum, sonrasında daha çok bağlanacağım için mi hiç bilmiyorum. Ona verdiğim en büyük cezanın yokluğum olduğunu bile bile nasıl bunu yaptım? Asla yılmadı benimle tekrar olmak için verdiği savaştan. Hatalar geldi bize yerleşti yatıya kalmasa bari. Bir kadeh ayrılık daha, ikimiz de hüzünden kurtlandık, küflendik. Ben çok güçlü görünürüm ama çok güçsüzüm, savaşamıyorum bile. Hemen kolay olanı seçiyorum, kaçıyorum, ayrılığa koşuyorum. Oysa en zor olanı bu, sonradan anlıyorum. Ben hep böyleydim sürekli bir şeylerden kaçtım gerçeklerden gittim yalanlara. Diyarbakır'ın bir köyünde, alçıları dökülmüş ve renkli boyaları çıkmış, bilakis renksiz eski bir okulum ben; baştan inşa edemeden yıkıyoruz beraber. Ayrılıkların bin bir türlü hâli varmış. Oysa o bozuk psikolojisiyle bana psikiyatrist dahi olabilirdi. Üç maymunu oynadım. Severek ayrılan insanları anlamıyorum diye daha önce yargılamıştım, onlardan özür dilerim, yaşayınca anladım. Zaten yaşamadan hiçbir bok anlamıyoruz, yaşamadan yaşatmıyoruz öyle değişik bir akış.

Vazgeçmedi, kalbimden az geçmedi. Aslında ben de vazgeçmedim, kırgınlığım da geçmedi. Acaba bensiz oralarda ne hâlde? Kavgalar hayatımın küçük döneminde büyük rol oynadı. Babam sağ olsun bana çok güzel bir çocukluk hediye etti, düşüremiyorum dilimden. Küçücük bir çocuk babasının ölümünü istediyse dünya o kadar da güzel bir yer değildir. Zamanında yediğim dayaklar, içime attıklarım sağ olsun ses yükseltilmesine, kavgaya, daralmaya gelemiyorum. Küçücük bir olay da bile etkileniyorum, elimde değil. Belki biraz bencilce davranıyorum, anlamanız için ne söylemem gerektiğini bilmiyorum. Sanırım ayrılığa değil biraz ara vermeye ihtiyacım vardı. Belki asker sevgilisi olup da okuyan varsa anlar hâlimden. Çok yorulmuştum. Yorgunluk sadece çalışanlara mahsus bir şey değil. İlişkiler de yorulabilir, paydos isteyebilirmiş...

Bu mevzuda bir olmamışlık var.

"Neden her şeyi yarım bırakıyorum,"
diye sordum kendime,
yarım olduğumu hatırlamadan...

Değerli Değil, Eğer'li Zaman

"Yanlışlıkla gittin düzelt gel," dedi, düzeltemedim. Geçmişin bana verdiği hırçınlıkla zaman kaybettim, bir saniye bile değerliyken görmezden geldim. Ona yakıştıramadım kötü olmayı çünkü o benim hayatımda tanıdığım en iyi adamdı, belki de bu yüzdendi bu inadım. **Enstrüman çalmak varken zamandan çalmayı seçtim oysa doğru olan kapı çalmaktı.** Eğer şunu yapsaydım, eğer bunu yapsaydım demeye pek yüzüm yok. Şimdi anlıyorum ne kadar büyük bir hata yaptığımı. Hiçbir seçenek bizim aşkımızdan büyük değilken küçük şeyleri büyüttüm. **Aşkınız büyükse küçük şeyleri büyütmeyin onlar gelir geçer. Geçen zaman ise pişmanlık olarak geri döner.** Onsuz mutlu göründüğüm hayatı kıskandı. Bensiz mutsuz olduğu hayatı dahi görmezden geldim. Öfkeyle kalkıp zararla oturdum. İyi bok yedim.

Yine kafamın Uğur ile dolu olduğu bir gece Ayseli ile Taksim'e rastgele bir mekâna kafa dağıtmaya geçtik. Aslında Uğur'un barışmak için sarf ettiği çabaya karşılık versem her şeyi düzeltebilirim ama yapamıyorum işte. Mantığıma duygularım laf geçiremedi. Yorgunluğun kıyısında kaldım. Aklımca kendime geleceğim. Topuklularla dans edip o sevmediğim birayı yudumladım. Bangır bangır kafamı şişirip dumandan nefes alamadım. Yanımda ağzı leş kokarken öpüşen çiftleri dikizledim. Saçlarım şampuan kokması gerekirken sigara koktu. Sonra sıkılıp çıktık çok geç olmadan eve gidelim. O ara biri mekândan çıktığımızdan beri bizi takip ediyor yanımıza kadar geldi. Karşıma geçip elini uzattı *'Merhaba ben Uğur,'* dedi. Nerede benim biber gazım şunun yüzüne sıkayım. Allah'ım ne tür bir şaka aklımda ve kalbimde olduğu yetmiyor gibi karşıma gelenin bile ismi Uğur. Tesadüfün böylesi mi olur, her yerden karşıma çıkıyor adam pire gibi. Bu aşkta ayrılık nasıl galip gelebilir ki? Kafamı dağıtmayı bile beceremedim. Bazen insanlar engelli olmadıkları hâlde engelli tavır sergilerler en basiti gören körlerden olurlar. Ben bunu çok yaptım o yüzden tavsiye etmem. Sevdiklerinizin değerini biliyormuş gibi yapmayın, bilin. **Hayatınızda 'eğer'lerden çok 'rağmen'ler olsun mesela her şeye rağmen gülebiliyorum. Eğer şikâyettir, rağmen kabulleniş. Ben de buna benzer bir dizeyi ismini hatırlamadığım bir kitapta okumuştum.**

Zaman değerli, eğerler asla işe yaramaz.

O kadar çirkin kokuyor ki yokluğun, üzerime bulaşmadan tut elimi. Seni anlattığım taşa, toprağa, aya, yıldıza, ağaca, yaprağa şimdi sensizliği anlatıyorum. Senden gidiyorum, sana geliyorum. Ayaklarımı tutamıyorum, sana koşmak için sabırsızlanıyor. Neyse işte ayrılığımıza imalı bu sözlerim. Galiba çok özledim...

Hadi alın kül tablanızı, yürüyün balkona doğru, atın ayak ayaküstüne. Rüzgâr hafifçe esip saçınızı bozuyorsa şükredin; en güzel mevsimdesiniz, en azından bunu görüp hissedebiliyorsunuz. Paketinden bir dal sigara çıkarın, ben kullanmıyorum ama siz yakın, benim yerime de için şimdi. Telefondan bir parça açın, o büyük ihtimal Yıldız abladan olacaktır, geceler onun için var. Biraz ay ile bakışın. Dertleşecek biri olsaydı, telefonda müzik dinlemek yerine onu arayacaktın. Bırak şimdi lagalugayı. Hadi şimdi dalın uzaklara, mis gibi yalnızlığı çekin içinize. Nasılsa herkesin bir derdi yok mu? Düşünün düşünülmeyecek ne varsa. Bir gün vuracaksınız kafanıza, ben az vurmadım mesela. Az uymadım şeytana. Siz de çok uymayın ya da ayakta uyuyun. Boş verin, bir meze hazırlayın sofranıza ya da vazgeçtim, bir kitaba başlayın olmadı birkaç şiir okuyun. İyi bakın rüyalarınıza, saçınızı dağıtan o rüzgâra. Bir gün her şey tatsız gelirse tuzu doldurun. Ne yapın biliyor musunuz? Gidin bir aktarcıdan meyve tohumu alıp yetişecek bir yerlere dikin, belki bir gün birkaç çocuğun eline geçer mutlu olurlar bir işe yararız. Ben çok saçmaladım bana bakmayın.

Hadi görüşürüz Allah'a emanet.

Dur Dur Dünya Durdu

İnsan kendini bulamadığı zaman aramadık yer bırakmıyor. Ona bakayım olur, dur buna bakayım olur, o olsun, bu olsun derken olmayanların arasında olamıyoruz. Ama illaki bir şeyler olacak.

Uğur benim fotoğraflarımı en ince ayrıntısına kadar inceleyen tek adamdı. Böyle adamlar etrafımızda çok olmaz. Bulunca o adamı, yapılan yaramazlıklara rağmen değer bilmek gerekir. Tabi işin içine aldatma türünden bir şey girmediği sürece. Bir aydır geldiği zaman onu karşılamam için beni ikna etmeye çalışıyor. Hem dikkatimi çekti beni sıkboğaz etmiyor. Her şeyi olgunlukla karşılıyor. İyi de davransam kötü de davransam, cevap versem de vermesem de değişmiyor sanırım bensizlik onu akıllandırmış. Acaba gerçekten değişti mi? O psikolojiyi atlatmış olsun yeterli.

Bugün geliyor. Giderken yanındaydım, kalbimin otogarda kaldığı zaman. Şimdi yine yanında olmalıyım. Bunu neden istediğimi bilmiyorum, belki siz biliyorsunuzdur. Zaman, onca zaman yoktan yere eksik geçti. Barışmasam bile yanına gitmeliydim. Hoş geldin demeliydim. Bunu ona çok görmemeliyim. Hatta sarılır, özlediğim hislerimi hissederdim... Ne bileyim işte kokusu belki beni çıldırtır. Zaten o kadar zamandır gurur yapıyorum. *"Bizi gurura teslim etme,"* derdi, ne haklıymış meğer. Bir dünya vakti nakit gibi harcadım. Uğur yine çağırmaya başladı. *"Olmaz daha neler, o kadar zaman geçti. Benim ne işim var sizde?"* dedim. *"Sen deli misin? Ailem hep seni soruyor,"* dedi. Eminim Uğur ayrıldık dememiştir, diyememiştir. Bizimkinin hâllerinden ailesi anlamıştır. Kaç kere arayıp onlar barıştırdı. İnadım bir onlara zayıftı. Uğur bunu az kullanmadı.

Sürpriz yapmayı çok severim, tabi ki onlara gidecektim. İşin nazı şakası bir yerde, istemeseler bile gidecektim. Giderken yanındaydım geldiğinde de yanında olmak istedim. Vallahi başka bir amacım yok. Sanki ortalığı karıştıran da toparlayan da benim. Ayrıyken ayları devirdim iyi bok ettim, şişe gibi kırıldılar canım sağ olmasın. Yanımda Ayseli, beraber Sarıyer'in yolunu tuttuk. Bu kız da var ya benim her türlü dengesizliğimde yanımda oluyor. Acaba bana benzediği için mi? Kapıyı Uğur'un teyzesi Hayriye abla açtı. Bizi görünce çok şaşırdı. Doğrusu ben de garip oldum. Bu ev, bu koku, bu eşyalar hâlâ aynı. Yemek masasının ve televizyonun yeri değişmiş. Terliklerin yeri, çorapların çekmecesi... Özlemişim bu aileyi. Hayriye abla, Fadime ablayı arayıp *"Dilara geldi,"* dedi. Fadime abla bana kırgın olsa gerek *"Niye geldi?"* diye sordu. Haklı kadın. Aylarca arama sorma, telefonlarını açma, kaçabildiğin kadar kaç, şimdi böyle kendi ayağınla gelirsin işte. Hemen çevirmem lazım telefonu alıp *"Gelemez miyim?"* dedim. Kahkahalı bir sesle *"Sen var ya sen, az değilsin, ne zillisin,"* dedi. Arayı yumuşattım öyle. Gönül borcum var onlara, bir ara gönüllerini almam lazım. Uğur gelince berbere babasının yanına geçmiş, evde kimse yok diye. Bilseydi benim olduğumu uçaktan atlayıp gelirdi yanıma, ne bilsin garibim. Hayriye abla arayıp çağırdı. Ben de o sıra patates kızarttım, benden istediğinde kızartırım bile dememiştim ayıp bana. Vallahi çok heyecanlıyım bunca zaman sonra ona sarılacağım, içimden atmaya çalışıp beceremediğim o duyguları yenileyeceğim. Eminim o benden çok bize, hayallerimize sarılacak. Hemen barışmayı düşünmüyorum. Bana orada o kadar çektirdi ki biraz da ben ona çektireyim. Son zamanlarda güzel dil döktü. *"Düzeldim artık kavga yok, olgunlaştım,"* gibi bir sürü şey, acaba gerçekten öyle mi? Öyleyse eskisi gibi olur mu her şey? Eskisi gibi olmayacak ne var Allah aşkına. Ayrılığı uzatan, aylardır barışmamak için kıvranan sensin. Sanki aldattı, bu kadar cezayı hâkim bile vermez. Demek ki kalbim kırılmadı, çatladı. Kırılsaydı yerimde duramazdım, sadece biraz pürüz var onun da geçmesi zaman almaz. Yoktan yere kıskançlıklarından vazgeçer mi? Bundan vazgeçmesi için beni daha az sevmesi gerekli değil mi? Bu işler niye bu kadar zor ki?

Şimdi göz göze gelelim mi? Yaşanmışlıklarla belki daha güzel bakışırız yarınlarla.

Aha Uğur geldi, kapı çaldı. Acaba biliyor muydu benim burada olduğumu? Yok, yok bilmiyordur, hadi kapıyı açsana Dilara. Ritmim değişti, kalbim remix yapıyor. Bu ne biçim hız. Heyecandan değil de hızdan durur mu? Zaten hız da heyecandan olmuyor mu? Artık kapıyı açmalıyım çok saçmaladım. Açıyorum açıyorum aaaçtım. Sonunda! Allah'ım ben bu gülüşü gördükten sonra nasıl barışmayayım. Onca şiiri boşuna yazmadım. Kapıyı ben cennete açmışım, artık **cehenneme atsalar odun yaş diye bağırır dilim, seni görüp tutuluncaya kadar.** Gurur, kaç aydır beni alıkoyuyorsun ayıp değil mi? Dur dur Uğur sarıldı. Vallahi dünya durdu. Dünya dursun biz döneriz. Sakın doldurma gözlerini Dilara. Çok şaşırmış gibi görünüyor, belki de bizim burada olduğumuzu söylediler. O da numara yaptı, inandırıcıydı işte karıştırma. Nefes nefese geldi sonuçta. Kolları boynunda, sus sesini çıkarma. Bizim buluşup da barışmamamıza imkân yok. Daha önce yirmi, otuz kere bunu yaşamışızdır, oradan biliyorum. Genelde ben ayrılıyorum o barışıyor. Beni kendisine bağlar, sıkıyorsa git derdi. Öylelikle beni kafeslerdi. O yüzden ayrılıklarımız sadece bir kere uzun sürdü, o da buydu. Keşke hiç olmasaydı ne yazık ki olan oldu ve işte bir patates kızartması bu aşkı ayağa kaldırdı. Pateslerimi yedi, ardından *"Senin yapacağını bilseydim kaçar gelirdim bu kadar beklemezdim,"* dedi. Hâlâ işin gırgırında, tabi ben yanındayım ya, umurunda mı dünya. Şaka maka bir kenara askerliği bile bitti. Bir ara kafası güzel, askerden Sabiha Gökçen Havaalanı'na gelmişti. Durduramadık havaalanını inletti. Beni havaalanının ortasında havalarda gezdirdi. Ailesinin yanında bile rahat durmadı. Bir rahat dur be adam ya da durma. Bırakamadık birbirimizi zaten özlemişim, istemem yan cebime koy edasındayım. Bayağı debelendim *"Bıraksana be zorla sarılma, kemiklerimi sıkma, ısırma, morarttın yavaş ol, ayıp daha barışmadık..."* diye. Ah ben var ya ben, az değilim. Teyzesi görmezden gelmeye çalışsa da alttan sırıtmalarını yakalıyorum. Halıyı yaladık yuttuk resmen bir ordayız bir burada. Acaba çatıya da çıktık mı bak onu hatırlamıyorum. Epey söylendim, kafasını şişirdim, söylenmezsem egom ağlar. O da benim kafamı şişirdi vura vura, neymiş onu neden bırakmışım. Sonuçta gurur falan tanımadı barışmamız, yan yanayken zaman almadı. O sarılışından sonra barışmasaydım vicdanımdanım sızlardı. Vicdanıma kafa göz dalar ısırır parça pinçik yapardı. Haklıydı, çünkü çok haksızlık ettim. Kafamı halıya sürtünce akıllandım galiba. Ben biraz önce barışmayı düşünmüyorum mu demiştim? Onu bir ara düşünürüm.

Hadi yine iyiyiz kavuştuk birbirimize. Ayrılığın acısını tadına varınca anladım. Seni aklımdan çıkarmamamı sağlayan sebepler az buz değil. Bütün anlamlarım sensizlikte bozuldu. **İyi bir şeyin değerini kötü bir şey olmadan anlamıyoruz. Sen benim başıma gelen en iyi şeysin, dünyanın bunca kötülüğüne rağmen.** Çok kırdım seni, özür dilerim. Ben sana ilk annemin, sonra babasızlığın emanetiyim. Bana iyi bak. Ve bundan sonra mümkünse ayrılıktan uzak duralım.

Ayrı geçen zaman,
vicdan mahkememde
haksızlık adına tanıklık etti.
Aşkımız beraat etti.

Sevdiğin yemekleri yaparım sen yeter ki yanımda ol. Söz sinirlenip gözlerimi de büyütmeyeceğim. Çocukluğumun bayram ayakkabısı gibi saklarım seni. Kusura bakma yastığımın altında değil göğsümün altında. Kumandayı da sana bırakırım, uyurken sırtımı da dönmeyeceğim. Gece su istersen uyanacağım, susadığımda seni uyandırmayacağım. Çıldırtsan da beni söylenmeyeceğim, akıllandım. Çantamı da taşıtmayacağım artık, kendim taşımalıyım. Tekrar eski mesajları okutmayacağım yenileriyle geldim. Sensizlikte senin ustan oldum, onarmaya geldim. Söz, dövmelerin buruşana kadar seveceğim seni. Ne de olsa dünyalar bizim.

Dünü Boşver

Hepimizin hataları oldu. Hiç kimse bir ilişkiyi dört dörtlük yürütemez. Biz de onlardan olduk. **"O gemi bir gün gelecek," diyoruz gemi gelene kadar ne haltlar yiyoruz.** Bak işte bir yığın soru işareti. Pişmanlıklarımı bir odaya koysam kapıdan, bacadan kesin çıkar bir yerden. Şimdi çok pişmanım ama Müslüm Baba bunun cevabını vermiş; *"Son pişmanlık neye yarar."* Böyle güzel insanlar şimdi toprakta. **Hiçbirimiz mükemmel değiliz. Mutlaka hata yapacağız. Hata yapmadan ne kazanabiliriz ki bazen de kaybetmek kazanmaktır. Tecrübe kazanmak kaybettirebilir, biz bu cümlenin içinde her türlü kârdayız.**

İnsanlar öfkeye sahip olduklarında kendilerini kontrol edemiyor. Anlık kararlar, büyük pişmanlıklar doğurabiliyor. Hepimiz anlık karar verip pişmanlıklara gebe kalmışızdır. Bu ilişkide veya ayrılıkta benim de hatalarım oldu, belki de olmaması anormal olurdu. Ama şu an önemli olan bütün haksızlıkları geride bırakıp ileriye odaklanmak. Eğer bizim aşkımız gerçekse, şu ana kadar tüm samimiyetimle bir adamı yazdıysam, sizi o adamla olan aşkımıza inandırdıysam artık bizim bütün kırgınlıklarımız sokak lambalarına kalmıştır veya belediye çalışanlarına. İnsanların istedikten sonra yapamayacağı hiçbir şey yoktur. Mesela benim kelime hazinem çok zayıftır büyük ihtimalle o sebepten sade ancak samimi bir dille yazabiliyorum. Siz isterseniz okuduklarınızı süsleyebilirsiniz, bu da sizin elinizde. Boş verin ayrı geçen zamanı, unutalım kırgınlıkları. Varsın yine aşk olsun. Egoyla gururu mutluluk için kiraya verelim. Ne serumlar yedi bizim ilişkimiz yine kendine gelir.

Dünü boş ver, yarından habersiziz,
bugünü yaşayalım.

Benden size bir not:
Eğer biri sizi kusurlarınızla seviyorsa
kusursuz seviyordur.

Ninem ile dedem gibi...
O kadar uzun sürer mi sence?

Özeniyorum dedemlere, didişe didişe seviyorlar birbirlerini. Mutluluk emekleyen bir bebek gibi geliyor bize doğru, kaplumbağa misali. Hızlı gelip hızlı bitmesinden iyidir. Bırakıyoruz kötü ne varsa arkada. Önümüzdekilerin değerini bilmeye heves ettik, kursağımızda kalmasa bari. Ayrılık öteye git, ne çirkin şeysin sen? Nasıl bereketli sevgin varmış be sevgilim. Allah olmayanlara da versin. İnsanın karnından önce gözü doysun. Gözümü bilmem de karnım sana çekti, hep açım bu aralar sen olmayınca. Huzur, kafa göz dalacakmış bize. Haberin var mı? Hadi umutlarımızın gönlü kalmasın, hayallerimize selam söylediler. Mavi boncuklu nazardan sakınan gecelere gidelim mi? Sevginin yolu düşmese de olur, bize işi düşsün. Botlarının bağcığı açılmış dur ben bağlarım. Bilirsin bağlamakta elime su dökemezler. Çoraplarım ıslanmış sen değiştirsene adam, üşeniyorum eğilmeye. Küpemin tekini cebinde unutmuşum. Oynarken saç tellerim elinde kaldı mı, büyü yaptırma sakın zaten aramızdakinin başka bir adı olamaz. Ne güzel, bir ev içinde sen. Eşya mı? Boş ver ben sana yatak döşek olurum. Dur dur kalbim konuştu, ah yine kokuna hasret kalmış burnum söyleniyor. Ölmeyen aşklar için bir Fatiha okuyalım. Mezarda en zor çürüyen organmış kalp. Eminim içinde biri olduğu için...

Mezarda en zor çürüyen organmış kalp.
Eminim içinde biri olduğu için...

Çocuk - Adam

Tatlıdan pek anlamam aslında ama bisküvi pastasında iddialıyım. Tepsinin yarısını yiyen bir sevgilim var oradan biliyorum. Tamamını yemesine ben engel oluyorum, evdekilere de kalsın değil mi? Sigara böreği yapmayı öğretti bana Fadime abla. Bu kadından o kadar çok şey öğrendim ki bu ne yanında? Bir sabah kahvaltıda epey yaptım. Ben iki, Uğur yirmi tane sigara böreği yedi. Neresine gidiyor bu yedikleri? Lokmalarını saymak gibi bir niyetim yok aslında. Ömrümü de yiyebilirsin, niyetim o yönde. Evlendiğimizde beni zorlamayacak, ne bulursa yiyecek. Bak bu yönden çok şanslıyım, mızmızlanmayacak bir kocaya sahip olacağım. Ben ayırt ederim mesela balıkta hamsiyi, ette köfteyi, yemekte sarmayı. Dereotlu poğaçayı hiç sevmez, geçen kediye yedirdi kedi de yedi. Enteresan işleri var, insan uçağı iki kere kaçırır mı? Bizimki kaçırdı, havaalanında iki kere uyuyakaldı. Hep elinden tutmam lazım, yanında olmam lazım, çocuk demiyorum boşuna. Merak etmeyin üçüncüde zar zor bindi. Mesela her zamanki gibi Uğur uyuyup işe geç kalıyor, telefonun sesine uyanıyor, patronu neredesin dediğinde yataktayken metrodayım diyor. Sonradan jeton düşüyor metroda telefon çekmez, şimdi çevir çevirebilirsen. Bu işlerde üstüne usta yoktur. Bu kısmı acemi olduğu döneme gelmiş demek ki. Bir oyun oynuyorsak o yenene kadar devam edeceğiz. Bir de iddiaya girmeye çalışır, gözlerimi büyütünce korkup tamam yok iddia der. Tabii ki de gözümden değil kavga etmemden korkar, ufak tefek şeylerde kavga çıkarmalarım meşhurdur. Ona çay ver içer, beni ver sever. Bebek gibi aynı, o kadar tatlı. Bir o kadar da yaramaz. Tuvalete girdiğinde uyarmam lazım yoksa sifonu çekmeyi unutur. Hemen bana gelecek ya ellerini yıkamayı bile unutacak yakında. Ben fark edip bağırınca *"Hep senin yüzünden,"* derdi. Bu ilişkinin yaramazı sen, katili de ben olacağım, dağınık olma bu kadar. Hep bana toplatıyorsun arkanı. Çok söylenirim ama kıyamam, gözleri yanacak diye Dalin ile yıkayasım gelir. **Siz de çok söylenmeyin olduğu gibi kabullenin, nasılsa her şey gelip geçiyor.** Beni yumuşatmayı da iyi bilir, hem kızdırır hem kandırır. Tanıştığımız zamandan anlamalıydım bu kadar üçkâğıtçı olduğunu. Dans var deyip beni yanına getirtmişti. O değil beni de üçkâğıtçı yaptı. Ayrılıp barıştığımız bir dönemde telefonda Kürşat ile konuşuyordu. Telefonu elinden alıp *"Ne haber Kürşat ben Leyla, ağabeyinin yeni sevgilisi..."* dedim. Kürşat *"Kandırma beni Dilara abla sensin ağabeyime benzemeye çalışma. Yine barıştınız değil mi? Zaten siz barışmadan duramıyorsunuz ki!"* dedi. 8 yaşındaki çocuğa bak, ağzımın payını nasıl verdi. Çocukları hafife almayın. Uğur ayrılıklarımızda barışmak için annesinden sonra Kürşat'ı da çok kullanırdı. *Beni boş ver de Kürşat'ı hiç özlemedin mi?*

Böyle adamla yaşanmaz, yaşlanılır. Çocuk da olunur çocuk da yapılır.

Seven Adam

Seven insan sevmek için bahane aramaz öyle de sever böyle de...

Seven adam yataktan kalktığın hâlini de sever. Yemeği kötü yaptığında yer, kusur gördüğünde örter. Bozulan ojeni görmez, çıkan kaşın, bıyığın rahatsız etmez. Ben sarışın olduğum için göze batmıyor, sizinkine bir şey diyemem. Gidip pala gibi de gezmeyin adamın yanında.

Seven adam ihanetle tanışmaz, tanışanların da vardır kendilerince eksileri veya artıları. Bu muhabbeti de hiç sevmiyorum. Erkek aldatır kimseden çıt çıkmaz kadın ise aldatamaz, ben katılmıyorum. Aldatan aldatır, bunun cinsiyeti yok. Ne sinsi kadınlar var, alttan alta neler yürütüyorlar. Kimsenin ruhu duymuyor. Sonra adam ben aldattım karım aldatamaz diyor, geçeceksin o işi. O işler öyle olmuyor işte. Eğer ortadaki sofra tam ise kimse eksik aramaz, sormaz tuzu biberi. Sofranız eksik olsa dahi seni asla aldatmayacağım.

Bazen caddenin ortası, kalabalığın içi demeden ensesine alıyor beni. O anlarda Galatasaray Fenerbahçe'yi Şükrü Saraçoğlu'nda yenmiş gibi heyecan yapıyorum, enerji depoluyorum. Bazen bir sırıtışını görüyorum diyorum ki *"Drogba'nın golleri bile beni bu kadar sevindirmedi."* Real Madrid maçında Sabri'nin atağı bile kalbimi yanındaki gibi attırmadı. Sneijder'in pasları var bakışlarında. Seninle ömür boyu spor ayakkabıyla yürürüm. Geçmişim topuklu, önümüz terlik.

Öyle çok hediye alıp sürpriz yapan bir adam değil, ne yalan söyleyeyim. Onun romantikliği yanımdan ayrılmayışlarında gizli. Hiç unutmam, arkadaşıma doğum günü hediyesi alırken o da çaktırmadan benim beğendiğim ayakkabıyı almış, mağazadan çıkınca tutuşturdu elime utana çekine. Kıyamıyorum giymeye. Romantikliği fularlarımı çalıp cebinde saklamasından, evde son kalan çilekleri yıkayıp bana getirmesinden ibaret. Hayatı boyunca ilk defa papatya aldı o da tartıştık diye, gönlümü alma bahanesiyle. Annesine bahçeden toplayıp çiçek vermiş bir çocuk değil. Odun işte, benimle tanıdı çiçeklerin türlerini. Laleyi, nergisi, menekşeyi... Eline yüzüne bulaştırmasaydı en sevdiğim çiçek, en sevdiğim kokuydu. Papatyaları eve bırakıp çıkmıştım aslında cevabını bildiğim hâlde alıp 'seviyor, sevmiyor' da yapıp intikamımı alabilirdim ziyan olan yapraklarıyla... Annesi bu ne diye sorunca kızarıp sana aldım demiş, utanıp evden çıkmış. Sanki annen neyin ne olduğunu bilmiyor, sanki senin altını o temizlemedi, o bilmiyor bokunun rengini... Ben en fazla arkandan sifona bastım. Benden iyi tanıyor jest ve mimiklerini. Papatyalar iki hafta vazoda, iki ay da dalga konumuz olarak dilimizde kaldı. Hakkını yemeyeyim beni mutlu etmeyi her şeyden çok istiyor. Ben onu bakışlarından ve konuşamamasından anlıyorum. Tarihe geçmeliyim, konuşamamasından ne söylemek istediğini anlayan insan diye. Aklından çıkarmayan adam, başkasının üstünü çıkarmaz. Gecenin yarısında uykusundan kalktığında üstü açık mı diye düşünür. Bunlar masum şeyler, aşka yakışır. Sen aşka yakışan en masum şeysin. Bana seni fısıldayan her şarkıya teşekkür ediyorum.

En çok sevdiğim hâllerin,
en çok sevdiğin hâllerin.

Elinle Paylaş Gönlünden

Paylaşamamanın ne kadar çirkin bir his olduğunu paylaştığınız zaman anlıyorsunuz.

Seninle sonbaharın sararmış yapraklarının içinde yaşlanmaya meyilliyim. Mevsimin en hayırlısı gülüşün. Gülüşünde milyonlarca çiçek var inan bana. Kışın beyazlığında yalnız ikimiz kalalım, buz tutmaya razıyım sadece senin sıcak bakışların olsun. Baharın canlılığı var başımı koyduğum omuzlarında. Nasıl böyle olduğumu anlamam mümkün değil. Hayatım boyunca ilk kez bir adamın yanında huzurlu hissediyorum. Kanatlarının altında çok güçlü, sarılmış bir his bu, baba sevgisine benziyor olmalı. Ve artık seni bırakmaya hiç niyetim yok.

"Beraber yaşlanmadan ölmeyelim olur mu?"

"Söz, kalbimde sen olmadan ölmeyeceğim kadın!"

Bir arkadaşım evlilik hazırlıkları aşamasındaydı, şimdilerde kendisinin hırsız olduğunu öğrendim, canı sağ olsun. Ona gelinlik bakmaya gitmiştik. O gün ne hikmetse ben de denedim, sanırım hevesliyim. Biraz özendim, gelinlik denemek uğursuzluk getirir derler ancak ben

Uğur'u getireceğine inanıyorum. Fotoğraf çekip Uğur'a attım. *"Cennet olmuşsun beni yanına al,"* diye cevap geldi. Yüzümdeki sırıtışın aynısını sizden de bekliyorum. Dudakların nimet üç kere öpüp alnıma koyacağım. Ayrı kaldığımız her günün Allah belasını vermiş.

Hani annenlerin odasında gideceğim diye inatlaşmıştım seninle, hatırladın mı? Sen de her zamanki gibi bırakmadın, kapının önünde kollarını açtın kilitleyip anahtarı klozete attın. Gitmemem için elinden geleni ardına koymadın, beni manyağa çevirdin. Bilirsin sinirlenince gözümün döndüğünü, annenin süs diye kullandığı taştan filleri sana fırlattığım için ve hiç ummadığım yerine isabet ettirip seni inlettiğim, tuvalete girmeni engellediğim için özür dilerim. Canının yanmasını asla istemezdim. Bundan sonraki atışlarımı kalbine isabet ettireceğim, söz acıtmam.

Minibüse bindik mis gibi pembe yumoşlardan kokuyor, içim ferahladı bayılıyorum bu kokuya. Evi çamaşır suyu ile temizleyeceğime bununla temizliyorum güzel koksun diye... Sonra güzel kokulu bakterilerle yaşıyoruz. Ama değer be! İnsanın mutlu olması için küçük şeyler de yeterli. İstanbul trafiği yoğun olsa bile sakinleşecek bir şeyler bulurduk. Otobüste yan yana iki koltuk olsun, olmazsa basamağı da olur, bir de kulaklık. Uğur'un omzunda yara bere gibi ısırık izlerim yoksa başımı koyup devam edebiliriz yolculuğa. Paylaşmayı kulaklıktan öğrenen nesiliz. Sevgimizi, sandviçimizi, dondurmamızı derken Facebook'tan durum paylaşmaya kadar gitti. **Kırık oyuncaklarımızı paylaştık birbirimizle, en güzel örneği de kalbimizdi.** Acımızı, gülüşümüzü paylaşalım ama birbirimizi paylaşmayalım. Ben seni kendimden başkasıyla paylaşamam. Bencillik mi ediyorum acaba? Neyi paylaşamıyoruz bu dünyada onu da pek anlamıyorum. Hep savaş, hep ölüm, hep dert, hep tasa. Benim söylentim çirkinleşen kalplerimize. Her şey gelip geçici değil mi? Patlayan bombalar, bayrağı ile giden şehitler, içi yanan analar. Yazık değil mi? Toprakta derimiz çürürken yıkılıp gidecek mi öfkemiz? Allah sabır versin vicdanımıza.

Paylaşın...
Paylaşmayınca
içinize atacaklarınız çoğalıyor.

Kırık oyuncaklarımızı paylaştık birbirimizle,
en güzel örneği de kalbimizdi.

Kırmadan taradığın tüm saç tellerim sana minnettar. Kalk gel yatağından sana menemen yapacağım. Bir menemene kanmaya alışkınsın. Açsındır, kafan da bulanıktır. Kapıyı açık bıraktım, kötü niyet de yok! Gel hadi mutluluk hormonlarımız hazır. Ama rahat dur uyku sersemiyim, daha ayılamadım. Şimdi geç salona biraz kardeşimle oyna. Ben de az uyuyayım... Sofrayı da hep bana bırak bizaten bir kere toplayıp gelin yanıma, öyle uyandırın. Biriniz sağıma, biriniz soluma yine mi dayak yiyeceğim ya? Teke tek gelin ama. Sen bana pes oynamayı öğreteceksin daha. Kitapların içinde ne geziyorsun sen? Kıskanıyorum bak, filmlerde senin özelliklerine sahip adamlar başrolde. Yine üstün açık yattın değil mi? Yeşil zeytini hiç sevmem, eve siyah zeytin al. Ojelerim bana küstü, ben beceremiyorum bu işleri senin gibi. Gidersem palyaço makyajı yap bana mutlu görünürüm. Bayramlarda sev beni yetimin başını okşar gibi. Saçın kurumadan dışarıya çıktın yine hep hasta et zaten beni. Çocukluğun sırası mı şimdi? Sen yine nereden düştün, dizin yara bere içinde. Her yemeğe el atma, ben tattıracağım sana her lezzeti. Mumları söndürmüyorum beraber sönelim. Bin bir çeşit formülüm var matematik işlemiyim. X'lerde seni buldum. Bir anlaşman mı var? Her yerde sen varsın kimyanda sorun mu var? Bugün beyazları atacağım makineye, deterjanın en güzel kokanını al. Akşam beyaz giyersin esmer tenini açar, güzel de kokarsan öperim uykun kaçar. Çoraplarını çıkarmadan uyudun değil mi? Uludağ'a gidelim kayak yaparız, olmadı ayak yaparız. Seni görünce gözlerim büyüdü, bu sefer hangi uyuşturucu etkisini yarattın, bağımlılık yaptın? Ayıp alkol bile kullanmam ben.

İşimiz Aşk

Büyümenin en büyük sorunu sorumluluklarının da seninle büyümesidir.

Biz hâlâ bir baltaya sap olamadık. Hazıra hangi dağ dayanmış? Hayallerin dipfrizden çıkıp çözülmesi gerekiyor. İşimiz aşk bu gidişle. Ayrı duramıyoruz, hangi işe girsek bir ay dayanamıyoruz. Her gün görüşmeden yürümüyor bu değirmenin suyu. Eğer bir pusulam olsaydı o bile seni gösterirdi. Yılmaz ağabey bizim bu hâlimizden bıktı, sizi evlendirelim de kurtulalım diyor, adam haklı. Aslında mantıklı ama bizden o kadar kolay kurtulamazsınız. Onlara yük olmadan her şeyin üstünden gelip ayaklarımızın üstünde durabildiğimizi kanıtlamamız lazım. En azından bunu yapmalıyız, çabalamalıyız. İnsanların gözünde herhangi biri olmak istemiyoruz. Uzun lafın kısası para biriktirmek için kolları sıvamamız lazım. Bir an önce Uğur'un kuaför salonu açması gerekiyor. Sonra gerisi kolay. Dansta ek işlerim olsa da devamlılığım yok. Bayağı düşündük ne yapabiliriz diye, kısa sürede iyi iş yapmak gerekiyor. Bakmayın biraz da aceleciyiz. İyi de bu nasıl olacak ayrı ayrı işlere girsek en yüksek maaş 1500 lirayı geçmiyor. Yaz sezonu da yakın, Didim'de çalışalım dedik olmadı. Antalya'da otelde çalışmayı düşündük, olma imkânı da yüksek olduğu hâlde bir şekilde olmadı. Ayrı çalışmak istemiyoruz, ayrı kalma fobimiz var. Birçok yolu denedik olmadı. Beraber olunca da birbirimizi yiyeceğimiz garanti ama birbirimizin ömrünü yemeye söz verdik. Yine Kefken'e gittik orada deneyelim dedik o da olmadı. Hayırdır inşallah olmayan olmayana. Olacak gibi görünüp olmayan o kadar çok şey var ki. Bu işte bir olmamışlık var fakat çözemedim ne düşündüysek olmadı. **Bu olmayan her şey, olacak bir şeyin habercisi gibi.** Kararsızdık ne hesap ettiysek zarar ettik, bu sefer kâr etmeliydik. Elde avuçta sağlam bir meslek yok ki. Mesleği geçtim işlerimizin uzaktan yakından alakası bile yok, resmen birbirimizin mesleği olduk. Neyse ki genciz taşı sıkar toprağını çıkarırız. Ben yapmasam da Uğur yapar anladınız siz. En sonunda aşkımızın başlangıcı olan Kilyos'ta plajda çalışmaya karar verdik. Son şansımız gibi bir şeydi, her şey bizi buraya itti. Bu kararı almamız o kadar zor oldu ki. Uğur'un dediği gibi 'en mantıklısı' o da parasından dolayı, burada çalışırsak üç ayda istediğimiz miktarda parayı kazanacağımızı söyledi. Eğer bunu yaparsak Uğur dükkânı açacak, gerisi kolaylaşacaktı bizim için. Bunu biliyorum yine de içime sinmiyor. O kadar seçeneğimiz varken bunca olmazın arasında bir olan bu oldu. Vardır illa ki bir sebebi. Ben ne kadar istemesem de Uğur kırk bin takla attı, ikna kabiliyetini kullandı, sonuç başarılı.

Aslında hâlâ istemiyorum sebebi malum. Eski kız arkadaşıyla karşılaşma ihtimalini bile kaldıramazdım, onun umurunda olmasa bile bu çok ağır olacak. Belki de zamanında benim ona yaşattığımı kendim yaşayacaktım. Bir de oranın adını duyunca içime sıkıntı düşüyor, sebebini anlayamıyorum. Pek seçeneğimiz de kalmadı. Hem bu adam zamanında benim adıma benim telefonumdan benim sevgilime yazmış adam, her şeye değecek ve bedellerin en ağırlarını ödemiş bir adam. Buna göz yummam gerekecek. Peki, gerçekten yapabilecek miyim? Uğur'a sonuna kadar güveniyorum ve kendime inanamıyorum. Ama ona inanıyorum beni kıracak, üzecek küçücük bir hata yapmayacağına kefilim. Lakin yine de insanın içi rahat etmiyor onca şeyi arkada bırakmışken önümüze farklı şekilde sunmamız hiç hoş olmayacak. Tabi ki buna mecbur değiliz ama nedenini bilmiyorum. Bize bütün kapılar kapanırken burası hep açık. Gerektiğinde başını yerden kaldırmayacak, yolunu değiştirecek, gördüğünü görmezden gelecek bir adama sahibim. Bana olan sevgisini bilmeyen yok, eskilerimiz dâhil. Burada oluş sebebimiz belli, sadece bizim için buna dayanmam gerekiyor. Zaten sonrası huzur, her şeyden uzak küçük bir yuva. Belki iki sene sonra buraya iki canlı gelirim, hayat bu belli mi olur?

İkimiz de basit ama eğlenceli iki plaj garsonu olacaktık. Daha önce de oldum fakat o zaman böyle bir amacım yoktu. Umursamamıştım bu yüzden. Şimdi durumlar daha farklı. Artık müşteriye yanlış sipariş götürürsek âşığız deriz kurtarırız paçayı. Şimdi sırada annem var, onu nasıl ikna edeceğim? Kilyos'ta çalışacaksak Uğurlar'da kalmalıyız, zaten orayı istemesinin en büyük sebeplerinden biridir bu. Nasıl işine gelmesin, sabah akşam benimle. Düşünün yani burnum aktığında temizlemeye fırsat bulamıyorum dur ben yaparım diyor. Gazım var diye yanından uzaklaşıyorum saniye olmadan arkamda bitiyor. Boğacağım onu kokuya haberi yok. Kesin mis gibi kokuyor der vıcık vıcık aşk kokutur etrafı dana. Onların evi Kilyos'a daha yakın. Maltepe'den Kilyos'a, İstanbul'dan Düzce kadar mesafe vardır desem yalan olmaz. Uğur bu durumdan o kadar memnundu ki her gün annenle ne zaman konuşacaksın diye başımın etini yedi, sıkıştırdı durdu. Sezon başlamadan işe başlatacak, bu heyecan ne? Tabi üç ay onlarda kalmam onun için ölüm kalım meselesi. Zaten hep yanımda bunun daha rahat olması epey rahatlatacak gibi görünüyor. Ben annemle konuşmaktan kaçtıkça Uğur ümüğüme çöktü. Ona bile formül buldu, kardeşime de oradan bir iş ayarlayacaktı. Bu şekilde annem ikna olabilirmiş. Evet, olabilir kardeşinle birbirinize sahip çıkın derdi. Bilmiyor Uğur'un ikimize de sahip çıkacağını. Her şeyden önce Uğur'un annemle arasını düzeltmesi lazım. Çünkü daha önce annem bizi evde uyurken bastı. Şaka yapmıyorum odada kardeşim de vardı fakat gecenin yarısında beraber uyuyorken yakalanmak bir anne açısından düşünürsek berbat bir durum, ortada berbat bir şey olmasa bile. Bir de sıcak diye üzerindeki tişörtü de çıkarmıştı ve dövmeli vücudu anneme merhaba demişti. Gerisini sormayın. O zamandan beri Uğur'a garezi var ve üzerinden bir yıl geçmesine rağmen tanıştırmaya çekiniyorum. Aslında doğum günümden arkadaşım diye tanıyordu ancak bu olay doğum günümden bir süre sonra oldu. Nasıl bir olayın içine soktuk kendimizi. Uyuyakalmışız, alarmı duymamışız, annemin işten gelmesini hesaba katmamışız oralara hiç girmiyorum. Olan oldu artık. Sıra düzeltmekte.

İş işten aşka geçti.

Fesleğen kokan düşlerimiz diyorum, düşmesin yere. Benimle her gün makarna bile yersin. O yüzden seni tandır ile besleyeceğim, et sote de olur tabi. Yıllarca bıyığının ortasındaki o ince boşlukta konaklayabilirim. Gönlümün fermuarı açık kalmış yine girip kurcalıyorsun, orası çantama benzemez ama. A, B, C, D hangi vitamini bulunduruyorsun göğsünde, dalıyorum cennete. Yakışmaz, seni bensiz bırakma. Sensizken ben kendimi renklilerle yıkanmış beyaz gibi hissediyorum. Umutlarımız hava değişimi almasın, kaderin elinde teskere. Bağcığımı bağlamayı unutmuşum umarım aklına takılıp düşmem.

Aşk İstemeye Geldik

Seninle mutsuzluğu dahi paylaşırım. Ben daha önce ailеme bile bu kadar bağlanmamıştım. Bu sefer öncekinden başka, acaba seninle büyüyor muyum? Belki de seninle hep küçük kalırım.

Annemle konuşup iş konusunda ikna ettim. Tabi yazdığım kadar kolay olmadı ama oldu yalvar yakar. Eve sık sık gelmek şartıyla. Başka anne olsa eminim izin vermezdi. Bu kadının bu huyunu seviyorum. Evet, bazen suistimal ediyor olabiliriz bu yüzden özür dilerim. Ne de olsa Uğur'un sevgilisiyim, ikna etmekte usta olduğu için beni de kalfası yaptı. Evliliği zaman ile kandırdık, tabii zamanımız varsa. Bu yaşta evlilik meraklısı çıktık. Yok, o kadar da değil birkaç yıl nişanlı kalırız, o sırada Uğur kuaför salonunu açmış olur, düzeni oturturuz. Belki ben de eğitim alır makyöz falan olurum. Bay bayan yapar beraber işletiriz. Ona kalsa hemen evlenelim der ama o işler öyle olmuyor malesef. Uğur'a telefonda söyleyecektim, sevinçten uçar tutamam diye çekindim. Buluşunca söyledim, birlikte çırptık kanatlarımızı. Tutabilene aşk olsun. Annemin benim sözüme itimadı büyüktür. Güvendi bana ki güvenmeyeceği bir durum da yoktu. Tek uyuşturucum var o da Uğur. Şimdiki zamanda böyle evlat bulmak valla zor. Kadına her gün Yılmaz ağabeyleri övüyorum sonunda yeter dedi. Valizimi kardeşiminki ile birlikte topladım. Annem bana Uğur hakkında söylenmeye başladı. *"Anladık seni aldı kardeşine göz koymasaydı bari,"* diye. Bu ne güzel bir söylenme şeklidir. Annemle birlikte Sarıyer'e gideceğiz, tanışıp kaynaşsınlar. Aynı zamanda tamamıyla ikna olsun, bu ailenin sıcaklığından o da nasibini alsın. Çok bahsetmiştim, tanıştırmak bugüne nasip oldu. Yılmaz ağabeyin çay hastası, Fadime ablanın Yılmaz ağabeyi susturma hastası olduğundan pek bahsetmedim. Zaten bu hikâye tanıdık geliyor. Fadime abla bana, Yılmaz ağabey de anneme benziyor. Annem de çok konuşur, biz yandık. Umarım amaçlarımız emeklemeden yürümeye başlar. Elimizde valizle Sarıyer'e geldik. Aramızda kalsın valizim giysiden çok umutla dolu. Uğur almaya geldi ama ne heyecan ne heyecan! Kalbi fırlayacak yerinden hissediyorum. Çok sevimli bir hâli var. Sarıyer'den Acarlar'a çıkacağız. Bizi görünce direkt taksi durdurdu sonra elimde valizle beni bıraktı, anneme kapıyı açmaya gitti. *"Uğur valizi unuttun,"* deyince heyecanla kapıyı annemin yüzüne kapattı geldi valizi aldı. Kıpkırmızı suratıyla utanıp alttan alta sırıttı elini ağzına götürerek. Senin kızaran yanaklarında benim de heyecanım kaldı. Ben kahkahalarımı tutamadım vallahi insan heyecanını bu kadar belli eder mi? Taksici de durumu anladı bana eşlik etti. Az daha bizim kırmızı olan aşk merdivenimizden bile düşüyordu. Eve gidince de hep beraber Uğur'un valizi unutup annemin suratına kapıyı kapatmasını anlattım, yalnız mutlu bir rezillikti. Vakit hayli güzel geçti. Bizimkiler çok iyi anlaştı annemle. Yılmaz ağabey çok konuşkan olduğu için girmedikleri konu kalmadı. Fadime abla benim gibi az konuşulmasını sevdiğinden mutfağa kaçtı durdu ama onlar da sevdi birbirini. Sizli bizli konuşmalar gitti, araya sen ben girdi. Konu geçmişten geleceğe baya dağıldı, Uğur bana bakıp bakıp güldü. O kadar güzel bir histi ki tarifsiz, biz birbirimizi sevdik, onlar birbirlerini... Evliliğe ilk adım gibi. Biz kocaman bir aile mi olduk şimdi? Hep kalabalık ailelerde gözüm vardı. Tabi siz olayı bilmiyorsunuz. Uğur'un gelip kahvene tuz atayım mı esprileri, Fadime ablayla üstüme oynayışları, benim onu istemeye gelmişim gibi tavırları beni delirttiler resmen. Yalnız ben de gerçekmiş gibi sinirleniyorum ki keşke gerçek olsaydı. Annem kahvesini yudumlarken konuya girecek mi diye iddiaya girsek daha kârlı çıkardık. Bir de tatlı pasta bulamadık lokum getirmiştik, şaka gibi. Uğur'la yer değiştirdik sanki. Uğur'un keyfine diyecek yoki Hem üç aylığına onlara taşınıyorum hem de onunla çalışacağım daha ne olsun. Ömürlük de taşındım mı dünyalar onun, o da benim. Ne kadar da mutlu Allah'ım bozmasın, onun sırf bu mutluluğu için çiçek çikolata ile gelecek kıvama geldim valla. Resmen ağzının içini ezberledim kahkahaları dolaşıyor salonda. Herkes birbirini çok sevdi işte bu en sevdiğim evdi. Saatler aktı su gibi annemi yolcu etmek için Acarlar manzaraya çıktık. Manzara kadar iç açıcı bir gündü. Onlar önden yürürken biz arkada el ele tutuşup birbirimize bakarken parlayan gözlerimizi ay belledik, susarak konuştuk bakışlarımızla. **Neler geçti aklımdan aklına...**

Kaderimde annemi Uğur'lardan uğurlamak da varmış. Allah bilir daha neler var. Açılmamış kaç kitap yaşayacağız.

Keşke kahveme tuz atsaydın.

Salebime tarçınla kalp yapmayı unutma. Antibiyotik özelliği taşıyorsun yine. Kalbime taşındığından beri dışarıyla bağım kalmadı. Şimdi de örümcek adam mı oldun, ağın boynumda. Kış ayına da uğrayalım bir ara, sobada kestanede pişiririz, battaniyeye sarılır televizyon izleriz. Çıplak kalsam yanında yüzüm kızarmaz, sen geleceğimin eşisin. Eşin benzerin bulunmaz. Ağzınla avucumu ısıttığın zamanları da unutmadım. Millet sahilde yürür ben sana koşarım. Yine elim sana bulandı. Kaş yapayım derken aşk, göz çıkardı. Saat biri kırk beş geçiyor, beni yine hasretin sardı. Sağır kaldım, geçmişin ağzı torba değil. Büzdük bütün torbaları geleceğe dilek feneri uçurduk. Yine ensemde nefesin, ayıp değil mi dokunup kaçışın. Filmlerde yaşıyoruz hayatları, bir filmi başa sarabiliyoruz peki ya yaşadıklarımızı? O değil de seni her gün başa sarsam sıkılmam. Sonu ölüm, ayrı gidersek olmaz. Bütün alfabeyi birlikte yaşadık, sayılara darılma. İki gibi sevdim seni, dört dörtlük evdin, beş çayına bekledim, yedide yemek yedik, sekizde sohbet ettik. Yine senle bitti 24 saat. Hâlâ geceliğim sen kokmayı bekliyor. Fabrika ayarlarımla oynasan bile sana bozulmam. Saçlarına fön çek. Belinde gamzen mi var senin? Sadece numaranı değil, tenini ezbere bilir elim. Gözlerime gerek yok, burnumla bulurum seni. 40 dereceye çıkarmam ateşini, sabaha kadar başında dururum annen gibi. Grip ol terletirim seni. Korkma sakın, ahım şanım bir çenem yok. Bastonla dolaşana kadar çek beni. Ömrümün sonuna kadar çekerim her hâlini. Birlikte gideceksek eğer...

Tom ve Jerry

Eğer bulunduğunuz yerde herkes sizi seviyorsa hiç kimseden korkmayın amma velakin olacaklardan korkabilirsiniz.

Allah insanı açgözlü yapmasın aşk gözlü yapsın. Bana bütün emojiler seni anlatıyor özellikle gözlerinde kalp olana selam olsun.

Kediyle köpek halt yemiş yanımızda. Havalar toparlayınca işe başladık, duramıyoruz birbirimizle didişmeden. Plaj çalkalanıyor aşkımızla. Ah be Salim ağabey bize bakıp bakıp az gülmezdin. Acaba ne geçirirdi aklından ya geçmişinde o da bizimkine benzer bir ilişki yaşadı da onu canlandırırdı zihninde ya da ayrıldığı eşini düşünürdü ya da ne bileyim işte. Bizim tavırlarımız kimsenin içindeki sızıyı açmamalı. İnsanların gözüne sokarak yaşıyoruz yaşananları sanırım ondan bu rağbet. Kışın tiyatro işiyle ilgileniyormuş, bana yazdan sonra bizimle çalış dedi, aslında neden olmasın. Olmasına olur da ben bu kara çocuktan ayrı kalamam ki. Daha 3 gün geçmeden Salim ağabey bize lakap taktı "Tom ve Jerry." O kadar belli ettik mi bu hâlimizi?

Çizgi film karakterlerinden farksız geziyoruz. Nasıl da sevdirdik bizi, plajın sevimli ikilisi. Önüne gelen lakap takar oldu, Uğur hâlâ beni köşelerde kıstırmanın peşinde. Standın önündeki masaları bile silerken o bir ucundan başlıyor ben diğer ucundan. Ortada buluşmamız göz göze gelmemiz gerekiyor, doğal olarak ortaya geldiğimizde önümüzdeki masa yirmi kere silinmiş oluyor.

Oturtur beni sabah saatlerinde okey masasına. Bir elinde iki çay, diğerinde bisküvi çikolata. İki eli sever benim sevgilim. Bir fotoğrafımızda bir eliyle iki elimi birden tutuyor. Ben birkaç kez denememe rağmen iki çay bardağını bir elimde tutmayı beceremedim. Benden gizli kardeşimle veya diğer çocuklarla Magnum'una iddiaya girer. Langırtta bu yenmeye doymadıkça onlar da yenilgiye doymaz galiba, Uğur'un öğrencileri sonuçta. Şimdilerde Berat onun öğrencisi olduğunu her yerde belli ediyor. Bu adam iddia uğruna bir kavanoz acı biber turşusu yemiş adam, gençler ağır olun. Bizimki iyi hasta olmuyor, götürüyor her gün Magnumlar'ı zorla ağzıma tıkıp utanmadan bedava dediği oluyor. Yakında sevgimiz iddiaya girecek benimki daha fazla diye kavga çıkarırsa şaşmam. Hep bir taraf daha fazla seviyor hayır ya bizimki eşit olmalı. Bazen çok mal oluyorum, geçen Uğur'a "Ben ölürsem ne yaparsın?" diye saçma bir soru sordum. Hepimiz başımıza bir şey geldiğinde neler olabileceğini düşünmüş insanlarız, sevdiklerimize bir şey olacağının ihtimalini bile göz önünde bulundurmayız. Allah korusun der işin içinden sıyrılırız. Kaşlarını çattı, bir iki saniye daldı ve bana öyle kızdı ki daha önce hiç bu şekilde duygusal görmedim. Gözyaşına dokunmaya cesaret edemedim. Alt tarafı şaka yaptım, niye bu kadar ciddiye aldı ki diye düşündüm. Ne kadar aptalca davranmışım. **Biz aslında ölümü de gerçekleri de hafife alan nesiliz, ölümün olduğu bu dünyayı ölümsüzce yaşıyoruz.** Ciddiye alınacak bir şey söylediğimi bir cenazede fark ettim.

Ayrı ayrı kalpler biriktirdik kalbimizde, sevmek kadar sevilmek de güzel. Tıpkı iyi günler gibi kötü günler var.

Tırmata Beach sıcaktır. Ayrı ayrı stantlar, balıkçı abla ne güzel yapar hamsileri, dönerci Yusuf Usta döneri az koysa da hızlıdır elleri, Ergül abla ince açar yufkayı geçen sene çikolatalı gözleme yaptı bize hâlâ tadı damağımda. Çay ocağındaki Ersin, Salim ve Nuri ağabey rakı masasına mezedir sohbetleri, Çetin ağabeyle Öznur abla fastfood yiyeceklerine bakar işte. Onlar bizim gelecekteki hâlimiz, karı koca götürürler işi, bir de küçük kızları vardı. Ece bikinisini giyer plajda pozlar verir. Salim ağabeyin de oğlu Efe var. İkisinin ismi gibi yaşları da birbirine uyuyor, pek görmedim ama arada oyun oynarlardı. Efe de Salim ağabeye çekmiş, lafını esirgemez ufacık boyunla herkesi bozuyor. Kasaya bakar Nermin ablanın çok başkadır yeri. En çok onunla iletişim hâlindeyiz, bir de eşi Hüseyin ağabey hep güler yüzlü bize muhteşem ikili diyor. Kızları da ikiz, Çağla ile Damla. Onları da hep karıştırıyorum. Ne yapayım birinin kalbi diğerinden daha farklı değil ki. Yüzlerini zaten sormayın dayısı bile karıştırıyormuş. Dayıları da plajın sahibi Mustafa ağabey. Uğur ile samimi bir bağ var aralarında benim pek iletişimim olmasa da. Ağır adamdır, ne zaman plaja inse oturan herkes işine yöneliyor oradan biliyorum. Allah için hepsini ayrı ayrı çok seviyoruz. Uğur haylaz çocuk, ben onun annesi. En belirgin hatamız olduğumuz yeri unutup aşkım diye seslenmek oluyor, kaç kez yakalandık. Hatta bir keresinde Uğur beni tuvaletin kapısında sıkıştırıp öperken Nizam ağabey yakaladı. İki patronumuzdan biriydi kendisi. Kameralara yakalandınız diye makara yaptı. Bu adamın bu sahnede bize küfür etmesi gerekiyordu. Plajda çok sert biri olmasına rağmen görmezden geldi. O da Uğur'u çok sevdiğinden olsa gerek. Ama ne utandık domatese döndük, adamın suratına kaç gün bakamadık. Bunlar hep Uğur'un suçu, benimle olduğu hâlde bile bensiz duramıyor.

Benimkinin alnına tükenmez kalemle Dilara yazdım. Plajda öyle birkaç saat gezdi. Fark eden ya umursamadı ya da arkasından sırıttı. Ben en son animasyonda çocuklara yüz boyası yapıyordum sen de nereden çıktın? Artık hiçbir çocuğun yüzüne dokunamam. Mutluluğumun palyaçosu.

Rabbim bu yazıyı alın yazın yapsa çok şey istemiş olur muyuz?

Çok şey değil, bir şey istiyorum.

Uğur'un Uykuları

En zoru da aynı evde ayrı uyumak ya da uyuyamamak, beceremiyor bensiz uyumayı. Asansör olsam dahi yetişmem mümkün değil inadına. Bazen onu uyutup Kürşat'ın yatağına giriyorum, gece uyanıyor ben uyurken kucaklayıp yatağına götürüyor. Kürşat ile Uğur'un odası aynı, biraz da ondan var bu rahatlık. Annesi babası bu durumdan rahatsız olsa gerek. Sabah bizi birlikte uyurken görmesinler yanlış anlarlar diye kaçıyorum o da kovalıyor. *'Haylaz çocuk'* filmini çekeceğim başrolde sensin. Kamera arkasında bari rahat bırak tamam mı? İmkânsız deyip sırıtmana dahi kurban olurum. Bazen de üçgen koltukta uyuyoruz öyle daha az dikkat çekiyor. Oturma odasının göbeği olduğu için. Başımızı aynı yöne koyuyoruz ellerimiz ayrı duramaz, saç kokularımız burnumuza değerken uyuyakalıyoruz. Sabahları çok kez elim başında uyandım. Ben uyanmak mı dedim, o konuya hiç girmeyelim. Seslendiğimde uyanmıyor, deliye dönüyorum. Su döksem kendisini kafamdan aşağıya döker diye korkuyorum. Uyku konusunda koalalar ile yarışabilir. Sabahın altısında onu ilgi budalası yapmak zorunda kalıyorum. Uyandırmadan öpüyorum, uyumadan öpüyorum. Uykularını, uyku aralarını, uyanışlarını seviyorum. Uyanıyor, saçlarını okşayıp biraz öpüyorum o uyanışları var ya sabah kahvaltısı gibi şart. Uyanır lakin uyumaya devam eder, biraz daha diye kandırır beni tekrar uyandırmamı ister. Daha sonra gülümseyerek uyanıp belimden tuttuğu gibi beni de yanına çeker, aşkım servise beş dakika kaldı diyene kadar haylazlıklarına devam eder. Yemin ederim çok şeker. Çayda, kahvede her yerde gider. Berat'ı da son iki dakika kala uyandırırdık, garibimin tuvalete girmeye vakti olmaz. Her seferinde zar zor yetiştik, saniyeler oynuyordu. Elimizi yüzümüzü yıkasak bile aceleden bir gözümüz çapakla servise binerdik. Servisteki gırgır şamata yetmezdi uykumuzu açmaya. Yemekhanede kahvaltıyı yaptıktan sonra aşçımız Rezzan ablaya takılırdık. Kadın tam Türk sinemalarındaki eli maşalı kadınlardan Fatma Girik'in kankası gibi. Bazen tırsıyorum sinirlendiğinde zeytini kafamıza peyniri suratımıza yedirir diye. Az biraz yürüyüp plaja geçerdik, iş yoksa Uğur yine koltuklara geçer uyurdu. Uykusuna da bana olduğu kadar düşkündü, bu dediğimi duysa beni haydarlarla kovalar. Tam mevsimi olduğundan evde karpuz eksilmez, peynirle de ne gider. Her gece yatmadan kesmesini isterdim. Alıştı, bazen istemeden kesip getiriyor tabi, asla hayır diyemeyeceğimi biliyordu. Gece üç kere tuvalete çıkarmasaydı iyiydi. Bilir en sevdiğim meyveleri, muzun ezilmiş olanını, çileğin yanına pudra şekerini...

Beni kesmeleri meşhur, bazen tırnaklarımı bazen bakışlarımı. Bazen de yatağın üstünde kâğıdı keser pişti oynardık. Kürşat ile Berat da oyuna dâhil olurdu. Kürşat'ı durduramazdık bir kere oyunu öğrendi ya yandık. Papaz kimde oyununda en çok Uğur dayak yerdi. Berat ile Kürşat döver, ben de kıyamaz izler, arada vuruyormuş gibi yapardım. Yalnız kıyamayana bak izliyor.

Adam organlarımı uyku seti belledi. Böbreğim yastığı, ciğerim yorganı. Oyunun yarısında uyukladığı oluyordu. Uykudan kıskanasım geliyor bazen. Benden çok sevmesin yeter. Uyutması da uyandırması da bana kalır, sanki yeni doğdu. Gel mamanı da veriyim altını da temizliyim, bir ninnin eksik.

Elim yine alnında mı kalmış, uyan sevgilim avucumdan terin yağıyor, yüreğimden sen...

Uyutmak benim,
uyandırmak Allah'ın işiydi.

Mesela göğsü Sezen Aksu,
omzu Müslüm Gürses,
kalbi Neşet Ertaş.

Tekneyle Açıldık Aşklara

Uğur'un elinden bir uçan bir de kaçan kurtulur. Arkadaşı Turgut ile arkadaşım Zeliş'i sevgili yapacak illaki. Aynı zamanda biz plajda çalışmaya da devam ediyoruz, işler pek iç açıcı olmasa da sabretmeye kararlıyız. Hatta işler yoluna girdiğinde Zeliş'i de yanımıza almayı düşünüyoruz. Dörtlü takılır, gençlik maceralarımıza yenilerini ekleriz. Her türlü romantik komediye hazırız. Akşam Turgut'un babasının Yeniköy'deki teknesinde mangal yapacağız. Buz gibi karpuz, kavun, kiraz da olursa of diyorum. Sucuksuz mangal mı olur? Dana etinden olsun. İş çıkışı Turgut tekneyi ayarlamaya gitti, Zeliş de yanımıza geldi. Ben hazırlanırken o yatağımıza geçip biraz uyudu. Uzun zaman sonra kendimle ilgilendim, saçlarımı çay kaşığına doladım, düzleştiriciyle bastırdım kıvırcık yaptım. Bir de kuaföre mi gideceğim? Pembe gömleğimi giydim, Uğur'un üzerinde sarı kapri, üstümüz umutlarımız gibi renkli. Üçümüz çıkıp Yeniköy'e geçtik. Turgut kaptan tekneyi hazırlamış, binip Beykoz'a doğru yöneldik. Zeliş ile Turgut'un ikinci karşılaşmaları, burada kıvılcım alev almalıydı ve aldı.

Beykoz'a geçerken açtık romantik parçaları, denizdeki balıklar bile romantizme boğuldu. Kıyıya yaklaşıp Uğur'la inip alışverişi tamamladık. Evlendiğimiz zaman, ben bunu hayatta markete falan yollamam, evi batırır kesin. Eli çok açık, biraz kendime benzetmeliyim. Cimri değil de sıkı olsun, bizi zarara sokmasın. Bu da resmen Ferrari'ye tüp taktırmak gibi bir şey olur. Tabi her şeyi fazla aldı ya ben gene söyleniyorum ziyan olacak diye. Aldığı kirazları ağzıma sokup susturdu beni. Aman ziyan olsun martılara atarız, kediye, köpeğe veririz, onların nasibiymiş deriz. Durmadan beni öpüyor, bir rahat bırak be sevgilim nefes alayım. Kızla iki dedikodu yapayım, git arkadaşının yanına, gemi kullanmayı öğren. Ama yook bırakır mı? En sonunda ikimiz de aynı anda *"Al şunu başımdan ya,"* diye bağırdık. Böyle sahne mi var ya kahkahalar koptu, yarım saat kendimize gelemedik. Ufak bir rakı açtılar, biz de salatayı hazırladık. Kafaları kıyamet olmazsa iyi, sohbeti koyduk rakının dibine, mezesi ambiyansımız oldu.

Biz yine Zeliş'le söyleniyoruz *"Üç aylara giriyoruz, içmeyin,"* diye. Açılan rakı kapatılır mı ama? Bir daha içmeyeceklerini söylediler, hadi yiyelim bari mangaldan önce. Keyfe iyi nişan aldık, neşemiz yerinde. Bizimkiler mangalı hazırlamaya başladı ama köz, köz olana kadar gece oldu. Ay yüzümüze parlıyor, biz geldiğimizde güneş vardı. Aç müziği son ses dans edelim. Zeliş'le Turgut birbirlerine laf sokar oldular ki bu yeni olacak çiftlerde gelenek gibi bir şey, gençler bilir zamanın modasıdır. Havada, deniz de mis gibi bugün. Sevgilimle okyanuslara doğru açtık kollarımızı, gelecek güzel günlerin bize merhabası var. İlk dörtlü öz çekimimizi de yaptık. Peynir demedik ama demiş gibi yüzlerimiz. Etler olana kadar Zeliş ile ikimiz abandık meyveye, doyurduk karnımızı, bizimkiler de rakıyla doymuş. Uğur'un bünye sağlam, zayıf göründüğüne bakmayın. Petrol midesi var, alkolün ona yan etkisi olmaz. Bir şişe viskiyi tek başına bitirip arkasından birayla devam etmediği sürece. Azıcık ucundan çenesine vurur. Turgut'u günün ortasında kaybettik. Kafasının dünyadan güzel olduğunu iddia ederim. Şimdilik güzel dünya, sonra Allah kerim. Bir de minik ağabey geldi aramıza, minik dediğime bakmayın iri yarı bir şey. Göksel'in yeni çıkardığı o parçası dolandı dilimize. *"Denize bıraksam kendimi, kumlara uzatsam gölgemi havada umut ruhum firar..."* Bu kadar kısaydı ezberimizde olan. Denizin güzelliği, gecenin yıldızları, ayın yansıması fena diyorum, tavsiye de ediyorum. Diğer teknede ya da yatta olan insanlar genelde yalnızlar biz de onları kıskandıracak kadar mutlu görünüyoruz. Umarım mutsuzluklarından dolayı bize küfür edeni olmamıştır. Belki de yalnız değillerdir, biz öyle görmüşüzdür. Yalnızlık Allah'a mahsustur. Hadi biraz baş başa kalalım, şu manzarayı utandıralım. Gemi gittikçe rüzgâr değiyor saçlarıma. Çok güzel esiyor dudaklarına...

Bir an durup denize atlasak mı dedik. Üstümüzde uygun bir şeyler olsaydı atlayabilirdik. Karnımız doyunca müziğin sesini arttırdık, aç ayı oynamıyormuş bunu çok net anladık. Uğur'u ne kadar zorlasam da sadece beni izlemeyi tercih etti. Bir ara baktım minik ağabey karşımda dans ediyor, bizimkiler de *"Sen ne yapıyorsun, orada sinek mi avlıyorsun?"* diye esprileri patlattılar. Bugün çok güldük inşallah yarın ağlamayız. Balinalar ilişkilerinde suya 400 ton sperm bırakıyorlarmış sakın deniz suyu yutmayın. Konu balinalara nasıl geldi hiç hatırlamıyorum.

Denizi alt üst edip karaya geçtik, gökyüzü yüzümüze gülüyor. Saat hangi ara gece bir olmuş? Sahile inip biraz yürüdük, vallahi kendime geldim, denizin fazlası zarar. Olaya bak Turgut, Zeliş'i kovalamaya başladı. Bunlar işi iyice ilerletmiş. Omzuna almış bu, kızın kafasını kendi kafasına benzetti. İkisinin de kafasında yıldızlar yerine tilkiler dolaşıyor. Vay çakallar yarın el ele dolaşır bunlar, bak bizden demesi. Herkesin bir bankı vardır elbet biz de o banklardan birindeyiz. Turgut Rizeli tam bir Laz uşağı, Zeliş de Ordulu. Bunlar bir ordu çocuk yapar mı? Yalnız yakıştılar be. Bu Zeliş odun ya çocuğun sırtını morartmış, iyi ki kafa atmamış buna da şükür. Benimki çakırkeyif, elini ağzımda burnumda gezdiriyor. Gökyüzüne onun ensesinden bakıyorum. Doğada renk var, Zeliş'te de köpek fobisi. Kokusunu aldığı gibi kaçmaya başlıyor bizi de arkasından sürüklüyor. Onlardan kaçılmaz, onlar sadık varlıklar. Köpek sevgisini bir türlü aşılayamadım kıza.

Teknenin tam karşısında parkı gördük. Hadi sevgilim tahterevalliye binelim, hangimizin mutluluğu daha ağır basıyor ölçelim. Aa karpuzu kesmeyi unutmuşuz. Parkın ortasında onu da keselim, yer kalmamış olsa da hayır demeyiz. Sonra çişimiz geldi. Tuvalet arıyoruz, parkın üstünde kafe vardı, tabii bu saatte açık olması imkânsız. Neyse ki tuvalet kafenin dışarısındaydı. Turgut tuvaletin kapısını telefonuyla açtı ve bunu nasıl yaptığını inanın hatırlamıyorum. Daha önce tel tokasıyla, tornavidayla vb. şahit olmuştum ama telefon ilkti.

Mavi renkte kaydırakta kayalım belki on yıl öncesine ışınlanır beraber çocukluğumuzu yaşarız. Günün yorgunluğunu şu kaydırakta başımı göğsüne koyduğum an attım. Sıcacıktı tenin biraz mangal koksa da içime çekmeye yine doyamadım. Gökyüzü karanlık, ayın aydınlığı değil de gülüşünün yansıması parlatıyor geceyi. Gün bitti, güzel olan her şey çabuk bitiyor. Bitmesini istemediğimiz nice şey gibi.

Közler hazır mı? Kalplerimizi atalım karşılıklı ziyafet çekeriz.

Oyun hamuru musun, nesin? İstediğim şekle giriyorsun. Bir beni bil, bir de bizi. Kaşlarını bir çatışı var, ensemden tut diz kapaklarıma kadar fırtınalar esiyor. Mesela gözleri turkuaz, dudakları mavi, saçları turuncu, avuç içleri lila hepsi çok canlı. Vazoda solup atılmayı bekleyen çiçekler gibi değil, dalında arılarla konuşanlar gibi. Mesela göğsü Sezen Aksu, omzu Müslüm Gürses, kalbi Neşet Ertaş. Mesela bir bakışı var bir de baktırışı. Ağaçlar görseydi onun kalbinin yeşilliğini, kendinden utanırdı. Bir sevişi var, bütün hastalıkları ben barındırırken o her birinin ilacıymış gibi. Bir sahiplenişi var, kartal gibi kanatlarının altındayım ama en çok penguenlere benzetiyorum. Onlar bütün zorluklara rağmen sevdiklerini asla terk etmezlermiş. Sen beni hiç terk etmedin. Mesela angutlar sevdiklerini kaybettiklerinde yaşayamazlarmış. Ne bileyim işte angutlar gibi sev beni, argo bir terim gibi değil, o hayvanların kalbi gibi sev çünkü ben öyle seviyorum seni. Biliyorum sen de en az kumrular gibi seviyorsun beni.

Kıskanırım Seni Ben

Kıskançlık, aşkın en samimi hâli olmalı.

Birkaç eşya almaya Maltepe'ye geçip ertesi gün de Kilyos'a geri dönecektim. Uğur'la da biraz atıştık, durulalım diye babasına yardıma gittiğinde ben de habersiz evden çıktım. Yeni Sahra'ya, Zeliş'in yanına geldim. Zeliş erkenden uyuyunca teyzesiyle kaldım. Fırsattan istifade teyzesi de bana kızı işten çıkarıp yanınıza almayın diye laf çarpıtınca sinirim bozuldu, çıktım. Tabii Kadıköy'de bir otelde beraber çalışıyorlar. 19 yaşındaki kıza oda temizliği yaptırmak hoşuna gidiyor olmalı. Zaten herkes her şeyi kendi çıkarları doğrultusunda konuşuyor. Buradan da eve geçeceğim. Uğur'a bak, arkamdan yola çıkmış mesaj üstüne mesaj atıyor. Beni hiç yalnız bırakmadığı için çok kavga ederdim, şimdi iyi ki hiç yalnız bırakmamış diyorum. **Keşke, keşke demek yerine hep iyi ki desek. Eğer o senin üstüne çok düşüyorsa sen de düş, beraber düşerseniz kaldıracak kimseye ihtiyaç duymazsınız. Düşmezseniz düşeceğiniz yer düşlerinizdeki gibi olmayabilir. Siz anladınız.**

Sultan'ı aradım köprüye kadar beni götürsün diye. O da Yeni Sahra'da oturuyor. Zamanında ben de burada oturuyordum tabii defalarca taşınmışlığım olduğundan bahsedemedim, hangisinden bahsedeyim? Sultan geldi çok özlemişim, bu kızın bendeki yeri hep farklı nedense. Roman olduğu için kan çekiyor da olabilir. Yeni Sahra köprüsünün orada ayaküstü konuşmaya dalmışız, bundan sonrakine binerim diye diye erteledim minibüsleri. Sultan *"Koşarak gelen Uğur değil mi?"* diye sordu. Tabi ondan başka kim olabilir ki. Beni Sultan'dan aldığı gibi kendine çekti ve kucakladı. *"Bir daha benden habersiz çıkma,"* dediğinde tartışma sebebimizi unuttum geçti gitti. Sultan Uğur'a gönül koydu, *"Senin yüzünden Dilara ile görüşemiyoruz kızı alıp Kilyos'a götürdün. Üç ay onsuz ne yapacağım?"* dedi. Uğur karşılık olarak *"Şimdilik üç ay, üç ay sonra ömür boyu alacağım yanıma,"* dedi. Kalbimin atışını değiştirdi. Bu cümle var ya kendi başına kitap olur. İçimdeki bütün organlarım eridi. Kirpiğime kadar gülümsedim. Üçümüzde de masum bir tebessüm oluştu, gözler imalı imalı konuştu. Sonra Sultan bir bakış attı ama görmeyin. Sultan'dan ayrılıp birlikte bize gittik. Bırak şimdi esmeyen rüzgârı benim ayazım koynumda, elimi yanağına koyduğumda uyku sesi kulağımda. Sabah aynı anda birbirimize diktik gözlerimizi. Allah aşkına her sabah birlikte kalkalım. Çok seviyorum horlama sesini. Yeri gelince seviliyor işte. Ben küçük şeylerle mutlu olan bir insanım. Öyle parayla pulla değil mesela metronun boş koltuğuna, yanağında bıraktığım ruj iziyle dolaşmana, dişinde kalan maydanoza, pizzanın üzerindeki baharatla mutlu olabiliyorum. Hatta otobüsün tıka basa hâlini bile sevebiliyorum seninle...

Arkadaşlarım haklı olarak beni Uğur'dan kıskanıyor, Uğur da haksız olarak onlardan. Sadece kızlardan olsa yine iyi. Ufacık bebeği bile ondan çok sevdim diye kıskandığı oluyor. Böyle zamanlarda kafa göz dalasım geliyor. Özellikle Ayseli sürekli Uğur'la olduğum için kuduruyor. Uğur da az değil inadına gidip kıza kıskandıracak fotoğraflarımızı atıp gaza getiriyor. Sekiz yıllık arkadaşlarız Uğur dışında ayrı kalmadık. Öyle bir özelliği var ki bizi bir araya getiren de o olabiliyor, ayrı tutan da. Bu durum biraz karışık. Ya hep beraber olacağız ya da sadece beraber, bu konuda bizimki çok bencil. Uğur'a dalınca dünya unutulur aslında ama ben yine de bunu yapmadım, arkadaşlarımın da yeri farklıdır. Genelde ilişkilerine dalıp arkadaşlarını unutan çok insan tanıyorum. En yakın arkadaşlarım da buna örnek. İlişkilerini kaybettikleri zaman sarılacak dost arayınca fark ediyorlar yokluklarını. Ben onlardan değilim ve hiç onlardan olmadım. Bilakis etrafımdakilerin çoğu onlardan oldu. Benim için iki taraf da ailem olmuştur. Sağlam bir aileye sahip olmadığım içinde olabilir ama mühim olan sebep değil, sonuç. Bunu ilişkimden olduğum zaman sarılacak arkadaşlarım olsun diye söylemiyorum, zaten o ihtimali hiç değerlendirmedim. Burada doğruyu konuşalım. Sahi siz neyi değerlendirdiniz?

Bir sır veriyim mi? Paylaşılmamak olağanüstü bir duyguymuş umarım siz de yaşarsınız belki de yaşamışsınızdır. Allah yaşamayana da yaşatsın.

Âşık olmak ne kadar güzel değil mi? Paylaşılmamak, sahiplenilmek onun kollarını yatağın gibi sevmek, heyecanından ödün vermemek, içindeki kelebeklerin uzun ömrü ve kanat sesleri. Kalp ritminin tef ile yarışı, onun nefesinde bulduğun dünyadan bakışın. Okumayı yeniden çözüyorsun onun dilini görünce, bütün dilde seviyorsun. Baştan tanıyorsun, ezanın verdiği huzurla doluyorsun, rüyalarının gerçeğini yaşıyorsun...

Uğur'u mutlu ettiğimde ve utandırdığımda yavaşça üst dişleriyle alt dudağını sıkar sonra ısırarak bütün ön dişlerini gösterir. O gülüşünü gördüğümde cennetin kapısında hissediyorum kendimi, nedenini bilmiyorum ama çok seviyorum. Şimdi siz de denediniz değil mi? Eminim onun gibi olmamıştır. Onun en sevdiği gülüşüm ise dudaklarımı yavaş yavaş hareket ettirerek tebessüm edişimdi. Dişlerimi gösterene kadar bekleyiş içinde olurdu beni masum gösteren tek şeydi o gülüşüm.

"Kıskanırım seni ben, kıskanırım kendimden. Bu nasıl aşk Allah'ım öleceğim derdimden," Birlikte kameralara az söylemedik, videolardan dinliyorum arada sırada. Sadece şu şarkıyla sokak sanatçısı oluruz vallahi parayı kırarız. Bizi gören aşkımız için para atar mendilimize ama biz sevgi atılmasını tercih ederiz. Nostalji yapalım biraz, sevilir eskiler... Bulduğumuz gölgelerin altına battaniyeyi serip aynı noktaya koyarız başımızı, bulutları incelemeyi deneriz diyeceğim de sen varken onlara ihtiyacım yok ki. Sen yanımdayken kimseye ihtiyacım yok ki. Bir yatak bir döşek yeter bize. Hatta sen yanımdayken ayıdan dahi korkmam ama yılan olursa düşer bayılırım kollarına, tabi sen benden önce bayılmazsan. Beni tutmadan bayılmazsın değil mi?

Sen beni kendinden kıskan,
ben seni seninle kıskandırırım.

Çok insan var
hak ettiği hayatı yaşamayan,
çok insan var
hak etmediği hayatı yaşayan...

Senin de Bir Hikâyen Var

Ve her hikâyenin bir kahramanı var.

Grup hâlinde gelen müşteriler için plajda uzun döneme çli koltuklar var. Uğur sabahları boş zamanlarda o koltuklarda yarım saat kestiriyor. Bu sabah ayaklarını masaya doğru uzatmış, elini başına koymuş, dirseği yeşil koltuğa değiyor. Daha yeni sakallarını kısaltmış masum masum uyuyor. Karşısında on dakika kadar oturup izledim. Ben hayatımda böyle güzel bir film izlemedim. Normalde horlamasıyla ortalığı inletir, biraz deli yatar kolu ayağı farklı yerlerde olur. Şu an orada uyuyanın Uğur'la alakası yok. İçindeki masumiyetinin dışarı yansımış hâli. İyi ki bu adama âşığım dedim aylarca, yıllarca izleyebilirim. Bu anın fotoğrafını çektim gördüğünde o bile bu kadar masum uyuduğuna kendisi inanamadı. Hatta fotoğrafı çok beğendi sosyal medyada paylaşmak istedi. İzin vermedim, bu fotoğraf sadece bende kalacak, kimseyle paylaşamam vallahi kıskanırım. İlk defa bir kıskançlık ikimizin de hoşuna gitti.

Bazı sabahlar servisi kaçırınca minibüsle Kilyos'a çıkıyoruz. Plaja gitmemiz için epey kumdan yürümemiz gerekiyor. İşe giderken servisi hep kaçırdığımız için sezon boyunca kullanmak amaçlı motor almak istiyorduk, daha doğrusu Uğur istiyordu. Benim de aklımı çeldi. Bizimki internetten bayağı araştırdı hatta bir tane bulup onun için Avcılar'a gittik. İçime sinmedi diye aldırmadım, hem birkaç sorunu da vardı. Hatta bir ay önce kuzeninden kazalı bir motor alacaktı, o da bayağı sorunlu çıktı. Hayırdır inşallah bir türlü almak nasip olmadı. Bu sabah servisi yine kaçırdık, Uğur'u biraz kızdırdım. Bazen kaşınıyorum normalde çantamı her seferinde o taşırdı bu kez taşıttıramadım. Benden intikam alıyor vicdansız. Sekiz dokuz yaşlarında iki erkek çocuğu gördük, sanırım kumda oyun oynayacaklar. Çocuklarla aram iyidir, iki dakikada tanıştım, kaynaştım. Beraber yürümeye devam ederken gaza getirdim. *"Görüyorsunuz değil mi sevgilisinin çantasını taşımıyor? Hem de çantam çok ağır,"* dedim ağzımı büküp duygu sömürüsü yaparak. Çocuklar *"Ağabey, sen erkek değil misin? Ağır eşyaları, çantaları erkekler taşımaz mı? Yoksa abla erkek, sen kız mısın?"* dediler. Çok kötü bozdular, bunu ben bile yapamazdım. Çocuklardan öyle tepki beklemediğimizden baya şaşırdık. Hatta *"Abla çantayı bize ver biz taşırız,"* dediler. Ağabeylerine haddini bildirdiler. Uğur çocukları mı kovalasın, beni mi karar veremedi. Kaşlarını çatıp gizli gizli gülümseyerek biraz düşündü, sonunda kıyamadı. Başını 'seni gidi seni' şeklinde sağa sola sallayarak aldı. Çocuklar plaja gidene kadar güldürdüler sağ olsunlar. Bazı çocuklar güldürür, bazıları ise ağlatır. Taksim'e giderken metronun merdivenlerinde on bir yaşlarında iki çocuk kavga ediyordu, ayırmaya çalıştık. Biri Suriyeli şemsiye satıyordu, diğeri de rahat şımarık bir şeydi. Hayat hiç de adil değil, oldukça adi. Birileri iyi, birileri kötü. Birbirlerine el uzatmaları gerekirken bu yaşlarda şiddete başvurmak da nedir? Yağmurun şiddetlisini severim, çocuğun değil. Şımarık olanı oradan alıp götürene kadar atla karayı seçtik. Bize bile küfür etti. Suriyeli ise şemsiyelerini satana kadar gitmedi. *"Kardeşlerim var benim dövse de gitmeyeceğim!"* dedi. Ama bizim içimiz gitti. **Bu dünyanın haritalarda mavi renkte göründüğüne bakmayın. Suriyeli çocuğun sattığı şemsiyeler kadar renkli olmadığını iddia ederim.** Ben kendimi hassas sanırdım. O Suriyeli çocuk Uğur'un dahi gözlerini doldurdu...

Sultan'ın morali bozuk diye Uğur'la beraber yanına geldik. Optimum alışveriş merkezinin terasında otururken Özsüt'te çalışan çaycı ablayla tanıştık. Tam tamına 43 yaşındaydı, anneme benzettim hikâyesini. *"Bebek gibi yüzün var,"* dedi, bebek gibiydi kalbi. Geçmişten bir iz vardı yüzünde, şiddete maruz kalan sadece o değildi, milyonlarca kadının örneğiydi. Şimdi varı yoğu üniversite öğrencisi olan kızıymış. *"O benim her şeyim ona yaşıyorum,"* dedi. Demeseydi de görünüyordu zaten asgari ücrete, sabah ondan akşam ona kadar çalışıyordu. Elinde çaylar, içinde de akıttığı yaşlar vardı. Biz de gözlerimizi kısıp dudaklarımızı buruşturup Uğur'la göz göze geldik. İkimizin de anlatmaya çalıştığı şey belliydi. Keşke her şey herkes için daha güzel olabilseydi. Sultan'ın hikâyesini dinledik, aynı sorunlar içinde geziniyor. Aklımızın fikrimizin yettiğince yol gösterdik ama o bir ara yoldan çıkıp yanlış yola girip sevgilisinden ayrıldığı için intihar bile etti. Şimdi çok pişman olduğuna şahidim. Bunca hikâye varken bu hayatta onunki dertten sayılmazdı ancak bunu ona hiç anlatamadım. Belki şimdi anlamıştır. Zaman geçince acısı da geçti elbet. Belki de ben öyle sanıyorum. Zaman antibiyotik gibi bir şeymiş, her şeye iyi gelirmiş öyle derler. Zamanında bana da iyi geldi. Sultan'dan ayrılıp eve doğru giderken köprüde mendil satan küçük bir çocuk vardı. Uğur ağabeyinden ekmek değil kahvaltılık istedi, kahvaltı günün en güzel öğünüydü. Allah'ım acaba annesi mi babası mı kim bunu söyletti? Daha konuşmayı bile beceremiyor bu çocuk. Hemen orada dönerci vardı. Uğur da kıyamadı döner ekmek yaptırdı, yanına da içecek alıp verdi. İsmini de öğrendik *"Görüşürüz Asaf,"* dedik. Acaba görüşecek miydik, bir dahaki sefere onun yerinde kim olurdu? Onun da hikâyesi belli ki berbattı. O seçmedi ki ailesini, dünyasını. **Çok insan var hak ettiği hayatı yaşamayan, çok insan var hak etmediği hayatı yaşayan...**

Eve doğru beyaz başlıklı Gebze Harem minibüse bindik, şansımıza çaycı abla da o minibüsteydi. Tesadüfün böylesi, en arkaya üçümüz oturduk. Ablanın sohbetine gerçekten doyum olmadı. Hayatın değerini bilmemiz, birbirimizi kırmadan sevmemiz gerektiğinden söz etti. *"Zaman su gibi akıp geçiyormuş ömrünüzü ziyan etmeyin,"* dedi, en sonunda da çok yakıştığımızı ekledi. Orada da alttan alttan hep beraber güldük. Her şeye rağmen gülmek güzel. Minibüsten inerken Uğur ile evlilikten bahsetmiştik. Biz buraya sadece Sultan için gelmiştik çaycı abla ile Asaf'ın hayatına da, hayatın adaletsizliğine de şahit olduk. Daha bin bir çeşit hikâye var.

Geçen bir yerde okudum en güzel şehrin İstanbul olduğunu yazmışlar. Kesinlikle haklılar acıların da en güzel olduğu şehirdir İstanbul...

Peki ya bizim hikâyemiz neydi? Masal olacak kadar iyi mi?

Lunaparka Anı Ismarladık

Akşam işten sonra Turgut'un evine gidip ortaya karışık pizza söyledik. Bunlar aynı dilimi yiyor, biz gene birbirimizi. Turgutlar'ın ev boş, ondan genelde onlarda toplanıyoruz. Muhabbetle de yorgunluğu tam atacağız derken Zeliş'le Turgut'u mutfakta temizlik yaparken basıyoruz. Ne zaman toplansak temizlik yapıyorlar, temizlik hastası kesildiler başımıza. Bunları yanımıza çekene kadar ne çektik. Bunlar bir kere ayrıldı. Uğur ikisine de çaktırmadan aynı kafede randevu ayarladı, yanımıza barışmış olarak geldiler. Vallahi benim sevgilim çok fena! Telefonda konferans yapıyor onlara grup açıyor barıştırmadan bırakmıyor peşlerini, bana yaptığı gibi. İlişkinin içinde Uğur varsa bunların ayrılması imkânsız gibi bir şey. Ne yapıp edip ortalığı toparlıyor. Bu arada işler de hâlâ aynı şekilde devam ediyor. Plajda iki haftamız bitti, havalar bir iyi bir kötü. Plajın patronu Mustafa ağabey perşembe günü komple plaja izin verdi, galiba motivasyon günü ilan etti. Ramazan ayına da girdik ondan sebep olabilir. İftardan sonra feshanelere gitme, festivallerde eğlence, fazla kaçırılan yemeği eritme, sahilde sahura kadar gezme, dondurmaya yer bırakma zamanları geldi. Çocukları fırına sıcak pide aldırmaya yollamayı unutmayın, top patladı mı sorusuna boş ifadeyle bakının, sofraya erken oturun öyle işte güzeldir on bir ayın sultanı.

Turgutlar'a kahvaltıya gidiyoruz, bugünü hepimizin günü ilan ediyorum. Regl ağrısı bazen çekilmeyecek kadar ağır oluyor. Biz kadınların işi zor. Neyse ki yanımda benimle benden çok ilgilenen biri var. Beni kendime getirene kadar çok uğraştı. Sanki ağrıyı kendisi çekiyormuş gibi tavırları. Havluyu ısıtıp karnımda tuttu, çorapları kat kat giydirdi. Bir de internetten ne yapması gerektiğini araştırıyor. Durmadan karnımı ovalıyor. Bir saniye yanımdan ayrılmadı. Allah'tan Zeliş'te ağrı kesici varmış onu da içince kahvaltıya kadar topladım. Böyle bir kere de grip olmuştum. Hastaneyi karıştırdı, beni iyileştirene kadar. Biliyorum bir gözyaşıma dünyaları yakar.

Evde bir kum saati bulduk. Sanırım Turgut'un eski sevgilisine ait. Üzerinde tarih vardı yanlış hatırlamıyorsam. Zeliş kıyameti kopardı tribiyle, oysa Zeliş'in boynundaki şal da eski sevgilisinin hediyesi böyle bir çıkmazın içindeyiz. Ben kıs kıs gülünce Uğur bir şeyler olduğunu anladı, ona da söyleyince bu sefer Zeliş'i ispiyonlamakla tehdit etti. Söyleyeceğinden değil trip son bulsun diye, hadi yine yırttık keyfimize kaldığımız yerden devam edelim. Ve sonunda dışarı çıkmayı başarabildik. Bugün ne yapıp günü değerlendirebiliriz diye fikirler ürettik, sonunda tekrar tekneyle açılmaya karar verdik. O arada Ayseli aklıma geldi, birkaç gün önce İstanbul'a geldim diye mesaj attı. Bilecik'te okuyor kendisi. Bizim gibi cahillik etmedi tabii ailenin desteği de önemli. Yanımıza çağırmazsam beni gebertir. Genellikle de bu işler bana kalır. Herhangi çekildiğimiz bir fotoğrafı görürse kıskançlığından çatlar sonra ağzıma sıçar. Hiç sövülmeye niyetim yok, mesaj atıp yanımıza çağırdım.

Şansa bak o da erkek arkadaşı Yasin ile birlikteymiş, sanki hazır bekliyorlarmış gibi çıktılar yola. Bu Yasin'in kulaklarını görseniz hayran kalırsınız. İyi çocuktur çok severim kulaklarını. Biz de İstinye'ye doğru yürüyoruz. Go-kartın orada oturmuşken Ayseli ile Yasin geldi. Aramızda bir Sultan eksik, o da olsa ekip tam olacak. Altılı olduk iyi mi? Altı rakamının mutlu ettiği insanlar çoktur. Kısa sürer ama olsun. Mesela at yarışında altılıyı tutturanlar, burun ucuyla kaçıranlara bir şey diyemiyorum. Sayısal loto bile altı rakam ile oynanıyor bir umut deyip cumartesiyi bekleyen çok olur. Hepimiz bir araya geldiğimize göre milli piyango bize vurdu. O da altı rakamdan oluşuyor nasılsa. Nasıl kaynaştı bizimkiler anlatamam, gören kırk yıllık arkadaş sanır, daha kırk dakika olmadı. Madem burada toplandık go-kart yapmak şart oldu. Her birimiz aldık arabaları. Gaza basınca zincirleme birbirimize girdiğimiz de oldu yarıştığımız da. Zeliş lastiklere girdiğiyle kalıyor. Turgut da paso arabasından inip onun arabasını düzeltiyor. Direksiyon özürlü kardeşim benim. Hız hoşuma gitti, bir ara o kenarda duran lastiklere ben de girdim. Şansıma içi su doluymuş bütün suyu yüzümde hissettim, makyajım akmasa bari. Gülme arkadaşına gelir başına dedikleri bu olsa gerek. Ama hata bende, ben o arabayı seçtiğimde Uğur *"Ona binme!"* dedi, dinlemedim bindim. İyi oldu bana demek ki bir bildiği varmış. Nasıl korktu koşuyor hemen yanıma. Turgut usta yarışçılar gibi maşallah. Uğur ise burada bile arkamdan ayrılmıyor kara bela resmen. Yasin'in kulaklarını arkasından takip ediyorum. Ondan önce onları görüyorum yani düşünün. Ayseli'nin kahkahaları yeterli. Yalnız acayip keyif aldık.

Sonra hep beraber Yeniköy sahilde turladık, turlamak az kaldı biraz da yaramazlık yaptık. Zeliş Turgut'un küçük po-

posuna takmış büyüttürmeye çalışıyor. Kendisinin büyük ya tabi ondan olsa gerek. Yasin'in kulakları sanki siyasi görüş, bir dünya meselesi. Bayılıyorum ona takılmaya. Zaten çocuk ismini değil lakaplarını yaşıyor. Ayseli'nin telefonunda bile fare diye kayıtlı, benim sevgilim öyle kayıtlı olacak vurur beni be hemen değiştirir. Biz çok film izlemiş olmalıyız, bir ara erkekleri beyaz atlı prens yapıp sırtlarına çıktık. Yarışma düzenledik milletin içinde. Herkes bize bakıyor sahilde yapılacak iş mi? Yasin garibim oruçlu oruçlu Ayseli'yi taşıdı, 65 kilo kız yazıktır, günahtır. Şimdi 58'e düştü belirtmezsem beni harcar. Hiç birinciyi merak etmeyin zaten, tabi ki biz olduk. Uğur'u tanımıyor musunuz? Birinci biz olmasaydık olana kadar devam ettirirdi valla. Midyeci bulduk tabii biz münafıklar niyetli değiliz. Yemesine yedik de tepsinin yarısında kaldı aklımız. Biraz da teknede oturup iki lafın belini kırdık. Güne hatıra bırakalım deyip toplu öz çekimler yaptık. Fotoğrafları sosyal medyada paylaşırken hep *'Rabbim bozmasın,'* yazdım. Hepimiz o kadar güzel gülüyorduk ki nazar değer diye korktuğum da oldu. Sözde tekneyle açılacaktık onun dışında her şeyi yaptık, onu da başka bir güne erteledik. Bir Yasin ile Ayseli oruçluydu ancak görünürde. İftarı hep beraber açtık. Tıka basa doyduktan sonra da İstinye'deki lunaparka geçtik. Karnımız doydu şimdi gönlümüzde sıra. Feshanede kurulmuş kalabalık yoğunlaşmadan gondola bindik. İlk Uğur ayağa kalkıyor. Baktım ufaktan ritme uyuyor maşallah dedim kendi kendime. Az önce dans eden çocuk gitti yerine minicik gözleri pörtleyen çocuk geldi. Gondol en tepeye çıkınca bakışları değişti, görevliye *"Durdur lan!"* diye bağırmaya başladı. Tabi herkes şok, *"Aşkım sakin ol diyorum,"* beni bile umursamadı. Görevliye geç durdurdu diye epey küfür etti, adam hakkını helal etse bari. Harbiden şaşırdım Uğur hiç korkan biri değildir ki. Aksine oldukça cesur, bir motosiklet kazası yapmaktan korktuğunu biliyorum bir de beni kaybetmekten korkuyor. Bunlar dışında bir korkusu daha olduğunu öğrenmiş oldum. Kazadan korkmasının sebebi de Sarıyer'de Taner Koç diye çok sevdiği bir arkadaşını bu sebepten dolayı kaybetmiş olmasıydı. Allah'ın takdiri işte o bahanesi olmuş. Kim bilir yarın sağ çıkabileceğimizi? Hep öyle derler... Yalnız sinirlenince bütün minibüste bağıran, çıldıran, bir minibüs dayak yiyeceğini umursamayan adam gondoldan korktu. İndikten sonra da *"Sen varsın diye korktum,"* dedi pis üçkâğıtçı. Hatta üçkâğıt az kalır onun üç katı olsun dokuzkâğıtçı. Daha sonra rangere de bindik. O daha korkunç olmasına rağmen sesi çıkmadı bizimkinin. Utandı herhâlde. Para oyununa kapıldı eyvah yandım, bunu buradan almak bir bebeğe memeyi bıraktırmak kadar zor. Zaman çok güzel geçiyor. Dua edelim hep böyle geçsin. At yarışı diye bir oyun var. Önünde toplar ve top kadar bir delik var. Deliğe ne kadar çok top atarsan at o kadar ilerliyor, burnu çizgiye değdiğinde ise kocaman bir ayıcık kazanılıyor. Tahminen on beş kişilik bir oyun, yoğun bir şekilde oynadık oyunu. Ben öyle dalmışım ki toplara Uğur beni dürtüyor, bakmıyorum bile o kadar keyif almışım. Görevli yedi numara kazandı dedi öyle bıraktım. Uğur da *"Aşkım baksana birinciliği burun ucuyla kaçırdım, ikinci oldum,"* dedi. Hadi ya dedim üzüldüm. Burun ucuyla bana kaptırmış birinciliği sonradan yedi numara olduğumu fark ettik. Açık mavi kırmızı kalpli kocaman bir ayıcık kazandım. Onu da daha sonra Hayriye ablanın bebeği, Uğur'un yeğeni Hiranur'a hediye ettim. Ayı ile Hiranur aynı boydaydı.

Bugün her oyunda kazandık, yarın gerçeklerde kaybetmeyelim.

Fala İnan(ma)

Bir baktım bağımlılık yapmışız her gün toplanıyoruz. Kahveleri içip fincanları kapatıyoruz. Whatsaap grubumuzda Uğur'un *"Akşam ne yapıyoruz?"* sözü meşhur oldu. Artık akşamlar bizden sorulur. Bir inek sağmadığımız kaldı yakında onu da yaparız. Uğur hep beraber tatil yapmak için işten kaytarma planları yapmaya başladı. Çok güzel olmaz mı? Altı kişi nereye gitsek dikkat çekeriz, kulüpleri gezer, lunaparkı coştururuz. Açık büfeye gömülür daha acıkmayız, oteli kaynatır animasyonu hareketlendiririz. Hiç olmadı kafalar kıyak yüzme yarışı yaparız, ne bileyim işte yapacak çok güzel şeyler var. Özellikle Uğur çok heveslendi ama ne yazık ki ben hem maddi durumu hem de işleri bahane ederek başka zamana ertelettirdim. Hevesi kursağında kaldı. Oysa ertelemeyebilirdik o an ne esiyorsa yaşayın, ertelenmek zamana haksızlık etmekmiş. Şimdi çok pişmanım keşke o tatile gitseydik. Para bir şekilde kazanılıyor ama güzel günler her zaman gelmiyor. **Bugün canınız ne istediyse yapın, ertelemeyin. Hepimiz yarından habersiz değil miyiz? Ertelenen hiçbir iş, ertelenmeyi hak etmezmiş.**

Stajyer yasası girmeden ehliyete yazıl diye kafamı kemiren sevgilim var. Benden daha hevesli kursları araştırdı, fiyat listesi çıkardı, zamanlarını öğrendi. Her yerde, her zaman yanımda olduğunu göstermekten bıkmıyor. Yanımızda olmaktan usanmayan ellerimizde uslanan insanların değerini beşe katlamalıyız. Bana araba kullanmayı öğretecek, ondan öğrenirsem trafik canavarı olurum korkun benden. Kazaların kralı Uğur'un öğrencisi geliyor. Bu Uğur var ya ne zaman trafiğe çıksa kaza yapıyor, verilmiş sadakası var her seferinde maddi hasarla yırtıyor. Bir de kendi ehliyeti altı aydır karakolda belki daha fazla. Onu bu dünyadan alıp kazasız belasız başka dünyaya gitmek istiyorum. Kaza demişken iki sene önce yanılmıyorsam Uğur'la yeni tanıştığımız zamanlar masada beraber yemek yerken Fadime abla Uğur'a şakayla karışık *"Sen 26 altı yaşına kadar kaza yapacakmışsın hatta sonu kötü olacakmış,"* dedi. Tabi bize kaş göz yapıyor. Uğur ağzında ekmek donup kaldı. Ben, bir de kuzeni Ferhat masadaydık. O dalgaya aldı, ben de Fadime ablanın ağzının içine baktım, sonunu iyi bir yere bağlasın diye. Şaka dedi işi gırgıra vurdu. Hepimizi sesli bir kahkaha aldı, muhtemelen birbirimizin yüz ifadelerinden. Oysa o iş daha farklı, Fadime abla fala baktırmaya niyetlenmiş akrabası Ayşe abla mı ne bakacakmış. Falı açtıktan sonra kadın bakmak istememiş kapatmış. Fadime abla oradan gidince Ayşe abla bunun oğlu kaza yapacak sonu kötü olacak gibisinden bir şeyler demiş. Bu da Fadime ablanın kulağına bir şekilde gitmiş. Tabi ki de inanmamış hatta dalgasını bile yaptık yapmasına da içinde bir kuşku kalmış olmalı. Anne sonuçta Allah göstermesin. Biz o günden sonra unuttuk gitti. Bilirsiniz ki insanlar fallarda güzel şeyler duyduklarında inanırlar. Çünkü kendilerini onları duymaya odaklıyorlar. Kötü şeylere kulak asmayız, iki gün kafaya takar sonra unuturuz. Neden genellikle sevgiliden ayrılınca veya depresyondayken fal baktırmaya gidiyoruz bir düşünelim. Tabii ki iyi şeyler duymak için, kötülerin kıymeti yok. Gıybet yaparken içilen kahvelerden öylesine kapatılan fincanlardan bahsetmiyorum. Geçen ben de bir arkadaşımın annesine fal baktırdım hatta telefonun ucundan Uğur dinliyordu. Kadın demesin mi Uğur'la sonun yok diye, ondan sonrasına inanacağım varsa da kalmadı. Aman fala inanma falsız da kalma demişler.

Aslında fincanı hiç kapatmamak gerek.

Bizi Kötüleştirmeyin

Bugün iş bitimi Nermin abla evine giderken yol üstünde bizi Sarıyer'e bırakacak, akşam serinliğinde dondurma yeriz diye düşündük. Bazen servisi kaçırdığımızda Uğur Nermin ablayı arardı, o da aynı yerden geçeceği için iyi denk gelirdi. Plajdan iş bitimi çıktık. Turgut'ta yanımızdaydı hep beraber Sarıyer'e giderken o da ne yolda birisi bayıldı. Hemen durduk peş peşe üç dört araba olduk. İki tane genç orman yolu yakınlarında birisi sara hastasıymış yerde kriz geçiriyor, hepimiz panik hâlindeyiz. Tepsisi yerde, simitler, poğaçalar dağılmış hâli gerçekten iç acıtırdı. Ağzı kan köpük içindeydi hemen yüzüne su falan çarptılar, su içirmeye çalıştılar *"Oruçluyum,"* dedi. Tam ambulans falan aranacakken yavaştan kendine gelip *"Simitleriiim,"* diye ağlamaya başladı, yanındaki de kardeşi onu teselli ediyor. Hepimiz ne yapabiliriz diye düşünmeye başladık. Uğur'a bir baktım gözleri dolmuş o da ağladı, ağlayacak. Yazık ya herkes elini cebine götürdü. Uğur'un cüzdanı evdeymiş bana sordu *"Üzerinde para var mı?"* diye *"Çantamda var, al,"* dedim. Sonra herkes çocuğun eline para sıkıştırdı, simitlerini alsın diye. Çok üzüldük hâline, keşke elimizden fazlası gelseydi. O çocuğun kardeşi Uğur'dan iki dal sigara istemiş, eminim o da paketi vermiştir. Tam arabaya doğru yönelirken yanımızdan geçen arabanın camından çıkmış bir bayan, *"Onlar bize de yaptı, inanmayın,"* dedi. Biz *"Öyle şey olabilir mi? Ağzı yüzü kan içindeydi, hep beraber gördük düştüğünü..."* diye konuşmaya başladık. Arabaya binip oradan uzaklaşırken duygularımızı köşeye bırakıp mantıklı düşündük ve gerçekten düşünüp parçaları birleştirince biz resmen dolandırıldık. Orman yolunda simit tepsisiyle dolaşması, ambulans aranacakken kendine gelmesi, simitlerim diye ağlaması, paraya hayır dememesi. Yemin ederim yazık ya bu kadar düştü mü insanlık? Biz artık kimseye güvenemeyecek miyiz? Sizin yüzünüzden gerçekten ihtiyacı olanları görmezden mi geleceğiz? Onların günahı sizin boynunuza olmayacak mı? Kul hakkıyla nasıl gideceksiniz öteki dünyaya? Siz bizi vicdanımızdan vuruyorsunuz oysa sizde vurulacak vicdan kalmamış. Sizin gibiler yüzünden biz kötü oluyoruz yapmayın Allah aşkına, bizi kötüleştirmeyin. Ertesi gün plajda aynı olayı yaşamayan kalmamıştı.

İyi niyetlerimize bari dokunmayın.

Hesaptakiler

Sevgili sevgilim, sen ol bana sevgi, ben olurum sana sevgi ilim, sevgi dilim, sevgi evim.

En çok nerede korktum biliyor musun? Sana gelirken yanlış durakta indiğimde. Hatırlıyor musun sarhoş adam peşime takılmıştı gecenin körü her yer zindan gibi. Sapık adam arabasıyla peşimi bırakmadı, etrafta yardım isteyebileceğim kimse de yoktu. Milli koşucular gibi koşmaktan başka çarem kalmamıştı. Kötü niyetlere keşke çuval geçirebilseydik. Bana bir şey yapmasından değil o an sana gelememekten çok korkmuştum, neyse ki yine sen gelmiştin. Sen hep geldin hatta benim gibi hiç gitmedin.

Peki en güzel nerede korktum biliyor musun? Halanın Zekeriyaköy'de inekleri sağdığı, tavukları yumurtlattığı o köy evinde. Beraber kümese girip tavukların yumurtalarını toplarken kokudan başım dönmüştü. Tam o esnada içeriye benim boyumda giren kazlar nasıl korkutmuştu beni, ne yapacağımı şaşırdım. Seni bırakıp kaçtım hemen, sen de arkamdan gelip sıkıca sarılıp "Korkma" demiştin. Söz bir daha yanımda sen varken ne kazdan ne de başka bir hayvandan üstüme gelseler de korkmayacağım. Eğer bir kez daha seni bırakıp gidecek olursam yine bu kümese bırakıp giderim. Seni çok seviyorum ineğim, ne de olsa sen de sevgi sağıyorsun.

Hesabı kitabı birlikte yaptık. Tırmata Beach ve denizinde çıkan yengeçler aşkımıza şahitler. Bu sene herkes bana Uğur'un ne kadar düzene girdiğinden bahsetti. O yaramaz çocuk gitti, yerine olgun, önüne hedefler koyan adam geldi. Uslanması o kadar zor biriydi ki bana hep senin sayende derlerdi. Haklılarmış bu altı ay içinde anladım. İlk zamanlar biraz daha cahildik şimdi sevgimiz ağır basınca farklılaştı. Keşke herkes bizim gibi cahil olsa...

Başta nasıl benim elimde diye sorardım. Kendi kendime yaşayınca anladım. Uğur küçük çocuk gibi elinden tutup nereye çekersen oraya geliyor. Ben de ilk iyi niyetinden sonra bana olan zaafından yakaladım onu. Nermin abla ile Ergül abla Uğur'un sayemde düzeldiğini söyler dururdu. Hatta Ergül abla (Uğur'un benden önceki kız arkadaşının annesi) bana gerçekten helal olsun. Aslında bana değil bize helal olsun.

Onun bütün kötü alışkanlıklarını morga kaldırdım. Öyle düşündüğünüz gibi serseri biri değil. Sadece anlık yaşayan, hayata değer vermeyen vurdumduymaz, hayalleri kavanoza koyulmaz biriydi. Şimdi her şey hiç olmayacak kadar değişti. Sorumluluk sahibi ve benimle tamamlanan biri oldu. Annesiyle Hayriye abla bile iyi yönde gıybetimizi yapmışlar, benden sonrasını sevmeyen yok. Bizden öncesinin boyu devrilsin. Öyle yaramazlık yaptığına bakmayın bazen şebekliklerinden bile etkileniyorum.

Nermin abla kaç senedir Uğur'u tanır, beni sever mi bilmem de onu çok sever. Kasada bizim hesabımızı tutuyor. Hesaplar keşke tuttuğumuz gibi olsa. Nermin abla on sene önce oğlu Ozan'ı kaybetmişti. Aradan yıllar geçmesine rağmen acısı geçmemiş, hayatta olmayan oğluna olan bağlılığına hayrandım. Lakin ne yaşadığını anlayamazdım. **Birinin ne yaşadığını anlamamız için aynısını yaşamış olmamız şart.** Boynunda bir kolye vardı, üzerinde Ozan yazan. Kendisi de Allah için ozan gibi bir kadındı. Hesapta olanlar ayrı, ancak sonumuz aynı. Her şeyin bir çaresi var ölüm dışında. Siparişleri ona veriyoruz. Uğur da yanına gider *"Abla hazır mısın?"* derdi. Nermin abla da kalemi eline alır hepimiz yoğun bir sipariş beklerken Uğur bir su dediğinde kahkahaya boğulurduk. Tam bir şebek, ben artık satışta onu geçiyorum hatta Turgut'un işleri kötü diye tüyo bile veriyorum. Prim işiydi bir nevi. Satışına göre kazandığımız için ne kadar çalışırsak o kadar iyiydi. Müşterileri ufaktan oturtmuştuk. Bey diye hitap ettiğim adamlarla ağabeyli samimiyet kuruldu. İşler tam açılmasa da biraz toparlamıştı. Uğur *"Az satış yap senin yüzünden karizmam çiziliyor,"* diye dalga geçiyor benimle. Tabii yıllardır burada iş konusunda Uğur'la yarışan kimse olmamış, daha doğrusu olamamış. Ama hatırlatayım ben onun elamanıyım. Bu isot biberi olsa bal tadı verir. Havuç kadar renkli, gökkuşağı sanki evde tek yaşayan teyzelerin pamuk kedileri gibi bayılıyorum şuna. Bir de bana artistlik yapıyor, öpmezsem denize atarmış kendisini. Yüzme bilmiyorum diye tehdit ediyor, çıldıracağım şimdi. Nermin abla da şaşırıyor akşam ciromuza bakıyor. Neredeyse her gün bana *"Dilara bugün de Uğur'u geçtin,"* diyor. Buraya ilk geldiğim sene benim satışımı üçe katlıyordu, onlar Uğur'la dalga geçiyor Uğur benimle. *"Parayı mezara mı götüreceksin az yanımda otur."* Vallahi davar ya! Geçtiğime de bakmayın hep küçük rakamlar oynuyor, yine kafa kafaya geliyoruz. Hem ben çimde çalışıyorum o kumda arada fark var. Tabi bütün zorluklar onda.

Çay ocağındaki Nuri ağabey de pire midir nedir? Allah'tan çay ocağına bakıyor, yoksa ne Uğur ne de ben onunla baş edemeyiz. Adam işine yıllarını vermiş. Bizi saniyesinde harcar, burada yaptığımız havada kalmaz, yere halı oluruz. Bir de 12 yaşlarında Rus çocuğu Tima var. Hem sempatik hem de Nuri ağabeyin elemanı. Onu da hamstera benzetiyorum. Sanırım buraya bisiklet almak için para biriktirmeye gelmiş, bakın küçücük çocuğun bile şimdiden amacı var. Helal olsun.

Ah be adam seni
hesapsız kitapsız seviyorum.

Her Şeye Varım

Şu çok severek yaptığım soslu makarnayı sen olmadan severek yapabilir miyim, aynı lezzeti tutturabilir miyim? Hiç sanmıyorum. Nerden çıktı şimdi sensizlik? Allah yazdıysa bozsun. Muz almaya yolluyorum elinde bir sürü poşetle kapıya geliyor. İçinde muzlu pasta, muzlu puding, muzlu gofret beni muzdan soğuttun be adam. Onda istediğim değil, istediğimden fazlası var. Koskoca ülke, keşfetikçe hayran kalıyorum, gerisi mahalle, gerisi sokak, gerisi umurum dışı. O kadar sevimli ki oyuncağını yapsalar oldukça satar. Kafasına koyduğu zaman, zaman falan anlamaz. Seninle baş etmek tıp okumaktan daha zor olsa gerek. Durup dururken yüzük alalım diye tutturdu, müşterilerden kıskanması bahanesi olabilir mi?

Bir adam var bir adım kaldı.

Sarıyer'deki mezarlığın oradan geçerken etkisinde kaldığım bir evlilik teklifi vardı. O aklıma gelince Uğur'a hemen anlattım. Çocuk kız arkadaşına mesaj atıp acilen mezarlığa gelmesini istemiş kız da apar topar gidince çocuk elinden sıkıca tutup *"Bunca şahidin arasında soruyorum benimle evlenir misin? Sana söz veriyorum evet dersen ikimizin de sonu burada olacak,"* demiş. Bu teklifi çok anlamlı ve romantik bulmuştum. Belki de seninle sonumun burada olmasını istediğimdendir. Bunu anlattıktan sonra gülerek *"Sevgilim hazır buradayken ben de soruyorum bunca şahidin arasında benimle evlenir misin?"* dedim, demez olaydım. Uğur'un diline düştüm, düşüş o düşüş. Şaka falan anlamadı her fırsatta insanlara *"Dilara bana mezarlıkta evlenme teklifi etti,"* diye dillendirdi. Ciddiye alanlar da oldu. Taşı ona attım benim kafamı yardı iyi mi? Aslında ona beraber ölmeyi teklif ettiğimi inkâr edemem. Ondan sonraki amacım senden anlamlı bir teklif bekliyorum demekti. Eğer evlilik teklifin kötü olursa vallahi evlenmem senle dediğimde alttan alta nasıl da sırıtırdı, orada bir şeyler demek istediğini anlıyordum. Haksız da sayılmazdı. Ama ben şimdi anladım, Uğur'un teyzesi Hayriye abla yüzünden gitmiş, Süleyman abiye telefonda evlenme teklifi etmiş. Uğur da bu tekliften etkilenmiş demek ki. Ondan bana böyle yapıyor. On kere zar tutsam bir kere düşeş gelmez. Bendeki de ne şans. Oh olsun iyi ki sana pembe çorapları giydirdim, nasıl da azar işittin annenden. Geçen kulağıma eğilip *"Sana öyle bir evlenme teklifi edeceğim ki aklın gidecek,"* dedi. Aklım şimdiden gitti ne yapacaksın bir konserde sahneyi çalıp şarkımı söyleyeceksin? Canlı yayında muhabirin elindeki mikrofonu mu alacaksın? Çatlıyorum meraktan lütfen söyle. Sen böyle söylemezdin. Kesin tahmin edemeyeceğim ve çok beğeneceğim bir şey yapacaksın. Mahalleyi mi karıştıracaksın? Of çok merak ediyorum. Ormanın ortasına salıncak mı kuracaksın? Oradaki canlı varlıklara pankart mı açtıracaksın? Uçurtmanın ucuna yüzük mü takacaksın? Peki, tamam söyleme sen, zamanı geldiğinde nasılsa göreceğim. Hâlâ sırıtıyor, ya sırıtmasana zaten çok güzel sırıtıyorsun. Biri görecek vuracağım ağzına bir tane göreceksin.

Ah yine hücrelerim seni kaynatıyor. Hadi bırak beni dikizlemeyi de işine yoğunlaş aşkım. Plajın tuvaletinde bile rahat yok bana, kapıda aynaya bakma bahanesiyle durduktan sonra *"Nerede kaldın bak yine özlettin,"* demesin mi, deli âşık seni. Tuvalet kapılarınla sözleşme yaptı sanki. Kumda az şişmedi ayaklarımız olsun, seninle her şeye varım. Yeter ki sana varayım. Elinde tepsiler, müşteri Uğur'u beklerken o beni izlemekten geri kalmıyor. Müşterilerle çok samimi olmamalıymışım. Haklı kesin beni izlediği için satışta eziyorum onu. Uğur'un kıskançlıklarına ne komedi filmleri çekilir. Çaktırmayın ama benim de ondan aşağı kalır yanım yok. Yanımızda biri konuşurken kız ismi geçirmesinden dahi kıskandığım doğrudur. Hatta İnstagram'ın keşfet kısmında çıkan kız resimleri veya yoldan geçen güzel kızlar, gay arkadaşım olsa ondan bile kıskanırım. Ne yapayım seviyorum işte. Ne şiirler yazdım göz bebeklerine. **Bütün şiirlerim, köpeğin olsun bir tebessümüne.** Tırnak uçlarından tut saç tellerini bile kıskanırım.

Birlikte ölmeyi teklif ediyorum sana.

Gün Batımında

Bulduğum her cama nefesimi verip buhar yaptıktan sonra Uğur yazıp üç nokta koymayı unutmadım. O üç noktada ne anlamlar var bir bilebilsen. Ben bu adama böyle romantizm yüklüyken o gelsin yanımda geğirsin. Böyle konuşuyorum da bakmayın bayılıyorum doğallığına. Zaten bayıldığım için bayıltmayı tercih ediyor yoksa yapmaz, yok ya yine yapar. Bir kere ağzı sigara kokuyor diye yanıma yaklaştırmamıştım gidip fırçalayıp ağız suyuyla çalkaladığı yetmezmiş gibi bir de ağzına parfüm sıkıp yanıma gelip burnuma doğru üfledi, işini garantiye almış, manyak yemin ederim. Hatta kolonya içecekti. Şimdi bize ne pis diyenler de olmuştur muhtemelen, onlar çok temiz Allah kirletmesin. Leb demeden leblebiyi anlayan insanları ne severim.

İş çıkışında eve giderken Acarlar manzarasından günbatımına şahit oluyoruz. Bir kızarışı var utanmazın, çok fena. Hep de bu zamanlamaya denk geliyoruz. Utangaç güneş ceketini giymiş, bulutlar çok anlayışlı, deniz parlıyor sakinliğiyle, gemiler sayısız, boğaz köprüsü yorgun, arabaların umurunda değil, martılar gülüyor, kuşlar kalp oluşturmuş, ağaçlar kalabalık, arsa sarı papatyalarla çevrilmiş, arkamızda genç kızlar, köpekleriyle oynayanlar, üçüncü köprü bariz yarıya gelmiş. İki saniye kapatıp gözlerinizi şu gün batımını canlandırın, bir de kocaman ve yaşlı bir ağacın altında sevdiğinizle birlikte oturduğunuzu düşünün. Muhteşem değil mi? Beraber bayrakları sayarsınız biz saydık on iki tane. Siz de sayın belki daha fazla çıkar herkesin gördüğü farklıdır. Geçen güneşi çağırıp seni anlatmıştım, sanırım ondan bu kızarışları. *"Sevgi nedir?"* deseler, işaret parmağım seni gösterir. Soyut olan en güzel hislerin somut hâlisin. Farkında olmadan şarkı söylemeye başlamışım. *"Günbatımındaaa, en sevdiğim adamla, en güzel şarkılar çalıncaaaa, bir dokununca, bir sarılınca, dünyaaaa benim olur yaa..."* Sırıta sırıta devam ediyorum, elimi tutan belli onun rahatlığı var tabi. Uğur *"Aşkım bunu kim söylüyor, güzelmiş telefondan açalım,"* dedi. Sesine dayanamıyorum diyemedi *"Şimdi ben uydurdum,"* deyince aynı sözlerle bu seferde o eşlik etti *"Günbatımındaaa, en sevdiğim kadınla, en güzel şarkılar çalıncaaaa, bir dokununca, bir sarılınca, dünyaaaa benim olur yaaa..."* Sesimiz kötü olmasına rağmen düetimiz güzeldi. Günbatımınla ve bizimle mükemmel bir uyumu olduğunu söyleyebilirim. Şarkımız bitince birbirimizi gülüşlerimizden öptük. Sana tonlarca beste yazarım amma velâkin yazarken de söylerken de sana muhtacım. Tabi böyle sözler edersem o da beni kucağına alıp döndürür, başım dönmüş midem bulanmış anlamaz ki. Ben de anlamadım zaten. Yalnız beni o tepede, o gün batımında döndürürken de aynı şarkıyı tekrarlıyorduk. Ağaçlara duyurdum sesimi çok mutluyuz diye, kaldırım taşı bile anladı, taşlar yerinden oldu. Sağlı sollu tutuştu ellerimiz. Kaldırdık başımızı, başımız dönene kadar devam ettik dönmeye. Sonra her şeyi 3,5 saniye bulanık gördüm veya hareket hâlinde bir tek sen nettin sevgilim, sevgi ilim. Bizim günbatımlarına zaafımız var, en güzel zamanlarımızı onun da tanıklık ettiği zamanlarda yaşadık. Bugün de gün battı ay kaldı. Ay güneşin yerini tutar mı? Merak etme sevgilim sen zaten gökyüzümsün. Nasılsa hepsini sen barındırıyorsun. Sen varsan onlar da var... Sen benim gökyüzümsün hatta gökyüzlüm. Sen seversin hadi gel pilav üstü kuru fasulye yemeye gidelim, bol karabiberli.

Günbatımında gel sarıl koynuma.

Bir Pazar Kahvaltısı

Bazen öyle havalı sözleri oluyor, donup kalıyorum. Ağzıma sinek kaçacak kadar açık bıraktığımda anlıyorum. Vantilatör yanında halt yemiş, klima bile o kadar havalı değil. Mesela benim kırk yıl düşünsem aklıma gelmeyecek şeyler. Uğur için ayrı not defteri tutmayı düşünüyorum. Ağzından çıkan her kelimeyi yazacağım oraya.

Çekirdeğin içini avucunda biriktirip avucuma bırakmasa olmaz. Marketin manavından çaldığı kirazı ağzıma tıkmadan içi rahat etmiyor. Haram değil, o göz hakkı.

Bir pazar kahvaltısına gitmeden gitmeyelim. Annelerimizi bir pazar kahvaltıya götürmeyi düşünüyoruz, pazarın kahvaltısı da meşhurdur kahkahası da. Zeytin peynir kolay, yüzümüzde gülücük eksik olmasın. Fotoğraf çekilirken zeytin ile peynirin okunuşu gibi. Hadi hep beraber zeytin diyelim vallahi ikisini de çok seviyorum. Siz hangisini daha çok seviyorsunuz? İşte onu söyleyin. Gülmek için bahanemiz olsun.

Yılmaz ağabeyle de bir mangal yapmak lazım. Fadime abla çok şikâyet etti, hep emir verirmiş. Odun getirin, kömür getirin, ben getiririm senin canın sağ olsun baba. Dur ya ben baba mı dedim? Evet, baba dedim. O da bana kızım diyor. Baba, oysa hecesi bile kolay. Zira onu yapamayanlar var. Birine baba dememiz için onun baba olması değil, babalık yapmış olması şart. Çoğu zaman teori, uygulamanın yanında işe yaramaz. Çok seviyorum ailesini, onlar da beni. Bunlar birbirlerini çok sevince kaçarak evlenmişler, sanırım o yüzden hâlâ birbirlerini yiyorlar, laf aramızda çok seviyorlar. Biz hangi ara aile olduk, hiç anlamadım. Yılmaz ağabeyin hiç makarna yemediğini, eli açık olduğunu, çok konuşup Fadime ablayı kızdırdığını, yemeği fazla kaçırıp mayıştığını, çaysız duramadığını biliyorum. Fadime ablanın babasının zamanında bütün kızlarının nüfus kâğıdına bir ocak diye yazdırdığını, oğlak burcu özelliklerini taşıdığını ama gerçek doğum tarihini bilmediğini de biliyorum. Sosisten salamdan nefret ettiğini, tutumlu olduğunu, Cübbeli Ahmet Hoca'ya olan hayranlığını, Kürşat'a verdiği cezaları biliyorum. Hatta Büşra'nın işte kararsız olduğunu, menemenin içinde yumurta sevmediğini hatırlıyorum. Kürşat'ın, Yılmaz ağabeyin arkadaşı emlakçı Nuray abladan çok korktuğu görüyorum. Çok şey bildiğimi fark ediyorum. Farkına bile varmadan. Uğur'un ise kendi ailem hakkında hatırlamadıklarımı bana hatırlattığı oluyor. Biz ne güzel olmuşuz böyle. Cidden bilmediği anlamadığı bir şey yok. Mesela geçen bilmediği için ben uyurken saç tellerimi sayıyordu, bakalım kaç tel var, onu da öğreneyim demiş. *"Bu imkânsız,"* dedim, *"Sen varsan her şey imkânlı,"* dedi. Deli mi ne? Vallahi imkânsız. Uzun lafın kısası beni çok seviyor...

Yeter ki biz olalım, gerisi imkânsız olsa da...

Hayat kısa ise biz uzun sevelim.

730 Gün

Hangi ara doldurduk iki yılı, daha dün gibi ilklerimizin tadı. Şimdi 730 gün oldu. Bu kadar zamandır senin kalbinle mi yaşıyorum? Takas mı ettik nakil mi? Çok hızlı atıyor benimki? En kârlı yatırım olsa gerek bakışların. Midemdeki kelebekler hâlâ uçuşuyor, bir de ömrü kısa derler vallahi yalan. Heyecanımı kaybetmedim hâlâ ilk günkü gibi hoşlanıyorum konuşmalarından. Dudakların vişne reçeli, gözlerin sütlü çikolatam, 730 gün çok az ben seni sonsuzluğa kadar sevmek istiyorum, yoksa hatırım kalır. Sanki doğduğumdan beri âşığım...

Yastık siparişi verdim, 14 Haziran'a yetişmeli. Uğur'un yanına çalışmaya ilk geldiğim ve iyi ki geldim demekten vazgeçmediğim gün. Tıpkı Uğur'dan vazgeçemediğim gibi. Sözleriyle romantik, uygulamada romantik olmadığından, o güne bir sürpriz beklemiyordum, belki bir hediye olabilirdi. Ben de verdiğim yastık siparişine *"Şu gelecekteki yılları sana kilitleyesim var,"* yazdırdım. Yıllardan habersiz. Günler de olur saatler de... Seninle olsun yeterki.

Beyaz bir kapri, siyah bir tişört aldım. Kıyafeti pek yok, dağınık olduğu için kendisi. Genelde çıkardığı yerde unutuyor, kaybediyor veya arkadaşında bırakıyor. Ben almadıysam önemsemez ki böyle şeyleri. O yüzden her fırsatta bir şeyler almaya çalışıyorum. Hiç ayrı kalmadığımız için onları alana kadar akla karayı seçtim. Daha fazlasını yapmak istiyorum imkân yok. Yastık da geldi. Yastığa adalardaki bisikletli olan fotoğraflarımızdan birini bastırdım. Uğur, Dilara, Masal yazısını hiçbir yerde unutmadım ki. Evlendiğimiz de yatağımızın üzerinde süs olacak, bize bu günleri hatırlatacak bir hediye. Hem Masal'ı onda uyuturum. Hediye dediğin anlamlı olacak benim bütün anlamım sensin. Allah'ın bana hediyesisin. O'na teşekkür ediyorum karşıma seni çıkardığı için. Ayrıca söz veriyorum seni dünyanın en mutlu adamı yapacağım. Aklımda çok fazla şey olmasına rağmen fırsat yaratamadım. Sabah altı iş, akşam sekiz ev olunca yorgunluktan kendimizi bile unutuyoruz. **Yapmak istediğiniz ne varsa fırsat yaratıp yapın.**

Ben o gün verdim hediyelerimi gönlümü verdiğim gibi. Nasıl da güldü yüzü. Onun sevinince utanınca şaşırınca bir sırıtışı var kesin anlatmışımdır öyle sırıttı işte. Yastığa bir sarıldı sanki ben kokuyor, tabi ya parfümümü de sıkmıştım. İşlerden dolayı belli ki o gün kutlayamayacaktık ne yalan söyleyeyim epey zoruma gitti, içimde kaldı. Ne odunluğu kaldı, ne kalaslığı, haklıyım tabi biraz da icraat önemli.

Allah'ım bu çocuk güzel giyinmesin, yemin ederim gözümden kıskanıyorum çok yakışıklı oluyor. Sanki daha önce yakışıklı değilmiş gibi mi konuştum yine. Nasıl da yakıştı beyaz kaprisi, bir de görmeyin kaprisleri *"Bakın bakın sevgilim aldı,"* diye havasını attı. Ben de plajda Turgut'a dert yanıyorum. İnsan iki senede hiç sürpriz yapmaz mı? Turgut, *"Aramızda kalsın beraber on gündür plan yapıyoruz ama aksilikler çıktı olmadı,"* dedi. Neymiş plajda dalgaların geldiği kuma masa hazırlamayı düşünmüşler, bendeki bu şansla beklentilerimin karşılanması imkânsız gibi. Uğur ise hiçbir şey yolunda gitmediğinin, telafisini yapacağını ima etti. Ne yapayım en azından unutmadı. Öylece örttük üstünü. Artık bu su katılmamış kalastan pek de beklentim kalmadı. Ben bu imkânsızlıkta bile imkân yaratıp bir şeyler yapmaya çalıştım, hatta hafif kalıyor diye tribe girdim, sığır ne olacak. Hep böyle sevsin sadık kalsın, odun olsa da olur diye avutmaya başladım kendimi iyi mi? Bir süre sonra da unuttum gitti. Balık hafızam sağ olsun.

Havanın güzel, işin de yoğun olduğu bir pazar günü güneş kremimi de sürmeyip kırmızı elbiseye döndüğüm doğrudur. Uğur'un telefonundaki poker oyunundan nefret ediyorum çünkü onunla oynamasını kıskanıyorum. Eline aldığı zaman bırakmıyor öyle bir günde poker mi oynanır yahu! Kalk para kazan be adam diye söylendim durdum. Neymiş çalışası yokmuş başı da ağrıyor kıyamam diyecektim ama kıyarım bize para lazım. Turgut'u da erkenden eve yolladı neymiş işi varmış. Bütün plaj bana kaldı, koştur koştur mahvoldum. Yanacak günü buldum, çok yakıştı amele yanıklarım. Sarı kırmızı takımım gibi dolaşıyorum. Ayaklarımın su topladığı yerleri sızlıyor.

Arada Uğur'un yanına gidip kontrol ediyorum, bizim WhatsAap grubunda konuşuyor galiba çözemedim. Gelince pokere döndü. Yorgunluktan da üstüne düşemedim. Beni aldatacak hâli yok ya bu kadar seviyorken. Benimle de dalga geçiyor beyefendi. *"Bu kadar parayı ne yapacakmışım?"* diyor. *"Tuvalet kâğıdı niyetine kullanmak için çalışıyorum aşkım ne olacak."*

Gün bitti ben de bittim. Servise bindik, Turgutlar'a gidecekmişiz bizimkiler yine toplanmış bekliyorlarmış. Benim serviste haberim oluyor. Benim arkadaşlarım toplanıyor, ben sevgilimden duyuyorum. Bu işte bir bit yeniği var ama hadi neyse. Poker oynarken kesin WhatsAaptan *"Akşam ne yapıyoruz?"* yazdın, yine bir organizasyon çıkardın değil mi vefasız. Akşama kadar oturdun beni çalıştırdın. Eve gidip yatmalıyım çok yorgunum derken birden enerji geldi, nasıl oldu anlamadım. Uğur'u öpücüğe boğdum birazcık da gıdıkladım. İçimden öyle geldi. Sanki güzel bir şey yaptığı için onu öpüyormuşum gibi yüz ifadesi var, ben de pek anlamadım.

İlk Sarıyer'e indik alışveriş yapıp üstünü yeniledi. Yeniköy'e minibüse binip gittik. Bizimki çok acele etmeye başladı. Alt tarafı iki lafın belini kırıp yatacağız, bu ne acele adam. Beş dakikalık yürüme mesafesine taksiye bindik. Ben hâlâ söyleniyorum ne diye şu mesafeye taksiyle geliyoruz diye. Bir de bahşiş veriyor, biz ne için çalışıyoruz o bahşişlere çalışıyoruz. Bir kere de bizi düşün hep başkalarını düşünüyorsun, gel de delirme. Sonra demesin mi *"Taksiyi sıradan çıkardık o yüzden,"* diye. Ben ne anlarım sıradan be aşkım.

Koştura koştura kapıya geldik, bitmişim yorgunluktan kapıyı kuvvetli bir şekilde çaldık. Kaptan şapkasını takmış garson kılığına girmiş bir Turgut gördüm karşımda. Allah Allah dedim. İçeriye adımımı attım yerler mum, gül yaprakları, ortada romantik bir masa tavan kalpli balonlarla döşenmiş, uçlarında fotoğraflar. Kıskandım Turgut daha Zeliş'le çıkalı ne kadar oldu, hangi ara bunları yapmış? Kıza maşallah, nazar değmesin diye kendi kendime konuşurken o da ne? Balonların ucundaki fotoğraflar bizim fotoğraflarımız. *"Hasiktir,"* dedim sesli bir şekilde, bu kez onlar romantik, ben odun oldum. Ne yani bunları Uğur mu yapmış? Nasıl yapmış, yaptırmış mı? Adeta sorular kafamda döndü durdu. Uğur beyaz güzel bir elbise almış eline *"Buyurun efendim,"* diyor. Kendi kendimi cimcikliyorum, bu ne lan diyorum. Yorgunluk bende kafa yaptı galiba. Girdim odaya elbisemi giydim. Bembeyaz huzur kokusu var üzerimde. Papatya tacını taktı saçlarıma, sandalyem çekildi oturdum. Masada bile fotoğraflarımız var, benim fotoğraf âşığı olduğumu biliyorlar tabii. Turgut servisimizi yaptı. Masada göz göze gelip sessizce bakıştık, o bakışmalar kendi arasında neler konuştu kim bilir.

- Her zamanki gibi çok güzelsin gelinim gibi...

- Her zamanki gibi çok özelsin sevdiğim gibi...

Yalnız amele yanıklarım mı güzel darmadağın olan saçlarım mı? Unutmuştum oysaki umutsuzdum. O unutmamış aslında hep mutlu etmek istediğini biliyorum lakin ne zaman, ne de yer müsait olmadı. Ne hikmetse bugün her şey bizim mutlu olmamız için müsait. Ayağa kalkıp boynuna sarıldım sımsıkı, dudaklarına temas ettim. Bu bir teşekkür diyelim dudaklarına bal değmiş sanki. Belimi iki eli ile sardı müziğe bıraktık kendimizi. Mumlar bile dans etti heveslerimizle birlikte. Göz bebeklerini büyütüp *"Seni çok seviyorum,"* dedi. Ben az sevmiyorum ki. Başımın üstüne, alnımın ortasına değdirdi ağzını. Ah bir de kadınım deyişi var ya tamam ben rüyadayım uyandırmayın beni. Ben uyanmadan pastamız da geldi. Odadan Zeliş, Ayseli, Yasin çıktı. Sevdiklerimizle birlikte ikinci yılımızı kutladık. Pastamızı da kestikten sonra bana adisyonu getirdiler üzerinde

"Bir ömür, ömrümü yemen dileğimle..." yazıyor. Şuracıkta vurun beni, en azından kollarında ölürüm. Aslında planında gemide bu organizasyonu yapmak varmış ama aksilikler işte yakamızı bırakmayan aksilikler bugün canımızı sıkmadı. En sonunda kameradaki mutluluğa pozlar verdik. Belimden kaldırdı yukarı Zeliş'in en sevdiği poz, hepimizin de yüzü gülüyor Allah ağlatmasın. Hiç beklemezdim. Fark ettim ki beklentiler üzermiş, beklenmeyince güzel. Zaten hep böyledir, güzellikler seni ummadığın anda bulur. Birlikte nice yıllara adamım. Ömründe ömrüm var.

Birlikte nefes aldığımız her gün
mutlu olmamız için müsait.

Su akar yolunu bulur, sen akar kalbimi. Yine mutfakta rahat yok bana yemeği yakacağım sayende. Tamam, enseme yanaşıp belime kollarını dolamanı seviyorum, "Ben böyle kuyruk gibi dolaşırım arkanda, kızma bana!" derken suratındaki masumiyete hayranım. Ah başımın belası, dudaklarımın mirası, sen yokken depremler var burnumun direğinde. İyi ki varsın, hep var ol. Uyuyayım diye söylediğin ninniler, uyumama engel oldu. O kadar güzel ki sesin. Seni anlatmaya çalışıyor gene kalbimin sesi. Çorabının tekini her sabah ben bulurum. Yılbaşında pijama, terlik, televizyon yapacağız daha. Paraşütle atlamamış olsak bile gökyüzünde dolaşacağımız günler olmalı. Sen yanımdayken kulağımda vızıldayan sinekleri dahi duymazdan geldim. Hayat kısa ise biz uzun sevelim. Yok, vallahi senden evvelim. Hadi bir an önce evlenelim.

Yine mi Kavga?

Birbirlerini çok seven insanlar çok mu kavga eder sorusunun cevabı biziz. Kavgadan sigortalıyız emekli olacağız. Evet, yine kavga ettik aslında bu seferki gitmemin sebebi ayrılık değil. Biraz burnu sürtsün sonra görüşürüz hesabından. Bizim kavgalarımız bile üçkâğıtçı. Kavgadan sayılmaz bile. Hatta biraz ciddi olsun diye onlardaki eşyalarımı toplayıp Büşra'nın karyolasının altına koydum. Ben de az zilli değilim, Fadime ablanın da dediği gibi. Bizimki sıyırdı sıyıracak. Tabi o arada ben de evime gelmiş, Zeliş ile dedikodunun belini kırıyorum. Aslında kötüyüm ama iyi görünüyorum. İnsanın iyiyim dediğinde kötü olduğunu hissedecek arkadaşları olmalı. Akşam oldu Zeliş gitti. Ayseli ile Yasin geldi, beni yalnız bırakmıyorlar. Uğur'un da yanında Turgut var yoksa aklım onda kalırdı, sanki kalmadı. Ya kavga sebeplerimiz de ele avuca sığsa keşke o bana bağırıyor, bağırma derken ben bağırıyorum. Bu bağrışmalar ilk keçileri kaçırıyor sonra da beni. Bozulan psikolojimin de etkisi büyük tabi bunda. Ben hep gizliden kaçtığım için rahat oluyordum. Yanından kaçmamın imkânı mı var sanki? Yasinlerle bol nar ekşili çiğ köfteleri yedik, oturup sohbet falan derken *"Hadi sahile gidelim,"* dediler. Benim de işime geldi bir ceket alıp çıktım. Şimdi biz bir motora üç kişi mi bineceğiz? Yürüseydik sahil iki dakika. Beni ikna ettiler bindik, vallahi korkudan altımıza edebilirdik. Hem polis korkusu var, hem kaza bela. Yasin herhâlde farklı bir sahile gidiyor diye düşünürken Boğaz Köprüsü'ne kadar geldi. Tabi jeton kaplumbağa kadar geç ulaştı bana. Fazla iyi niyetliyim belki de, Uğur'un bunu yapacağı nasıl aklıma gelmez. Yasin'e bir dünya küfür ediyorum ama Ayseli de bir şey söylemedi ayıp be. Nasıl arkadaşlarsınız siz? Yeniköy'e Turgutlar'a kadar öylece geldik. Allah korudu vallahi. Uğur bizim yolumuzu balkondan gözetliyormuş. Yasin de mahcup bir şekilde bana *"Kanka kusura bakma, vallahi çok zorladı, mecbur kaldım,"* dedi. Uğur çocuğa *"Sen istesen ben sana Ayseli'yi çuvala koyar getiririm,"* demiş. Ya bu çocukta şeytan tüyü var yemin ederim. Bak yine çocuk dedim. Adam mı, çocuk mu karar veremiyorum ama iki hâlini de seviyorum. Bayağı debelenmeme rağmen aşk galip geldi. Sarılınca tüm kızgınlığım, olamayan kırgınlığım geçti. Sarılmakmış ayrılığı kilitleyen mesele. Bu bizim son kavgamızdı.

Tebrikler yılın en üçkâğıtçı çifti seçildik.

"Hayallerimi küçük gören herkesi küçültecek kadar büyüyeceğim."

Askıda Kalanlar

Benim sana tav oluşum gülerken kısılan gözlerindi. Sonra kar yağmadan akan burnun, soğuğu görünce çatlayan dudakların, dökülüyor diye kel kalacağını düşünüp üzüldüğün saçların, ortasındaki üç beş tüyü bana aldırdığın kaşların, her şeyi işiten kapılara yapışan kulağın. Şöyle bir düşünüyorum da benim tav olmadığım yanın yok adamım. Kendimi zor bilirdim, bir sana kolayım. **Zor da olsa, herkesin kolay olduğu birileri vardır.**

"Nerede kaldın, sigara içmeye mutfağın camına gittin değil mi? Kokuna uyandım, dur bir gözüm kapalı yine kucağına alıp yatağımı mı değiştireceksin?" demeye kalmadı, göğsünde aldım nefesi. Kedi gibi masumlaşıp "Aşkım gece uyanıp yanımdan gitme olur mu?" diyorsun. Kara kara ne yapayım diye düşünecekken uyuyakalıyorum şu sardığım gövdende. İyi ki de uyuyakalıyorum. Sürekli gitme diyorsun, korkuyorum artık bir gün sen gidersen diye. Yine negatif enerji yayıyorum etrafıma. Bana bakmayın her zamanki hâlim bu. Uğur boşuna söylenmez bana, bir kere de pozitif düşün diye. Her dışarı çıktığımızda fastfood yemek isterdim. Bizimki de kıyamaz doymadığı hâlde yerdi

ama doyar mı hiç, yolda nohut pilav satan amcaları görünce fena sevinirdi, üstüne de onu yerdi. Evet, enteresan bir mideye sahiptir kendisi. Bizzat şahidim, ekmeği banıp yoğurt yediğine.

Benim hayallerimden biriydi sahnede olmak, Demet Akalın'ın konserinde dans etmek. Önceden Kibariye'nin Ataşehir'deki konserinde görevlilerden kaçıp sahneye zorla girmiştim. Bir şarkıdan sonra teşekkür edip inecektim oysa. Kibariye abla izin vermedi çaldı Roman havalarını. Klarnetçisi de çıktı, karşıma ceketini beline bağlayıp. Ben tam çingeneyim haberi yok, o da baş edemedi. Biraz da Kibariye ablayla karşılıklı göbek attıktan sonra kendimi sahneden dışarı atmıştım. Ellerinden zorla kaçtığım görevliler bile sahneden inerken tebrik etti. Başında izin vermeyenler, sonunda tebrik ettiler hayat aslında biraz böyle başıyla sonu karmaşık. Ama benim eninde sonunda ünlü edeceğim bir sözüm var böyle anlar için **"Hayallerimi küçük gören herkesi küçültecek kadar büyüyeceğim."** Büyürüm deyip ihtimal vermiyorum, kesin konuşup garanti veriyorum. İnsanların tebessüm edip parmaklarıyla beni göstermeleri, küçücük kız çocuğunun *"Tebrik ederim abla,"* demesi de gerçekten güzeldi. Ben de bizi tebrik ederim sevdiğim, bizi kazandığımız için. Bizim altılı grubumuzla Demet Akalın'ın konserine İstinye'ye gidiyoruz. O da ne! Demet Akalın'ın konseri değilmiş ki. Sadece konuk sanatçı olarak gelmiş, iki şarkıdan sonra gidecekmiş ne aptalız. Onca kalabalığı aşıp sahnenin yanına geldim demirlerden atlayıp güvenliklerin yanına girdim. Uğur da arkamdan koşuyor sadece ben olsaydım, görevlilerden kaçar sahneye atlardım, yanımda Uğur olduğu için yapamadım. Bir görevli kolumdan tutup iter falan Uğur kıyameti koparır, ondan yemedi yani. Biz güvenlikleri ikna etmek için çırpınırken bir de baktım şarkı bitmiş. Üzüldüm ama olsun dedim, sevgilim yanımdaydı. Ona sarılınca geçti. Ne olacak yani? Bir hayalim daha askıda kalsın onca hayalim gibi.

Bak ne anlatacağım geçen sene, sanırım Uğur'un askerde olduğu dönem, Antalya'da bir otele iş için gitmiştim. Otele gittiğim günün akşamında Uğur bana yarım saat ulaşamamış, odama giderken resepsiyondaki herkes sanki beni tanıyormuş gibi *"Biri sizi çok merak etmiş,"* dedi. Neye uğradığımı şaşırdım. Sen hangi ara oteli aradın be aşkım, bir de üst üste defalarca. Telefonun şarjı yoktu şarja takıp duşa girdim sonra arayacaktım. Ancak benim aramama fırsat vermedi o bana ulaştı, hem de banyonun telefonuyla. Yuh artık dediğinizi duyar gibiyim. Biz birbirimize ne kadar da çok benziyoruz değil mi? Allah için Uğur'un eline su dökemem. Ama ayaklarına dökebilirim. Su dökmesi benden, yıkaması senden öyle bir de kokusu var yani. Hem böyle konuşuyorum hem uzak kaldığımızda o kokuyu dahi özlüyorum. Plajdan Nuri ağabeyle çamur banyosuna gitti diye haşlamıştım onu. Yok, canım kıskanmaktan değil zaten yalnız girdiler, benim çirkefliğim hep özlemekten. Sizi böyle bütün çirkefliğinize rağmen seven bir adam varsa el üstünde tutun. Geçenlerde Uğur'u annesine şikâyet ediyordum, kadın demesin mi *"Şikâyet ediyorsun ama sen de onsuz duramıyorsun,"* diye. Çok kötü bozdu beni be. Genelde ben Uğur'u bozarım, annesi de beni. O yüzden galiba Uğur benim huylarımı hep annesine benzetir. Doğru aslında annesi gibi sakınırdım onu, sanki doğduğunda kollarımda açmış gözlerini. Tam da öyle severdim işte.

Sanki doğduğumda kollarında açtım gözlerimi.

Hadi Hayırlısı

Bir gün iş çıkışı servisle eve giderken Afganlılar da servise bindi. Ellerinde poşet, çanta, valiz gibi eşyaları vardı. Allah Allah işi mi bırakmışlar hepsi birden anlamadık. Aralarından biri birazcık Türkçe konuşabiliyordu. Uğur ona sordu, işten çıkarmışlar hepsini. İnanın çok üzüldük bazısının çoluğu çocuğu var. Sürekli takılırdık onlara, şimdi gidiyorlar. **Aslında herkes gidiyor nereye olduğunu bilmeden, bilerek, severek, isteyerek veya istemeyerek fakat herkes gidiyor buna çok kez şahit olmuşsunuzdur.** Mutlaka bir sebebi vardır bu gidişlerinin ama biz mantık açısından değil duygusal açıdan bakıyoruz. Bir şeyler yapmak istiyoruz onlar için ne yapabiliriz bilmiyoruz, iftar saati de yaklaştı. Uğur tuttu kollarından beraber bir lokantaya girdik en azından bir iftar yemeği vermiş olalım diye düşündük. Onlar ise hâlâ çekiniyor zorla menüyü koydurduk önlerine gidip en ucuz yemekleri seçmişler, çıkarken fark ettik. Ne kadar iyi niyetli insanlar. **Hayat böyle işte kayboluyorsun, kocaman dünyada karınca kadar yer edinemiyorsun.** Umarım haklarında hayırlısı neyse o olur.

Asıl mesleği kuaför ama beni yazıp çizen o, sanırsın mimar. Hastalıkta sağlıkta evet dediğim doktorum. Kalbimin röntgenini çeksen sen çıkarsın ortaya. Bana sevginin her zerresini yaşatıp öğreten farklı biri değil, öğretmen mi yani? Adam da her meslek var, ne kadar da yetenekli. Şimdi kendime haksızlık edemem. Ben de ona tutumlu olmayı öğrettim, cebinde ayaklanıp gidenler artık oturaklı. Bir de bal gözlerimde cenneti bulduğunu söylüyor. Oturup hıçkıra hıçkıra içini dökmeyi öğrettim ona, dişlerini göstermeyi öğrettiğim gibi. Yemin ederim kolları evim gibi. Bere takmasın çok yakışıyor, kirli sakallarını temiz sevdiğim adam. Konuşan bakışlarına âşığım. Yeni bir sözlük çıkarmak gerek, sevgi kelimesinin yanına adını yerleştirmek. Oraya sen daha çok yakışırsın. Ağzımdan çıkan her kelime sana ait. Ben yine aşka daldım uyaran yok. Karı koca halt yemiş yanımızda. Onlardan beter hâllerimizi biliyorum annesi de şahit aramızda durur. Kadıncağız bizim ilişkimizi yaşamak zorunda kalıyor gına gelmiştir. Benim aklım idrak edemiyor. Biz bizden önce ne yapmışız? Birbirimizi yemeden nasıl durmuşuz. Aramızdaki şey, bir annenin evladıyla olan samimiyeti kadar temiz. Biz her ne kadar temiz olmasak da. Bazen eve gelirken *"Orkid al,"* diye mesaj attığım oluyor. Mor renkli kullandığımı bilir. Kasiyer kız da olsa erkek de olsa yanakları kızarır, arkasına bakmadan marketten uzaklaşır. Bir de kolunun altında getirirdi onu bana, sanki odadan Masal'ın bezini getir demişim gibi uzatır. Acaba bezi öyle mi uzatacaktı?

Bayrama bir şey kalmadı şunun şurasında. Artık Uğur, plajın çocuklarını iftardan sonra dondurmayla kandıramayacak. Ramazan da bitiyor, plajın işleri bayramda tavan yapacak, malum biz de bir aydır bunun için sabrediyoruz. Allah bilir neler çekiyoruz. Uğur bayramdan sonra işlerin iyi olacağını ve istediğimiz miktarı iki ayda rahatça biriktirebileceğimizi, hayallerimize epeyce yaklaşacağımızı söyledi. Bunu söylerken yüzü de gülüyor, ufaktan işler kendini göstermeye başladığı için. Hadi hayırlısı diyorum içimden. İnşallah her şey istediğimiz gibi olur. Genelde benim her hevesim kursağımda kalmıştır. Sen sakın orada kalma. Maşallah deyin bu aralar aramızdan su sızmıyor. Allah nazarlardan saklasın çok mutluyuz özellikle de bu zamanlar, galiba ilişkimiz olgunluk kazandı. Olur olmaz şeylerle tartışmıyoruz, daha çok sevgi gösteriyoruz birbirimize. İnanabiliyor musunuz bizim kavgalarımız duruldu. Şu dükkânı açtıktan sonra eminim her şey çorap söküğü gibi gelecek, bir de 'Ben Bilmem Eşim Bilir'den arabayı, 'Çarkıfelek'ten beyaz eşyayı tutturduk mu daha ne olsun. Her şey tam olsun.

İçimiz dışımız iş oldu bayramdan sonra da fırsatımız olmayacak diye işi aksatıp beraber vakit geçirmeliydik en azından bir gün. Beraber çalışmak dışında aktivite yapamaz olmuştuk, bu da son demlerimizdi. Artık işler de açılıyor. İki elle değil, dört elle sarılacağız. İşi ekip Beşiktaş'a elimizde pamuk şekeriyle dolaşmaya geldik. Bowlingde tek bir puan farkıyla Uğur'u yendim, bir bilseniz nasıl hırs yaptı. İlk kez bana alışveriş yapacaktı. Hep çok isterdi ama nasip olmamıştı, bak en sonunda oldu. Normalde kadınların işidir kocalarının kredi kartını alıp alışveriş yapmak, bayılırlar, adamlar da harcamayı görünce bayılıyorlar. Ben değil de tam tersine Uğur hep çok istemiştir kredi kartını bana verip alışveriş yapmamı çünkü o da biliyordu harcamaları dikkatli yapacağımı ama kart hep boş olduğundan olmadı. Ona pazarlık öğretmeye çalıştığım günleri unutmadım, pek kavrayamadı o ayrı mesele. Bana kalsa falcıyla, çiçekçiyle hatta dilenciyle bile pazarlık yapardım. Allah ayırmasın diyorlar, Allah kabul etsin çok güzel bir dua. Keşke herkesin pazarlık anlayışı bizim gibi dıştan olsa. Bir de bunu içten yapanlar var. Bak işte onların eline su dökemeyiz. **Bakma öyle gözlerinle de pazarlık yapmayı düşünüyorum birkaç bakışı var çok pahalı.**

Bütün falcılar, çiçekçiler bizi gördüğünde Allah ayırmasın derdi.

Nice Benli Yıllara

Hani *"Benimle evlenmezsen seni boşarım,"* diyorsun ya daha çok hayran kalıyorum düşüncelerine. Birbirimizi çirkin diye sevdiğimiz olunca ciddiye alıp yoldan geçen teyzelere soruyoruz *"Hangimiz daha çirkin?"* diye. İkiniz de güzelsiniz deyip aradan çekilmeden Allah ayırmasın demeyi eksik etmezlerdi. Bize ayak uyduran amcalar da var. Gülümseyerek gençlik işte demeleri de cabası. Peki, bizim bu yaptığımız ne deli saçması bir şey. Bu adamın alçak gönüllü olması âşık olma sebeplerimden biri olabilir mi? Bizzat gördüm rüyamda kanatları vardı, melekti. Sadece rüyamda olsa gene iyi kalbin temiz dediğim de *"Çamaşır suyuyla yıkarım,"* demeleri de yok mu? Zaten hayatı ciddiye almıyor. Nasılsa öleceğiz hadi mutlu olalım, demeyi iyi biliyor. Beni de sinir ediyor. Aslında haklı diğeri varken bu hayatı ciddiye almak haksızlık. Onun sevgisini ifade etmeyi o kadar çok isterdim, ne yazık ki beceremiyorum. Daha kendi sevgimi bile ifade edemiyorum. Yazma konusunda yetenekli olduğumu düşünmüyorum ama sevgi konusunda üstüme tanımam. Aslında onun kalbini çıkarıp insanların avucuna sunmamız lazım. Eminim görünce utanacak çok insan var. Sevgi soyut bir kelime dokunurluğu yok işte. Şimdi öyle ki kimse doğruyu sevmiyor yanlışa sarılıyor. Oysa bir tutam huzur dilenen onca insan tanıyorum. Bunlar derin mevzular...

Uğur'a tişört, kapri ihtiyacı olan ne bulduysam aldım. Çaktırmayın ama hiç ucuz gibi durmuyor. Bizimkinin beklentileri büyük değil, zaten pek marka yaşayamadık hayatı. O zaman da doğum gününe denk geldi. Bir dürüm bir ayran alsam o bile yeter ona. Ay bir de onları giyip annesiyle bana mankenlik yaptı. Defileye çıkıyor sanki deli ya, yemin ederim o mankenler halt yemiş, şu sırıtmasının yanında. *"O mu, bu mu?"* diye şımarmaları yok mu, hastasıyım. Avuç kadar götünü ısırasım geldi. Daha farklı planlarım da var elbet ertelemem gereken. Özel bir sürpriz yapmak isterdim, ne istesem içimde kalıyor alıştım artık. Serviste yan yanayken uyukladığı esnada mesaj atıp uyandırarak kutladım, onu değil annesini. Bana bu adamı doğuran kadın o idi. Bir teşekkürden daha fazlasını hak ediyor kesinlikle. Nasıl hoşuna gitmesin, benim yanımda benim mesajımla uyanmak. Akşam mumlarını yakıp pastasını masaya ben getirdim, ailece kutladık. Üflerken tuttuğu dileği sormadım çünkü cevabını biliyordum. İyi ki doğdun sevgilim hep mutlu olalım. Farkındaysan mutlu ol demiyorum bensiz olmayacağını biliyorum. Yeni yaşın bize güzellikler getirsin. Nice benli yıllara, artık hiç ayrılmayalım. Ben seninle yaşlanmaya varım. Varım yoğum sensin, seni çok seviyorum. Hayatım boyunca unutmayacağım o günü, 1 Temmuz, tam bir yengeç erkeği sahiplenici ve mutlu edici özelliği en çok ona yakışmış. Ben önem veririm, önemli günlere. Anneler gününde annesini unutmadım, babalar gününde babasını. Zaten başka da babam yok. Daha önce de demiştim 'biz aileyiz' diye. Özel günler kıymetlidir. Allah kötü günler yaşatmasın, çünkü onlar da unutulmaz.

Doğum günün kutlu olsun adamım, nice mutlu umutlara benimle beraber...

Bir Demlik Huzur

Yılmaz ağabey Uğur'dan kamp için çadır ile şemsiye istedi. Uğur ikiletmeden plajdan hepsini getirdi. Genelde Yılmaz ağabey ona bir iş verdiğinde eksik yaparmış. Bu kez her şeyi tam yaptı. Adam o kadar şaşırmış ve sevinmiş ki sürekli bastıra bastıra anlatıyor. Her şeyi tam yapıp insanları şaşırtmasının asıl nedeni ne olabilir ki?

Uğur'un rahat durduğu bir bayram olmamış, bu bayram dışında. İyi niyetlerimizle beraber galiba büyüyoruz. İçindeki yaramaz çocuk melekle yer değiştirdi. Yılmaz ağabeyler memleketleri Kandıra'ya ve Karasu'ya gidip hem kamp, hem tatil yapacaklar. Bu bayramı öyle geçireceklerdi. Yılmaz ağabeye mutfaktaki masada çay içerken hep beraber baskı yaptık. Fadime ablayı adam akıllı bir tatile götürmesi için epey de yol kat ettik ama seneye anca ikna oldu. Adam mangal yakmayı, akrabalarıyla dedikodu yapmayı seviyor tabii. Mutlu olsunlar da nasıl olursa olsun. Biz de bayramda evde yalnız kalacağız. Uğur buna pek sevindi, özgürce beraber uyuyabileceğimiz için olmalı. Kardeşim Berat bayrama kadar kalmadı bile plajda bir ay çalıştıktan sonra bıraktı işi. Biz ise hep sabrettik, sabrın sonu selamet derler sanırım artık o kısma geçebiliriz. Zaman zaman çok kızıyorum Berat'a fakat kılına zarar gelse ortalığı dağıtırım, et tırnaktan ayrılmaz diye boşuna dememişler. Aynısı Uğur için de geçerli. Büşra'yla araları çok soğuk, muhatap bile olmuyorlar. Söylüyorum bir gün pişman olacaklar. Birinden birine bir şey olsa ilk onlar koşacak, bazı şeyler gerçekten yaşanmadan anlaşılmıyor boşuna konuşuyorum.

Bu bayramı resmen iple çektik. Sıcaklar ve müşteriler canımızı okuyacak gibi görünüyor ya olsun razıyız. Yalnız bana öyle geliyor ki bayramın eski hevesi yok. Bayram çocukken güzeldi ve biz artık büyümüşüz. Şimdi öyle ki çocuklara bile bayram uğramaz oldu. Hani derler ya nerede o eski bayramlar diye muhtemelen öyle. Pembe ayakkabılarımı bohça yapıp sakladığım zamanı hatırlıyorum, eski ayakkabılarım ile yeni ayakkabılı arkadaşlarımla el öpmeye gittiğimiz zamanı da. Pek sevmem bayramları, şeker dışında bir getirisi olmadı. O da dişleri çürütüyor. İyi mi kötü mü ayırt edemiyorum. Bize getirdiğin yok götürdüğü de olmasın diyenlerdenim. Uğur'a sordum o da küçükken kuaförde babasına yardım edip kazandığı harçlık dışında sevmezmiş. Taso ya da misket oynamaya gidermiş. Genelde herkesi yener, sonra misketlerini aldığı kişilerin üzüldüğünü görünce geri verirmiş. Yumuşak kalbi o zamandan geliyormuş belli oldu. Artık büyümüş de arife gününden annesine kardeşlerine harçlık veriyor. Cebinde yine kuruş bırakmıyor. Kendini hiç düşünme diye kızdığımda *"Seni düşünmekten fırsat kalmıyor,"* deyip kanıma girmeyi de iyi bilir. Fadime abla Uğur'u bana emanet etti, evle birlikte. Emanete hep gözüm gibi bakmışımdır. Eğer sana bakamazsam bu da benim ayıbım olsun.

Bayramın ilk günü plaj, kaşla göz arasında tıklım tıklım oldu. Çalışırken nefes almayı, yemek yemeyi hatta deli gibi susadığımız hâlde su içmeyi unutmuşuz. Allah'tan kahvaltı ettik, tüm gün onunla kaldık. Birbirimizi göremiyoruz, o ayrı koşturuyor ben ayrı. Koşuyoruz artık birbirimize doğru. Güneş çok sert vuruyor yüzümüze. Sattığım biranın sayısını hatırlamıyorum. Ramazan bitti, bir kadeh günah ver der gibiydiler. Günah bizden gitti. Herkesi günaha boğduk acaba biz neye boğulduk? Bir ara nefes nefese kasaya siparişi verirken Uğur'un nefesini hissettim ensemde. Allah'ım nasıl terlemiş, ayaklarımız yara bere içinde, ölüyoruz yorgunluktan. Biz o hâldeyiz kasanın önünde kuyruk oluşmuş. Aynı zamanlar da ayrı ayrı 15 müşteriden sipariş aldığımı biliyorum. Tükenmiş durumdayım. Denize girip top oynayanlar, dans edenler, güneşlenenler... Sefası onların, cefası bizim ama inan seninle beraber olduktan sonra her cefaya razıyım. Gün bitmeden biz bitmişiz. Çok yorulduk ama şükür hâlimize, hakkımızı aldık. İkimiz de ayrı ayrı, aynı satışı yaptık. Uğur'un yüzünde güller açıyor. *"Sonunda işler yoluna girdi artık her gün böyle her şey çok güzel olacak sonra sen benim olacaksın..."* dedi. Bunu söylerken kalbinin sesini duydum, yüzündeki gülleri sayabilirdim. Turgut bile satış yaptı. Bu demek ki gerçekten yırttık artık işler tıkırında. Sonunda hayallere ilk adımı beraber attık. Bizden sonra gün de bitti, servise bindik. Bir an önce eve gidip koynunda uyumak istiyorum. Yine gün batımı şarkımızı söylerken kırmızı merdivenlere yaklaştık. Yine o üst merdivende durdurup bir basamak aşağıya inip belimi kavradı dudaklarıma dokundu. Bir şeyler fısıldadı kulağıma en son *"Kadınım,"* dedi ağzı. Gözlerini kıstı, bana *"Seni sevi-*

yorum," demek kaldı. Sonra kucakladığı gibi kapının önüne getirdi. Bu yorgunlukta bu enerji nerden geldi derseniz, aşktan deriz. Anahtarımızla kapıyı açtık, bu kez kapı çalmak yoktu. Bu çok özel bir an, bana ileride kendi evimize girişimizi hatırlattı. Benim bütün anahtarlarım Uğur'un kalbinde kalır. Evi ufaktan toplarken Uğur duşa girip çıktı bile anca kendimize geldik. Birbirimize sarılınca günün yorgunluğundan eser kalmadı. Şimdi güzel bir uyku mis gibi gelir. Ondan önce bize bir demlik huzur kaynattım. Sessiz sakin çayımızı demledik biz de demlendik. Işığı da kapadım, pek sevmem aydınlığı karanlığa alışmışım. Uğur ise çok sever aydınlığı karanlıkla arası yoktur ama benim için hep katlanıyor. Ben yanındayken karanlık aydınlık oluyormuş geçen öyle dedi. Pijamalarımı giyip yanına salona uzandım. Bir elinde kumanda kanal değiştiriyor diğeriyle saçlarımla oynuyor, *"Ne güzelmiş evde baş başa kalmak, ilk sana sonra kumandaya sahip olmak!"* dedi. Bir an önce kendi evimiz olsa diye geçti aklımdan. Bana tebessüm kaldı. Onu doyabileceğim kadar öptüm ağzını, burnunu, kaşını, gözünü. Gözden öpmek ayrılık derler ben pek inanmam batıl inançlara. Gerçekten saçma değil mi şimdi göz kapaklarından öptüm diye ayrılacak mıyız? Biz ayrılamayız. *"Köprücük kemiğimin çukurundan öpme huylanıyorum,"* derken uyuyakalmışsın. Omzumda yine çok yaramazlık yaptın, televizyonun karşısında kumanda ayağının ucunda. *"Şunu kapatalım hadi kalk yatağımıza geçelim sevgilim, burada her yerimiz tutulacak."* Uykulu hâliyle kalkıp *"Zaten sana her yerim tutulmuş, daha ne tutulmasından bahsediyorsun,"* dedi, illaki bir cevap verirdim ama çok uykum var...

Göğsünde az daha uykum kaldı.

Geçmişten Geleceğe Masayı Kurmuşuz

Bayramın ikinci günü kalabalık felaket haberi gibiydi. Kafamızın içi çamaşır makinesiyle yarışır. Bu yoğunluk bize yaramadı neredesin bulamıyorum gülüşlerini. Arada yoğunluktan sıvışmış, beni izlerken yakalıyordum Uğur'u. Bu yoğunlukta bile bana fırsat buluyor. Bu adama sevilmek çok yakışıyor. Yine yorgunluğa değecek satış yaptık. Müşteriler *"Bu kadar çok çalışmayın başınıza güneş geçecek,"* derken hissetmiş olmalılar, gönlümüze güneş geçtiğini. Akşam olsun diye dua etmeye başladım, ne olursun artık şu bayram bitsin. Sadece biz değil bütün çalışanlar pert olmuş. Salim ağabeylere üç kere çay siparişi verdim beni duymadılar. Nermin abla siparişleri fişleri karıştırdı, her şey birbirine girdi. İnsanlarda kayışlar koptu haklı olarak, ne yapsınlar. Herkes de alın teri. Bana hiç sormayın farklı yerlerimden soluyorum. Uğur'un ise yüzü gülüyor. Sanırım çalışmayı sevdiğinden yorgunluk hissetmiyor veya bir buçuk ayın sonunda istediğini kazanmaya başladı, onun etkisi olabilir. Sabrın sonu selamettir derler, selamet olan günler bize doğru geldiler. Hadi hayırlısı.

Eve giderken marketten abur cubur alıp bir dünya doldurduk poşetleri. Ter dökmekten batmış tenimiz. Soğuk bir duş anca kurtarır bizi. Doğrusu olmasa da olur tenine, terine hayranlığım her zerresine. Uğur çıktı, ardından ben girdim duşa. Biz birbirimizi beraberken bile özlüyormuşuz, gözlerimin onu aramadığı saniye yok. Onun ise beni bulmadığı... Duştan çıktım, Uğur mutfakta ne yapıyor ki? Ben girdiğimden beri orada, merak ettim. Saçlarımda sarılı havluyla, leopar pijamalarımı da giyinip yanına gittiğimde ağzım açık kalacak şekilde bir sofra hazırladığını gördüm. Nasıl yani şaka mı bu? Bu yorgunluğun üstüne nasıl hazırladı inanmıyorum! Cimcikle beni, bittim hayranlığımdan ya da mutluluktan. Hangi ara yaptın be adam. Televizyondan müzik kanalını açmış küçük masayı salonun ortasına çekmiş tavuk ve yanına domates, biber kızartmış. Salatasına bir de baharat atmasın mı? Ayrı ayrı meyve tabakları ve üstüne koyduğu buzlar, her şey mükemmel görünüyordu. Alkol almadığımı bildiğinden meyve suyumu bile koymuş. Bu gece seni yalnız bırakır mıyım hiç eşlik etmeliydim. Kendisi biraz çakır keyif olacaktı. Sıcaktan tişörtünü de çıkarmış, masa gibi teni de muazzam. Sevdiğim teninin sıcaklığını elimde hissediyorum. Masada tanışma zamanımızdan bu zamana kadar yaşadığımız ne varsa üzerinden geçtik. Film şeridi gibi üç beş hatıra. Muhabbet yemeğin içindeydi, salatasının suyundaydı. Geçmişten geleceğe masayı kurmuşuz. Dilimizden sözcükler, gözlerimizden aşk dökülüyordu. Hayatımız o an tam da istediğimiz gibi gidiyordu. Normalde içmezdim o gece geleceğe içmeseydik. Her şey o kadar güzel ki bozulacak diye çok korkuyorum. Ertesi günün sabahı kasada Nermin ablanın kızı Çağla'ya, Uğur'un beni ne kadar mutlu ettiğini anlatırken Uğur arkamdan dinleyip *"Hayatımda geçirdiğim en güzel geceydi,"* dediğimi duymuş. *"Bilseydim her gece masanı ben hazırlardım,"* dedi. Ah be adam yine yaktın ciğerimi, dalağımı, böbreğimi.

Böyle her şey yolunda giderken bir şey olacak ve bir daha hiçbir şey eskisi gibi olmayacak diye çok korkuyorum...

En güzel geçirdiğim son geceydi.

Şükürlerim Var

Bayramın üçüncü günü o yoğunlukta bir fırsat bulmuş. Dokundu tenime, sıkıştırdı beni kalabalığa. *"Aşkım kaç gündür deli gibi çalışıyoruz bugün Fatih'ten motoru alayım da akşam işten sonra gezelim,"* dedi. Gözlerimin içinin parladığını onun gözlerinden hissettim. Başımı sallayarak *"Olur,"* dedim. Böyle bir zamanda bile bizi düşünüyor kurban olduğum. Fatih'in de burada çalışmasını sağlayan o idi. Cankurtaranlık yapmaya başladı. Üç hafta evvel falan Sarı ağabeylerle. Sarışın, renkli gözlü Uğur'dan bildiğim kadarıyla da iyi biriydi. Tabii Uğur'a göre herkes iyi. Geçen Fatih'in motorunu satın almak istemişti, bunun da ruhsatı yok diye aldırmamıştım. Bizimkinin çok samimi olmasa da normal arkadaşıydı. Zaten tek samimiyeti benden ibaretti vallahi abartmıyorum, sızlayan burnumun direğidir kendisi. Cuk diye otururdu üstüne, boynuna sarılıp erkeğim diye kulağına fısıldayışlarım. Teninin kokusu da en çok tenime yakışır. Hemen dalıyorum aşka, engel olamıyorum kendime. Tamam, Dilara kendine gel nerede kalmıştın oradan devam et. Uzatabildiğim kadar uzatmaya çalışsam da bu bölüme de mecbur geleceğim merak etmeyin. Arada beni ekstra dans işlerine yollayan dans hocası mesaj attı, saat dokuzda Zeytinburnu'nda küçük bir konsere dansçı lazımmış. Daha önce de söylemişti, ben unutmuştum. Şimdi tekrar hatırlattı, ben de Uğur'a bahsettim. *"Sen istiyorsan gidelim. Yarın gezeriz artık aşkım, hem seni çok özel bir yere götüreceğim,"* dedi. Nereye gideceğiz acaba bak şimdiden çok merak ettim, bir an önce yarın olsun. Aslında işi eksem bugün de gidebiliriz ama adama söz verdim. Tutmam lazım zira biraz da işime geldi, gözüm para hırsına büründüğünden dolayı. Hırs; karşındakilerden bir şeyler alana kadar iyidir. Kendinden iyi şeyler verene kadar da öyle. Ancak seni senden alana kadar hiç değil. **Her şeyin bir zamanı varken acele etmeyin.** Yarım saat erken çıkmak için işlerimizi erkenden bitirdik. Biz de bitmiş durumda olabiliriz. Üç gündür yoğunlukla harcandık. Akşamki işi tekrar düşünmeliyim. Uğur Nermin abladan izni, Fatih'ten motorun anahtarını aldıktan sonra eve gidip üstümüzü değiştirdik bile. Yola koyulmadan Uğur'un arkadaşı Kadir'in çalıştığı yere uğrayıp bir tane kask aldık, arkada olduğum için onu bana taktırdı. Sımsıkı sarıldım sanki ayrılacakmışız gibi. Rüzgârdan dolayı gözlerinden akan yaşları görüyordum. *"Seni seviyorum,"* diye bağrışlarını duyuyordum. Ben de *"Seni çok seviyorum,"* diye bağırırken belinden ellerimi çekip rüzgârın yönüne açtım. Rüzgâra meydan okudum, sevgilim sarıl bana diye bağırıncaya kadar zevkle dedim içimden. Ah be içimden konuştuklarımı duysaydınız, gözlerimi kapattığımda gördüklerimi görseydiniz. Eminim siz de bir ah çekerdiniz. Sadece ben değil, gözlerini kapatıp masum hayaller kuran birçok insan var görüyorum.

Bu arada Zeytinburnu'na stadyuma geldik. Sevinç Müminova, Nazir Khara ve Feruza Hafizova sırasıyla sahnesini aldı. Orta Asya'nın ünlü isimleriymiş. Bana ne faydası varsa, müziklerini bir kere dinlemedim, sahnelerinde dans ederken dinlemiş oldum. Öyle de beş para etmez organizasyondu. Uğur sahnenin arkasında beni izlerken gözlerinin içi gülüyordu. Arka tarafta ekipten birkaç erkek, kızların arasından bir benim güzel dans ettiğimi söylemiş. Uğur bunu duyunca sert sert bakmış, onlar da hemen *"Yok kardeşim yanlış anlama sadece dans olarak dedik. Hem siz çok yakışıyorsunuz, Allah ayırmasın,"* demişler. İnşallah dediğiniz gibi Allah ayırmaz yoksa bizim ayrılmaya hiç niyetimiz yok. O nasıl bir sahiplenme şeklidir. Uğur bana bunu anlatırken beraber çok güldük Allah ağlatmasın. İşimiz bitti, ödemeyi hallettikten sonra Sarıyer'e doğru yöneldik. Uğur motoru oldukça güzel kullanıyor. Oysa eskiden çok deli kullanırmış. Arkadaşını bu sebepten dolayı kaybettiği için durulmuş. Zaten hep böyle olur illaki can yanacak ki canımızı yakmayalım.

Sarıyer'de Dostlar büfesine geldik. Benimki ciğeri de çok sever orada ekmek arası yaptırdı. Hatta iki tane yedi. Ben de sosis ekmek aldım. Şükür bugün de doyduk. Sonra evin yoluna düştük saat de epey olmuş fark etmedik. Eve gelip her zamanki gibi duşlarımızı aldık. Biraz kanalları kurcaladıktan sonra uyku moduna geçtik. Uğur'un telefonunun şarjı olmadığından benden Fatih'e mesaj atmış *"Kanka geç oldu motoru yarın sabah getiririm,"* demiş. Bunu bilseydim ilk motoru bıraktırırdım. Emanete karşı hassas olduğumu bildiğinden bana söylemedi. Ben de mesajı daha sonra fark ettim. Elbette ki birlikte uyuyacaktık gece kalkıp beni yanına almak zorunda kalmadığı için huzurlu uzandı. Ben de arkasına girip belinden sarıldım. Yorganı çektim gece üşümesin, burnumun ucu ensesine değecek kadar yaklaştım. Elimi kalbinin üstüne götürdüm sıcacıktı atışları. Ömür boyu dinlemek istiyorum, bu kalbin hep benimle atsın. Ayaklarım ayaklarına değince nefesimin bütün sıcaklığını ensesine bıraktım. *"Allah'ım bu adam benim mi?"* dedim içimden, uyuduğunu fark edince sesli olarak şükrettim, uyuyor nasılsa duymaz diye. Beynim de sen yıkanırken, her lafımda çiğnenirken, nasıl olur da duyurmam sesimi kalbimde senin kalbin atıyorken. Seni çok seviyorum adam. Yanımda olduğun her saniye için rabbime minnettarım.

Binlerce kez şükürlerim var,
benim oluşuna.

Yaşanmaması Gereken O Gün

20 Temmuz 2015 bayramın bittiği gün vesselam sadece bayramın değil yarına geç kaldığımız, sabaha erken kalktığımız, hayallerimize rötar yaptığımız o gün. Lanet edilmeye değecek güne geldik. Sabah 07.17 sabah Fatih'ten bir mesaj *"Uğur çabuk gelip al beni, şu servise yetişelim."* İkimiz de uyuyoruz. Üç günün yorgunluğu ile beraber ne mesajın sesini duyduk ne de alarmın sesini. On dakika geçmeden aradı telefonun sesine uyandık. Keşke hiç uyanmasaydık. Belaya açtı telefonu, tamam geliyorum der demez yataktan fırladı. Bensiz o yataktan çıkmazdı. Bir kere alarm sesine bile uyanmamış bir adamdan bahsediyorum. Bir telefona yataktan nasıl olur da kalkar. Uyku sersemi sarı kaprisini, beyaz tişörtünü giydiği gibi kapıya yöneldi. Tam kapıdan çıkacakken gözlerimin içine dolu dolu baktı, anlatmaya çalıştığı bir şey var da anlatamıyormuş gibi. Asla unutamam o bakışlarını *"Aşkım bekle, ben geleceğim,"* dedi. "Peki dikkat et hayatım," dedim. Niye gitme demedim? Hayatımdan olacağımı nasıl bilemedim. Motoru çalıştırdığını duydum. Hemen kalkıp yatağı topladım, üstümü giyindim.

20-30 dakika geçti. Oturup beklemeye başladım. O arada bir ambulans sesi duydum. *"Allah'ım her kimse yardımcısı ol, kimsenin içini yakma,"* dedim. Her ambulans sesi duyduğumda veya ambulans gördüğümde bu duayı ederim. Motoru Fatih'e vermesi ya da en fazla onu plaja bırakıp yanıma gelmesi lazımdı. Bu işte bir aksilik var. Zaman geçiyor ve zaman geçtikçe işkilleniyorum, şu ana kadar ne yapar eder bana ulaşırdı. Kalp atışlarım çirkinleşiyor, korkuyorum. Acaba başına bir şey mi geldi? Telefonu benim çantamda ve kapalı, Fatih'i üst üste arıyorum cevap yok. Ben ne zaman kötü düşünsem Uğur bana kızardı. İyi düşünmeliyim sakin olmalıyım ama bu kadar zaman bana haber vermeden duramaz, bu iş hayra alamet değil. Annem mesaj attı. *"Rüyamda seni kötü gördüm. Nasılsın kızım?"* yazıyor. Daha da çok korkmaya başladım. Kötü düşünmeyi de istemedim, Allah korusun. Şu ana kadar korktuğum ne varsa başıma geldi. Korkmuyorum kötü şeyler sizden, yalvarırım gelmeyin başıma.

08.40'da patronumuz Mustafa Yanlı sosyal medyadan bir mesaj attı. *"Uğur kaza yapmış, ailesine ulaşmamız lazım,"* yazıyordu. Elim ayağım dolaştı, beynimdeki karıncalanmayı, vücudumdaki titremenin şiddetini hatırlamıyorum. O parmaklarla *"Ne oldu Uğur'a ağabey numaranı at!"* yazdım. Cevabın gelmesini beklemeden, ne yapacağımdan habersiz çıktım evden. Benim telefonumda arayabileceğim kimsenin numarası yoktu. Çığlık çığlığa bir taksi durdurdum. Plaja doğru giderken olmuştur diye, kaza yerini aramaya başladım. Yanımda kimse yok, korkudan kafayı yiyeceğim. Allah'a yalvarıyorum ona bir şey olmasın diye. Ne arayabileceğim bir numara vardı ne de bana ulaşabilecekleri bir numara onlarda. Bu işlere Uğur baktığı için hiç akıl etmedik.

Gidene kadar can çekiştim ve kaza yerini buldum. Motor yerde darmaduman duruyordu, bir de önü pert bir araba var. Kazanın büyük olduğu belliydi. Uğur diye bağırırken adamlar sesimi duydu. Onlar *"Acıbadem Maslak Hastanesi'nde,"* dediler. Etrafıma bulanık gözlerle bakıyordum, beş saniyeyi geçmedi taksiye geri bindim. Yerde kan var mı diye bile bakmaya cesaret edemedim. Acıbadem Maslak'a doğru yola koyuldum. O esnada hastanenin her bölümünü arayıp Uğur nasıl diye soruyorum hemşireye, asistana, danışmana. Kimse cevap veremiyor. Allah'ım neler oluyor yalvarırım ona bir şey olmasın. Nasıl geldiğimin farkında değilim, yarı baygınım. Diğer yanım şimdi hastanede ve nasıl olduğunu dahi bilmiyorum. Mustafa ağabey, Hüseyin ağabey, Sarı ağabey, plajdakiler burada koşuyorum yanlarına. *"Uğur nasıl bana bir cevap verin, Allah aşkına iyi olduğunu söyleyin!"* dedim. Beni sakinleştirmeye çalışıyorlar Uğur'un bir şeyi olmadığını iyi olduğunu söylediler, yalan söylediler. Sarı ağabey *"Ayağında kırık çıkık varmış,"* dedi. Kafayı yemek üzereyim herkes bir şeyler konuşuyor, neler oluyor anlayamıyorum, dayanamıyorum. Sarı ağabey yanıma gelip *"Her şey güzel olacak,"* dedi. Yalan söyledi, her şey kötü olacak görüyorum. Hastanede tırım tırım seni arıyorum. Her yeri inlettim. Duysana sesimi adam, hadi iyiyim desene bana. Dalga geç benimle *"Yine büyüttün. Korktun mu bana bir şey olacak diye?"* de. Yalvarırım benimle dalga geç.

Ben kimseye haber veremedim ama kötü haber tez duyulur, bir şekilde ulaşmış herkese. Fadime abla arıyor, açamıyorum. Açsam sadece hıçkırıklarım konuşur. Çok geçmeden hastane ana baba günü oldu. Göremiyorum kimseyi, aradığıma duyuramıyorum sesimi. Hadi Uğur yalvartma beni, ne olur duy sesimi. Birileri beni sakinleştirmeye çalışıyor, tanıdığım yüzler tanımadık geliyor. Bana sarılan annemmiş, yanımda gözyaşlarını gizleyen kardeşim. Kimse söyleyemedi, annem söyledi durumunun ağır olduğunu. Ben de ağırlaştım o sırada. Kendimi yerden yere vururken kolumdan tutan tutana. Bunlar ne söylüyor Uğur, kalkıp yalanlasana!

Yılmaz ağabeyler geldi. Hepimiz perişanız, iki saat oldu hâlâ net bir bilgimiz yok. Ağızdan duyma saçma sapan şeylere inanmıyorum. Kimse gelip iyi bir şeyler söylemiyor. Sonunda Uğur ile Fatih'in ameliyatta olduğunun bilgisine vardık. Uğur eğer bu ameliyatı atlatırsa yaşama ihtimali varmış. Hepiniz defolun gidin! Hiçbiriniz Uğur'u tanımıyorsunuz. Tanısaydınız böyle konuşmaya yüzünüz olmazdı. O beni bırakmaz, biz gece sarılarak uyuduk. Bizim ayrılığımız iki saati geçmeyecek diye söz verdik. Evden çıkarken bana *"Bekle, geleceğim,"* dedi. Yalan söyleseydi anlardım, o gelecek. Bakın iki saat oldu söz vermişti bana geçirmeyecek o zamanı. Konuşmayın artık, susun, yapmayın, onlara inanmayın. Uğur'a inanın o bizi bırakmaz, bırakamaz. Biz daha yüzük bile takamadık, tamamlayacağımız çok fazla şey var, bana bunu yapamaz. Annesine kıyamaz, kardeşini abisiz bırakamaz ben biliyorum. Bana inanın yapamaz uyanınca hepinize kızacak. O benden asla gitmedi gitmeyecek. Allah'ım yalvarırım gitmesin, Uğur bizi bırakmasın.

Korkunun nasıl bir duygu olduğunu şimdi anladım. Sen beni kaybetmekten çok korkardın, saklardın hep eşyalarımı gitmeyeyim diye. Bana bu şekilde kaybetme korkusu yaşatacağın, hayatımın dersini vereceğin aklımın ucundan geçmezdi.

Çık artık şu ameliyattan çık! Kaldıramıyorum, aynaya bakamıyorum, su içemiyorum hatta nefes alamıyorum. Senin kalbin bende atıyor benimki sende, beni öldürme ne olur. Beni yalnız bıraktığın için kendimle kavga ediyorum. Nasıl izin verdim o evden bensiz çıkmana? Nasıl izin verdim? Annen seni bana emanet etti, bir yaramazlık yapacağını biliyordu. Ben bilemedim, sana sahip çıkamadım. Sakın bize böyle bir yaramazlık yapma. Dua ettiğim ambulansın içinde sen varmışsın. Senin için dua etmişim, bu ne kadar acı. Hâlâ dua ediyorum çünkü ne kadar beni bırakmaz desem de, senin elinde olmadığını Rabbimin kararı olduğunu biliyorum. Bunu bilmek ne kadar acı olsa bile. Bizi yarım bırakma ne olur bu ameliyattan sağ salim çık.

6 saat 360 dakika 21.600 saniye oldu sesini duymadığım, belki daha fazla.

Ameliyattan ilk önce Uğur çıktı. Sağ olduğunu anlayınca Fadime ablanın boynuna atladım, sonra Yılmaz ağabeyin. Sımsıkı sarıldık birbirimize. Belki mutlu olmak için daha çok erkendi. Şükrettik Allah'a, ameliyattan sağ çıktığı için. Yoğun bakımına aldılar onu, doktoru Mehmet Zafer Berkman çıktı kapıya, beyin cerrahıymış bilgi verecek. Ağzının içine bakıyoruz iyi bir şeyler söyler umuduyla.

Durumu çok ağır ve bilinci kapalıymış. Darbeyi kafadan aldığını için kafatası kemiğini oradan çıkarıp kemik bankasına koymuşlar eğer o kemiği almasalarmış Uğur'u kaybedebilirmişiz. Bir de beyin zarı yırtıldığı için yapay zar takmışlar, Allah'ım bu adam ne konuşuyor benim beynim almıyor, anlayamıyorum. Tek duyduğum yaşıyor olması. Beynine kan gitmiyormuş ama kalbi atıyor bu yetmez mi? O atan kalp benim, kalbim durmayacak vazgeçmeyecek.

Hâlâ konuşuyor kafasında ödemler varmış, ölüm riski devam ediyormuş. Durumu çok ağırmış. Ödem nedir? Ben daha onu bile bilmiyordum. Ölüm riskine inanmıyorum. En kötüsünü söylüyorsun, doğruyu değil. İnanmak istemiyorum. Yaşadığı kaza çok büyükmüş. Daha önce bu durumda bir vaka gelmemiş. Yeter sus artık, bize umut ver birazcık yalvarırım. Senden umut dileniyorum. Ben daha önce sevdiğim adama bile yalvarmadım. Yalvarıyorum güzel bir şeyler söyle *"Allah'tan umut kesilmez,"* dedi ve Fatih'in ailesinin yanına gitti. Fatih iyiymiş kırığı çok fazla olduğu için ameliyatı devam ediyor. Bilinci açık ve hayati tehlikesi yok.

Benim inandığım tek şey Uğur'un iyi olacağı. Ne gözümüzde yaş kaldı, ne hâlimizde derman. Yoğun bakımına alacaklar bizi. Yılmaz ağabey, Fadime abla ve ben girdim yanına. Annen baban ve ben varım yanında, onların sesini duymasan dahi benimkini duymalısın. Burada bu şekilde yatan sen olamazsın, sürekli oynadığım o burnuna iki tane pamuk tıkmışlar kanın kurumuş. Onu çekerken canını acıtacaklar, gözlerinin şişkinliği morluğu geçer, yeter ki gri olma. Başındaki ödemlere bakamıyorum çünkü beni o korkutuyor. Çok sinirleniyorum içimden o vücudundaki kabloları ağzındaki boruları koparıp seni belinden tuttuğum gibi kaldırasım var. Uğur bu sen değilsin, bana gözlerini aç. Üç beş kabloyla kalbinin attığına inanmamı bekleme diyesim var. Yapamıyorum, annenin çaresizliğini babasının titreyen ellerini görüyorum. Sana dokunmaya bile korkuyorum. Yaralarına sarılmak istiyorum, bizi böyle yarınlara götürme.

Duydun mu bak annen ne söylüyor *"Oğlum uyan bak Dilara burada,"* diyor. O benim için uyanacağını umut ediyor, ben de onun için. Ellerin bile farklı geldi bana, bu sen değilsin inanmamı bekleme. Kurumayan yaralarını görüyorum. Canın çok acıdı mı? Beyaz çarşafı çekmişler göğsünün altına kadar. Sen beyazı sevmezsin, hadi uyan ittir şunu. Konuşamıyorum bütün cümlelerimi yuttum. Hani ben sana dünyaları kurardım. Sabah bana *"Geleceğim, bekle aşkım,"* dedin senin geleceğim deyip de gelmediğin gün olmadı. Bensiz duramazdın bak 6 saat oldu. Ne olur uyan bu sefer ben duramıyorum, tutamıyorum hıçkırıklarımı onlar senin için. Belki duyarsın diye bir umut. Ağlamamam gerekiyormuş, seni olumsuz etkilermişim. Seni bu hâlde görüp de ağlamamak mümkün mü? Özür dilerim dayanamıyorum bensiz uyumana, 7 saat önce beraber uyuyorduk. Çıkmam gerekiyor yanından. Seni çok seviyorum.

Allah'tan asla yitirmeyeceğim umudum vardı.

Hayallerim Yoğun Bakımında

Uğur anneni görsen öyle canın acır ki gözyaşını silmeye cesaret edemezsin. Bükük boynunu kaldıramazsın, çaresiz bekleyişini asla anlayamazsın, ben de anlayamıyorum bizim bir çocuğumuz olmadığından. Babanı hiç böyle görmedim, eli başında, gözleri yorgun dermansız. Kardeşin Kürşat ise hiçbir şeyin farkında değil. Büşra hani hep kavga ettiğin hiç konuşmadığın Büşra var ya senin için gözyaşı döküyor. Ağabeyine yanıyor ciğeri, ben gördüm çok seviyormuş seni. Ruh gibiyim Uğur. Birileri sarılıyor, birileri susturmaya çalışıyor, birileri su içirmeye, yemek yedirmeye çalışıyor. Ayırt edemiyorum bana dokunanların kim olduğunu, sensizliğin zorluğunu anlatmam mümkün değil. Çaresizliğimi kimse anlayamaz aynı hissi yaşamayan hiç kimse aynı şekilde anlayamaz. Çağla geldi, sarıldı boynuma. İki gün önce Çağla'ya beni ne kadar mutlu ettiğini anlatmıştım. Bu kadar mutlu olacağımı bilseydin hani her gün yapardın. Yalan mı söyledin bana? Sen yalan söylemeyi beceremezdin. Ne işin var senin yoğun bakım odasında?

İlk 24 saat, sonra 48, sonra 72 diye umut üstüne umut bindirdik. Doktorlara inanmıyorum, sana da söz veriyorum bu sefer kötü düşünmeyeceğim. Buradayız aşkım, hemen kapında ayrılmam yanından. Hani kokuyor diye kızdığım; yeşil, üzerinde çapa olan tişörtün var ya doğum gününde aldığım, üzerime yapıştı çıkartamıyorum. Ter kokuna hasret bırakma beni. Bunu bile ben aldım sana, çok seversin daha giyeceğin günler olmalı. Dualarımın âmini oldun şimdi kabulü ol. Geleceğimizi yoğun bakımında bırakma. Ben her şeyle sınanmaya hazırdım senin dışında.

Bilirsin sabahları seni uyandırmak çok zordu. Seslendiğimde ben bile uyandıramazdım zira bir zaafın vardı ne zaman öpsem saçını okşasam uyanırdın, hem de gülümseyerek. Uykucu olduğun için yatıyorsun. Yoğun bakımında dahi olsa ilgi bekliyorsun çünkü sen ilgimi seversin. Biraz daha güzel öperek uyandıracağım, sen yine gülümseyerek uyanacaksın değil mi? Hadi artık hadi yanına gelesim kalbine yatasım geliyor hadiiiiii...

Biz seninle ayrı kalmayı hiç beceremezdik. Ben kaçardım sen kovalar, ben uykuya dalardım, sen rüyalarıma. Sırtımı dönerdim belimden tutup döndürürdün, kafamı göğsüne koydurmadan dalmazdın uykuya. Ne oldu göğsündeki uykuma? Şimdi en beter hâlim bu işte. Sen orada uyuyorsun, ben yanına yatamıyorum. Benim için olan kalp atışlarını dinleyemiyorum. Hani sen hep derdin ya tamam uğraşmayacağım uyu izleyeceğim diye, şimdi aynısını ben söylüyorum tamam uğraşmayacağım sadece izleyeceğim. Belki görürsün çaresizliğimi...

Motoru Fatih kullanmış. Kaza yaptıkları adam ise bu hastanenin yöneticisi Asım Bey. O yüzden bu hastaneye getirmişler. Söylenenlere bakılırsa bütün doktorlar seferber olmuş. Fatih ifadesinde motoru Uğur kullanıyordu demiş.

Neden yalan söyledi ki? Hatalı olduğu için mi? Motor ruhsatsız diye mi? Bu kadar büyük bir kazanın karşısında, bu kadar küçük detayları mı önemsedi? Ya da gerçekten narkozdan dolayı mı böyle söyledi? Uğur uyandığında bunun hesabını soracağız, şimdilik susuyoruz. Aslında susmak istemiyorum. Hatalısın, senin yaptığın o lanet olası hız yüzünden, Uğur orada komada yatıyor. Nasıl susayım? Sen iyisin, iyi de ol. Derdimiz sağlığınla değil, saygısızlığınla. Allah seni ailene bağışladı ve bunun için hepimiz dua ettik. Okuduğumuz her Yasin ikiniz içindi. Of kafayı yemek üzereyim, iyi olduğunu duyar duymaz yanına geldim. Bana bakıp *"Uğur iyi mi?"* dedin. Sen üzülme diye kötü bile diyemedim. Senin bu yaptığın yakıştı mı Fatih?

Uğur uyan artık, ben sensizlikle baş edemem. Hastane üstüme geliyor, kokun burnuma. Bu kadar ayrı kalmaya nasıl dayanıyorsun? Bana olan sevgini biliyorum, sen dayanamazsın. Yalvarırım bana kıyma, ilk defa sana yalvarıyorum, Allah rızası için beni bırakma. Annen nasıl kaldırsın, baban üç günde çöktü saatler senden habersiz geçmiyor adamım. Aort damarım yırtılmış gibi, kanım çekilmiş gibi... Ben nasıl hayattayım. Çok az kalmıştı hayallerimize, hani her şey yoluna girmişti? Huzurlu mutlu günlerimize şurada ne kalmıştı. Ben göğsünde uyumaya alışkınım, hastane köşelerinde uyuyamıyorum. Bak burası çok kalabalık ne gelen bitiyor, ne giden. Sevenin dua edenin de çok fazla. Bütün akrabaların, bütün işyeri, arkadaşların, sevenlerin hatta müşterilerimiz bile gelip gidip duruyor, sağ olsunlar. Turgut yanımızdan ayrılmıyor, Zeliş beni bırakmıyor, Ayseli ve Yasin de. Sultan'a bak onlar da buradalar. Merak etme beni, ben hep buradayım. Sen uyandığında sözümüzü burada yapacaklar. Senin bunun için uyanman lazım, geç de olsa herkes düğünümüzü yapmak için sıraya girdi. Herkes bana sarılıyor, benimle ağlıyor ama kimse senin gibi kucaklamıyor. Biliyor musun? Rüyamda Bakara diye bir sûre gördüm, hastanenin bahçesinde saatlerce okuyup bitirdim. Yapamam sandığım bir şeyi yaptım. Senin için her şeyi yaparım. Annenle birlikte mescide gidiyorum, namaz kılmayı öğrenmeye çalışıyorum. Bana bunu öğretenin ilk sen, sonra annen olacağı hiç aklıma gelmezdi. Doktorlar, çok kötü şeyler konuşuyor, onlara sen de inanma. Hastanenin bütün koltukları beni tanıyor, ben de bütün duvarlarını. Hatta bize bir oda verdiler. İki kişilik, annen baban ben orada kalıyoruz. Banyo etmeye bile eve gitmiyoruz artık. Rüyama girip bana iyi olacağını söylüyorsun bir de sımsıkı sarılıyorsun. O an nefes alıyorum çünkü burada sensiz nefes alamıyorum, boğazım düğümleniyor. Sanki hiç böyle bir şey yaşamadık, bu yaşanan bizim başımıza gelmemiş gibi hissetmeye çalışıyorum, olmuyor. Senin orada yattığını vücudum, organlarım, beynim, kalbim hiçbir hücrem eklemim kabul etmiyor. Uyandığında hepsi geçecek. Ben senden başka kimseye inanmıyorum. Başka ihtimal yok uyanacaksın. Hastane kokusundan nefret ettiğimi biliyorsun bana bunu da sevmeyi öğretme.

Herkes sosyal medyada fotoğrafını paylaşmış. Böyle durumlarda çaresizlikten başka yapacak bir şey kalmıyor. Rahatça oturup dünyadan haberi olmayan o insanların dualarına muhtacız. Ben de fotoğrafını paylaştım. Bir dua, bir umutmuş. Hangi fotoğrafını paylaştım biliyor musun? Kimseyle paylaşamayacak kadar çok beğendiğim o fotoğrafını. Senin paylaşmana dahi izin vermediğim, kendimden başkasıyla paylaşamadığım, o masum uykudaki fotoğrafını. Dua dilenmek için herkesle paylaştım. Hayatın çok acımasız olduğuna bir kez daha şahit oldum...

Biliyorum, paramparçasın o yattığın yatakta. Demirleri batıyor, yaraların acıyor ama en çok canın bana yanıyor. Sen konuşamasan bile ben biliyorum, beni izliyorsun, çaresizliğimi görüyorsun. Yumruklarını sıkıyorsun, sen de Allah'a yalvarıyorsun, bana kavuşmadan gitmemek için zaman istiyorsun. En azından son kez sarılmak, son kez bakmak, dokunmak istiyorsun acıma. Dokunamaman nabzına etki ediyor farkındayım. Yaralarımı yaralarınla sarmak için dua ediyorsun. Açtığın avuçlarını gördüm. Kulağımı koyuyorum kalbine, sesini işitmeye çalışıyorum kablolar izin vermese dahi ben çok şey duyuyorum. Şu huzurumuzu almayın elimizden. Bizi bize kavuşturmadan ayırmayın. Biz bu kaderi hak etmedik.

Çaresizliğim

Her gün annenle yanına giriyorum. Dokunmak, öpmek istiyorum. Enfeksiyon mudur, her ne boksa ondan kaparsın diye rahatça dokunamıyorum bile. Ayaklarından öpüyorum. Bana doğru adım atsınlar. Gözünün şişliği geçiyor, ödemlerin de geçecek. Bu odaya girdiğim zaman dünyadan bağımı kesiyorum. Neden anlamıyorsun? Görmek istemiyorum seni bu hâlde. Oda beni boğuyor, beyaz çarşafın üzerindesin. Göbeğine kadar çekmişler, bunu çekip yırtmak istiyorum. Şu makinelerin artık seni rahatsız etmiş olması lazım. Dişindeki dolgun düşmüş ama merak etme onlar düzelir, hepsi zamanla iyileşir, ilk sen iyileş. Elini tutuyorum, konuşmaya çalışıyorum, yapamıyorum burada seni görünce ağlamaktan başka hiçbir şey gelmiyor elimden. Boynum bükük, içim kan ağlaya ağlaya küçük bir ışık yakmanı bekliyorum. Üzerine mavimsi ince bir şey giydirmişler, o seni ısıtmaz. Hatıralarımı ve umutlarımı örtüyorum üzerine sen üşüme. Uyan sana söz veriyorum senden asla gitmeyeceğim, yanından hiç ayrılmayacağım. Sen sıkıya gelemezsin, özgürlüğüne düşkünsün o yüzden kuşlara özenmedik mi? Uyan onlara Eminönü'nde yem atalım. Söz seninle balık ekmek yiyeceğim hatta kusacağımı bildiğim hâlde soğan yerim. Kurban olduğum duy artık sesimi, bu dünya sensizliğimi hak etmiyor. Biz mutlu sonu hak ettik. Bunca acı fazla bana, benim bünyem ne ki? Tek taşıyamıyorum, öyle çaresizim ki artık sakat kalma ihtimallerine razıyım yeter ki uyan, **bir mucize olsun o da sen ol.** Ben bakarım sana öyle de evlenirim seninle yemin ederim. Sen zaten benim sevgimle düzeleceksin, benim umudum sonsuz. Çaresizliğimizi gör artık. Kolun, bacağın, gözün, kulağın olurum sana göz kulak olurum. Şimdi yatıyorsun gözümün önünde. Nasıl rüyanın içindesin? Belki ikimizi görüyorsun, belki mutluyuz ancak o rüya, ona inanma bana inan aç gözlerini. Eğer gözlerini açarsan gerisi gelir. Gözümün önünde zayıflıyorsun yapma, ben hep kilo almanı istedim. Eğer orada yatan ben olsaydım sen de her şeye razı olurdun uyanmam için. Eminim buna, bizim sevgimiz vazgeçmeyi seçecek kadar ucuz değil. Beni asla bırakmazdın, ben de seni bırakmıyorum. Uyanman için daha ne söylemeliyim, kaç cumanın geçmesi gerekiyor? Kaç çeşit dua, kaç rekât namaz, kaç damla gözyaşı, uyanman için ne gerekiyor? Allah aşkına kaç gece sabaha kadar seni sayıklayayım? Senin olmadığın bir İstanbul benim yerleşim alanım olamaz, cehenneme dönüşür. Makyajsız, pijamalı hâlime bayılırdın, bak senin için öyle hayalet gibi dolaşıyorum. Kalkıp alttan alta gül bana. Daha seninle Sapphir'e çıkacağız. Telefonda yapacaklarımızın listesi duruyor, tutamadığımız balıklar var. Hani güneş gözlüğümüzle havuza atlayacaktık, beraber vosvos turu yapacaktık. Yapacağımız çok şey birikti. Hayallerimiz dursun şu köşede uyanmanı bekliyoruz.

Allah'ım sen büyüksün. Bizi yok etme, onun gülüşünü sevgisini benden alma. Kolu, bacağı kırıldıysa bakarım, iyileştiririm. Gerekirse altını bile temizlerim, yalvarırım onu benden alma bunu kaldıramam. Allah göstermesin eğer olur da ruhun yerinden kalkarsa, söz ver beni de yanına alacaksın. Başka türlü anlaşmam kaderle.

Bensiz 7 dakika durdun mu sen hiç? 7 gün oldu adam, ilk defa bu kadar çok beklettin beni. Uyandığında çok kızacaksın kendine, seni nasıl beklettim diye sonra da dalga geçeceksin benimle "Benim için buralarda mı süründün?" diye. 7 ay da 7 yıl da beklerim geleceğini bileyim artık. Çünkü evden çıkarken "Bekle aşkım, geleceğim." dedin. Bunu her yere kazıdım, hâlâ bekliyorum aşkım, geleceksin. O gözlerini aç söz nikâhımız hastanede kıyılsın ama yalvarırım artık aç, alışkın değilim sensiz durmaya. Senin sevgine, senin kollarına evine ihtiyacım var. Kalbin makineye bağlı değil, o benim için atıyor. Benim için olmazsa bile annen için uyan, seni en çok ikimiz umutla bekliyoruz, en çok ikimizi seviyorsun biliyoruz. Allah'ını seversen gel, yalvarırım gel...

Allah'a sığınıyorum, onu her an anmak varken ihtiyacım olduğunda varlığının farkına vardığım için özür diliyorum. Allah bir kuluna bir şeyi nasip etmiyorsa ya hayırlı değilmiş ya da daha iyisi olacağı içinmiş. Sensizlik bana dünyaları getirse dahi istemiyorum. İsyan etmek istemiyorum, senin benim için atan o kalbini, deli dolu her hâlini, kaşını, kirpiğini, avucunun içindeki o çizgileri, tırnaklarını seviyorum. Kaybetmeye tahammülüm yok. Bak alarmlarımız hâlâ duruyor, bu sabah açayım ikimiz uyanalım. Sen kapatana kadar kalkmayayım yerimden, belki uyanırsın. *'Mutluluğum'* diye kayıtlı olduğum telefonun elimde. Hemşirelerden gizli yanına koyayım, arayayım. Uyanmayacağını bildiğim için ısrarla arayacağım, uyan Allah aşkına uyan aç şu telefonu. Rehberimin en başındasın *'Adam'* hatta sen düzeltmiştin. Alt tarafı dört harf, iki hece, bir kelime ben bununla saatlerce bakışıyorum, milyonlarca anlam yüklüyorum. Mesajlarımızı tekrar tekrar okuyorum. Bir mesajı ikinci kez okumaya bile gerek duymazdım, şimdi defalarca okumak yetmiyor. Sana, usta birliğinde verdiğim o defterde bir şiirim vardı *"Vazgeçme, zaman sensiz geçmez,"* diye. Hatırladın mı? Sen söyleyemesen bile biliyorum. Cevabın *"Hiç unutmadım ki,"* olacak...

Ben hiçbir kitabı defalarca okumamıştım, ilk kez bunu yapıyorum. Senin bana ilk kez yaşattığın o kadar çok hissim var ki...

Hastane tepede olduğu için güzel esiyor sanırım, sağ tarafta iki minareli cami var, bayağı büyük aslında. Hemen karşımızda kültür merkezi, 300-400 arası park edilmiş arabaların %90'ı siyah, beyaz, gri... Acaba içim hangisi? Bir tabela çıkışı, biri Sarıyer'i biri de Beşiktaş'ı falan gösteriyor işte. Yeşil beyaz veya mavi kıyafetliler sigara molasına çıkıyor. Hemşire, doktor, asistan diyelim. Genelde muhabbet edip gülüyorlar. Anneyle kızı ağlıyordu. Birkaç saat önce, kalp krizinden babayı kaybetmişler. Allah rahmet eylesin, Allah sabır versin. Ölüm çok zor olsa gerek. Bir de küçük çocuk parkı var, sabah akşam oturup dua ettiğimiz. Bir ara taşla parkın her yerine, Uğur uyan, yazmışım. Uyandığında okursun artık. Yıllar geçse de buradan silineceğini sanmıyorum. Ağaçlar güzel görünüm sağlıyor, belki insanların içini açıyordur. Şu hastaneye ilk girdiğimde oturup ağladığım kaldırım taşına bakıyorum. Sadece bacağında yaralar var dedikleri için, sonrasında annem dedi durumu ağırmış diye. Ben de ağırlaştım o ara. Çok dua öğrendim bu hastanede, namaz kılmayı bile öğrendim. Adını bilmediğim süreler rüyama girdi, sen zaten rüyalarımdan hiç çıkmadın ki. Mavi kelebek geçti yanımdan ömründen habersiz. Serçeler hep soframıza konuyor, hep yemeğe istekli sanki. Senden haber getirecek gibi. Ne gelen bitiyor ne giden. Çay bağımlılık oldu seni beklerken. Kilo verdin diyorlar, inan senin yüzünden. Uyanmaya niyetin yok mu? Şimdi şükretmeyi bilmediğim her gün için kendimi yargılıyorum. İki haftayı bitirdik hastanede, artık doktorlar hemşireler bizi tanır oldu. Yorgunluğum suratımın durgunluğundan okunur oldu, artık mimiklerim bile işlem görmüyor. Senin tenin sıcak, benimki soğuk. Beklemek; Suriye'den kaçanların bombaya denk gelmeleri gibi bir şey, o kadar kötü işte. Şafağını saymamışımdır böyle, 16 gün oldu. Her gün gelen insanlar bile yavaşladı, ateş bize düştü. Herkes istiyor iyi olmanı dua ediyorlar, üzülüyorlar. Benim ciğerim, sigara içenlerden beter hâlde. Kurban olurum derdin ya hani, ben burada kurban oldum. Tüter burnumda her zerren. Bütün saatler paramparça, zaman geçmek bilmiyor. Biraz önce girdim yanına, çalışanlar bizi sözlü sanıyor, ailen herkese öyle söyledi. Verdiğin sözü tutacaksın değil mi? Dayanamadım çıktım hemen, seni oraya hâlâ yakıştıramıyorum senin yerin yanım. Elini tut dedi annen, tutmaya kıyamadım. Nasıl oldu da sen bana bu şekilde kıydın. Çoğu insan artık buraya alıştığımızı düşünüyor. Haksız da sayılmazlar, senin yokluğun dışında her şeye alıştım. Elinden bir şey gelmemesi en beteriymiş her şeyin, sadece dua edebiliyorsun. Bir de dalıp gidiyorsun anılara, alıp gidebilsem seni de oralara. Bilirsin çok zayıftır ezberim, balık hafızalının tekiyim ama burada çok şey ezberledim. Doktorların yüzlerini, hastaların yakınlarını, zor anları... Senin ne zaman uyanacağını kestiremiyorum. Özledim duy artık çaresizliğimin eseri. Rüzgâr esiyor yine sen üfledin değil mi? Hani kitap yazacaktım ya "İçinde ben var mıyım?" diye sorduğun. Burada bitiririm senin eserini, belki de ikimizin eskileri ikimiz için dua edecek...

Bugün telefonuma Kızılay'dan mesaj geldi, *"Sayın Uğur Dede Kızılay'a yapmış olduğunuz kan bağışıyla bugün bir insanın hayatını kurtardınız, teşekkür ederiz."* Tarifsiz duygular içindeyim hafızama kaynar su döküldü, kalbimin üzerine çimento atmışlar gibi. Allah'ım bu nasıl bir imtihan? Bu nasıl bir zamanlama. Bir başkasını kurtulmasına sebep olup kendin burada yatıyorsun, senin buradaki hâlin kocaman bir haksızlık. Kurtardığın hayat gibi sen de kurtul be adam beni yokluğunla ziyan etme. Beni daha fazla duman etme. Öyle cümleler var ki yüreğimde onları oradan çıkaramıyorum. Sana kurduğum hiçbir cümlenin, kafamda kurduklarımı anlatmaya yüzü yok.

Bizim burada can parçamız var, içimde de can kırıkları. Doktorun söylediği tek şey durum stabil. Şimdiye kadar güzel hiçbir şey söylemedi. Kötü bir şey söylemesin buna da razıyım. Ben iyi şeyleri kendim söylüyorum, inanıyorum. Ödemler düzelmediği, beyine kan gitmediği takdirde böyle bitkisel devam edecekmişsin yaşamaya. Bitkisel olan benim. Bittim artık bana bitmeyecek bir şey söyleyin. Gördüğüm her rüyanın tabirinde müjdeli haber alacaksın diyor, ufacık bir şey bile beni mutlu ediyor. Diyelim ki rüya tabirleri yalan çıktı, o zaman neden sen her seferinde rüyama gelip bana ve annene sarılıyorsun, ben buradayım iyi olacağım merak etme diyorsun? Artık bana doğruyu söyle, istemeden gideceğim demene razı olacak hâldeyim yeter ki yalan söyleme. İnsanlar bana akıl hastasıymışım gibi bakıyor. Rüyama girmediğin, tenini hissetmediğim bir gün yok. Ben onlarsız yapamam, onlarla çok mutlu oluyorum amma velâkin beni onlara layık görme. Umut yok diyorlar, benim elimde olan tek şeyi almaya çalışıyorlar. Benim umudumdan kime ne! Hadi yanılt kötü düşünen herkesi! Sen seversin böyle işleri, hadi bekliyorum seni, gör hâlimi. İnsan neyi çok isterse o imtihanı oluyormuş imtihanım olmana razıyım, lakin kaybetmeye değil. Gelen, giden bu senin imtihanın diyor. Acıyan gözlerle gözlerime bakıyorlar. Yeter, artık bakmasın bana kimse acıyan gözlerle. Seni benim kadar tanımadıkları için böyle düşünüyorlar, bilmiyorlar bilseler böyle konuşamazlardı. Senin ne kadar inatçı olduğunu, benden vazgeçmediğin gibi hayattan da vazgeçmeyeceğini bilmiyorlar. Bana olan aşkını bilenler ise benim için uyanacağına inanıyor. Onları kendime daha yakın hissediyorum çünkü onlar beni anlayabilir. Herkes senin benim için uyanacağına inanıyor, baksana sevgilim. Senin beni nasıl sevdiğinin farkındaymış herkes. Ben bunun asıl şimdi farkına varıyorum. Annen, baban, akrabalar, Nermin abla, hastanedeki hemşireler hatta Ergül abla bile gelip senin için uyanacak dedi. Peki ya uyanmazsan, benim umutlarımı elimden alırsan, işte o zaman affedemem seni. Herkes hayatına devam ediyor. Biri televizyon başında, biri telefonla oynuyor, biri yürüyüş yapıyor, biri çekirdek çitliyor. Herkes kaldığı yerden devam ediyor. Peki biz nerede kalmıştık? Yapayalnızım aslında sensiz hiçbir arkadaşımın varlığını görmüyorum, nedenini bilmeden annenin yanından ayrılamıyorum. Onda sana benzeyen bir şeyler var. Ne olduğunu anlayamıyorum, kendi annemden daha yakın oldu bana. Baban gerçekten babaymış, bak yokluğunda onlara bağlandım. Hadi ben neyse ama onları üzme olur mu? Ama sakın sana olan sevgimi de onlara vermemi isteme. O kadarı imkânsız çünkü benim sevgim üzerine sevgi katılacak kadar az değil. Üstleri açık uyuduğunda sanki sen üşüyormuşsun gibi hissediyorum.

Terlediklerinde kalkıp üstlerini değiştirmek istiyorum, nasıl böyle oldu bilmiyorum. Baban da zayıfladı, burada yediğimiz içtiğimiz hiçbir şeyin tadı yok. Gökyüzünde sayılacak yıldız kalmadı. Zaten sensiz saymayı bile beceremiyorum. Uyan demekten uyuyamaz oldum. Her Allah'ın günü gözümdeki yaşlarda hissediyorum seni. Sanki kadınım demişsin gibi sesini duydum. Bazen de enseme nefesin gelmiş gibi oluyor, korkup dönemiyorum, o his gidecek diye. Bu kadar uyku çok değil mi, şimdiye kadar uyanman gerekmiyor muydu? Yanına geliyorum, kulağına şarkımızı söyleyeceğim, bunun için günbatımını bekledim. Dövmelerin buruşana kadar sevmek istedim seni, bunu bozma emi. Sakallarına doğru yaklaşıyorum, öpemeden kulağına yönelmek içimde ukde bırakıyor. Bu o kadar çirkin bir his ki. Duy beni!

"Günbatımında en sevdiğim adamla en güzel şarkılar çalarsa, bir dokununca, bir sarılınca dünya benim olur ya. Haydi, kalk gel dünyama, nerde kaldın dün. Boş ver gelsene bugün özledim, gözledim, sözledim nefesi seninle almaya. Ne rüzgârlar geldi geçti üzerimden sen yine süzülen gözlerimden. Hastane kokusuymuş burnuma gelen, kokun bile bana üzülen..."

Neden duymuyorsun? Bak devamını getirmek buraya nasipmiş. Neden hissetmiyorsun? Tamam, duyma ben gidiyorum olurda uyanırsan kapındayım bilesin, seni çok seviyorum adamım. Nasıl yani Allah'ım parmağı kımıldadı. Adamım, dediğimi duydu. Tuttuğum elime küçücük ama farklı bir his verdi, hareket etti, hissettim yemin ederim parmağı kımıldadı. Çok küçük anlık bir histi emin olamayacağım kadar ani gelişti, bu ne demek oluyor? Bu iyi bir şey değil mi? Bu bir umut değil mi? Yemin ederim yalan söylemiyorum hissettim. Umutsuz bakmayın bana hissettim diyorum, neden anlamıyorsunuz? Peki, tamam kımıldamamış olsa dahi ben öyle hissettim. Hissettiğim küçük bir histi bana dünyaları verdi.

Hissettiklerimi kelimelerle anlatamıyorum anlamanız için yaşamanız şart ama yaşamayın, anlamayın. Sarılın yanınızdakilere. Yarın her şey olabilirmiş, biz bunun farkına varmadan yaşamışız. Hep başkalarının başına gelecekmiş, bizi es geçecekmiş gibi davranmışız. Her an, son an olabilir. Belki son kez sarılıyorsun ona kim bilir. Son anın dahi kıymetini bilin. Şimdi öyle çaresizim ki hayat öyle bir bok ki yaşasan yaşanmıyor, yazsan yazılmıyor. Zaten yazamıyorum bile hep kendimi tekrar edip duruyorum. Hayat, hayatımda gördüğüm en vasat şey. Hayat, hayatta korktuğum en büyük dert. Her anın kıymetini bilin, ansızın ansız kaldığınız anlar gelmesin. Ben çok hata yaptım siz yapmayın. Ben çok üzdüm, siz üzmeyin. Pişmanlıklarınıza iyi bakın onlar sizi bugüne hazırlıyor. Hayat kısa, hayat adi! Onun üstüne çıkın, altına inmeyin. Ben isyan ettim siz etmeyin. Allah büyük, bir tek ona boyun eğin. Yerlerde geziyorum ekmek kırıntıları gibi. Rüyada bile unutmamayı öğreniyorsun. Ben âşık oldum, hayatım boyunca olmadığım kadar mutlu oldum. Aşkın adı var, şanı şöhreti var ve ne yazık ki acısı da var. Her güzelliğin bir kötülüğü var. Acıya sığınıyorum kaderimde yeri var. Dışımın nasıl göründüğünden haberdar değilim zira içim berbat. Onsuz geçen günün kıymeti yok. Alnımızda yazılan neyse o, onun iyi olması için dua edin. Ne aileyi ne hayatı kendimiz seçemiyoruz ama yaşadıklarımız öyle değil, bence %70'ini kendimiz seçiyoruz. Bu yaşa-

dıklarım ne yazık ki %30'luk kısımda. Benim yaşadıklarımdan pişmanlığım onsuz geçirdiğim günler değerinin farkına varmadığım zamanlar. Hepsi için şu an çok pişmanım ama bunun bir faydası yok onu kaybetmenin eşiğine geldikten sonra ne anlamı var pişmanlıkların. Siz de benim için dua eder misiniz? Onun iyi olmasını her şeyden çok istiyorum. İnanıyorum biz sevdiğimiz bir dizide sevdiğimiz bir karakterin yoğun bakımı odasında oluşunu bile kabullenemiyoruz, gerçek olmadığını bildiğimiz hâlde üzülüyoruz yalan mı? Biz onların ölüm sahnelerine ağlayan tüyleri diken diken olan insanlarız. Bir yerden çıkacak ölmemiştir diyen insanlarız, aslında hepimizin kalbinde temiz bir yerler var, ben buna da inanıyorum. Şimdi benden gerçeğini kabullenmemi beklemeyin. Yine de ben inanıyorum her şey bir gün güzel olacak yaşadığımız onca zorluklara rağmen. Sizin için de her şey güzel olur bu kez kendiniz için şükredin, olduğunuz yere bakın. Şu an bu yazdıklarımı okuyabiliyorsanız o kadar da kötü durumda değilsinizdir. Belki de ben öyle sanıyorum...

Bugün annenle hastanenin kafeteryasında karşılıklı oturup sohbet ettik orta ya da şekerli bir kahve söyledi. Bu serçeler neden bu masalardan ayrılmıyor anlayamıyorum. Gökhan Özen'i gördük, eşi burada doğum yapmış öyle duyduk. Allah analı babalı büyütsün. Biraz önce beş yaşında erkek çocuğu getirdiler. Balkondan düşmüş acil ameliyata aldılar. Çok sürmedi annesinin, babasının çığlıklarını duymam. Burada hayatını kaybetti. Hayat çok enteresan çok acımasız değil mi? Beş yaşındaki çocuk neden ölür ki? Birileri doğuyor, birileri ölüyor. Sen ölme, senin yerine ben öldüm. İnancımız sonsuz sevgilim, umutsuzluğa kapılmayacağız. Biliyor musun bugün senin bile bilmediğin bir şeyi öğrendim muhtemelen kimse de bilmiyordur. Annenin gençken köyde âşık olduğu birisi varmış, ilk aşkıymış. Annen onun verdiği bir gülü yıllarca saklamış. Alt tarafı bir gül. Sonra ne olmuş biliyor musun o çok sevdiği kişiyi motosiklet kazasında kaybetmiş, şimdi Allah onu aynı olaydan oğluyla sınıyor. Onun gözlerindeki acıyı ben tarif edemem. Haksızlık olur. Siz tahmin edin. Bana senin kaderin benimkine benzemez inşallah dedi. İçim cız etti ciğerime kezzap attılar sanki. Bardakmışım da tuz buz olmuşum gibi.

Alnımızdaki yazı önemli, hayat bir varmış bir yokmuş, yalancı masal gibi…

Üçüncü haftaya girdik. Gel de sor. Nasıl girdik? Zamanın geçiyor gibi göründüğüne bakma geçmiyor. Bak Allah yukarda görüyor, etmediğim dua kalmadı. Hâlâ bir ışık yok. Çok beklettin beni, beklemeyi sevmediğimi çok iyi biliyorsun hâlâ neyi bekliyorsun? İmtihanlara gebe kaldım. Birisi senin ayakkabından giymiş gözümün önünde dolaşıyor. Kazadan sonra o ayakkabılarının sadece birini verdiler bize diğer eşi neden yok? Kazanın olduğu caddede mi kalmış kaldırıma mı fırlamış? Annen huyumu bildiği için o eşyaları bana göstermek istemedi oysa ben bir damla kanına kanıyorum. Şimdi buna sarılır, seni beklerim. Kedi leşi gibi kokuyor dediğim o ayakkabını yanımdan ayırmam. Şakalaşırken yine ellerini tırnaklamıştım hani hatırladın mı? Oradan pantolonuma kanın damlamıştı onu yıkamaya kıyamıyorum. Bir damla kanınla bakışıp duruyorum. Peki, sana aldığımız lacivert gömleğin aynısını giyen adama ne yapayım, koşup boynuna mı atlayayım? Boğazına sarılıp çıkar o Uğur'a daha çok yakışıyor, kalktığında giyecek mi diyeyim? Çaresizliğimi aklın alıyor mu? Bazen insanların bakışı bu kız delirmiş mi diye soru işaretleriyle dolu olarak çarpıyor gözüme. Etrafımdaki herkesin bir anını sana benzetmek için bahane arıyorum. Böyle yapınca senin tebessümlü yüz ifaden geliyor karşıma, umut doluyorum. Merak etme hiç kimse sana benzeyemez. Sen çok güçlüsün uyanacaksın. Kalktığında sana saçma sapan bilmeceler öğrenip soracağım, yüzünü güldürmek olacak tek derdim. Beni duy, beni gör olur mu? Sakalların çok uzamış onu tıraş etmek için izin istediler babandan. Ben çok severim bilirsin, onlara tamamen kesmeyin diyemedim sadece kısalt derdim. Peki, baban ne yapsın? Ben keseyim oğlumun sakallarını dedi. Kaç gün oldu sakallarınla oynamayalı, gülüşünü görmeyeli, dudağına değmeyeli, göğsünde uyumayalı saymak istemiyorum. Sen bir açsan gözlerini inan bana gerisi teferruat.

Nasıl? Neler oluyor? Neden birdenbire herkes gelmeye başladı? Soru işaretleriyle bakıyorlar, bir şeyler yolunda gitmiyor. Birileri bir şey söylesin ne oluyor? Neden Yılmaz ağabeyin başına dikildiler? Neden ben kalkamıyorum olduğum yerden, üzerimdeki yük neyin nesi? Uğur'a bir şeyler oluyor. Bu kalabalık bu akşam saatinde neden Nermin abla? Neler oluyor Hayriye abla, Süleyman ağabey biriniz bir şey söylesin? Fadime abla çok korkuyorum, anne sen bari konuş. Ona bir şey olmayacak bana inanın. Anne ne olur bana inan. Öyle değil mi Fadime abla olmayacak ona bir şey? Güveniyorum bizi yalnız bırakmayacak. Neden geldiyseniz buraya, gidin hepiniz. Biz ona yeteriz gidin, her şey yoluna girecek. Anne sarılma bana, silme gözyaşlarımı, acımayın bana. Sen bari acıma, sen bari yapma. Allah'ım yalvarırım ona bir şey olmasın. Beni al, onu alma, dokunma ona kıyma bana. Bana bu acıyı yaşatma. *Tansiyonu normalin altına düştü, durumu kötüye gidiyor, nabız yavaş, hastayı kaybedebiliriz her şeye hazırlıklı olun.* Hayıııııııııııııııır…

Ben onun yanına iki gündür girmiyorum, o hâlde görmeye dayanamadığım için. O yüzden bana kızmıştır, bana tepki veriyordur, yanına çağırıyor beni. Ben biliyorum, onun için yaptı ya Allah rızası için bana inanın. Sesim titriyor, elim ayağım boşaldı, dayanamıyorum artık sızlanmaya, akacak gözyaşımız kalmadı. Onlara göster iyi olacağını kanıtla Uğur, iyi olmamanı kabullenebilirim ama daha kötüsü olamaz. İyi olan her şeye hazırlıklıyım.

Burada aylarca, yıllarca iyi olmanı bekleyebilirim, bana kötü ihtimal verme. *Artık yaşasa dahi kör, sağır, dilsiz kalır.* Kim diyor bunu? Hangi kendini bilmez konuşuyorsa onu Allah'a havale ediyorum. Bu yalanlarınızın hesabını hepinize teker teker soracağım. Hafıza kaybı da olabilirmiş, sen beni unutmazsın ki. Felç kalır diyorlar Uğur, yeter artık neden bu kadar çok acı çektirdin bize, bu neyin ahı, bu neyin günahı dayanacak gücüm kalmadı. Bunları söyleyen herkesin beyni felç olmuş. Şurada ölmek istiyorum tutmuyor vücudum. Annene acı, bak baban o doktorların söylediği her şeye tek başına dayanıyor. Biz kaçıyoruz yalanlarına inanamıyoruz. Sen neden hâlâ beni haklı çıkarmıyorsun? Ben senin kulağın, ben senin gözün ben senin dilin, ben senin bedenin olurum. Allah'ım sana yalvarıyorum onu benden alma Tamam bir hasar kalacak ama ne olur o en hafifi olsun. Ben beni hissetmemesi dışında her hâline dayanabilirim o dayanamaz. Bu içime kapanıp ağladığım her köşeye seni tekerlekli sandalyeyle çıkaracağım ve Allah'tan nasıl dua dilendiğimi umudumu kaybetmediğimi anlatacağım. Hadi bize iyilik yap sen bayılırsın insanları mutlu etmeye yardım etmeye yalvarırım bize yardım et perişanız gerisinin ne önemi var. Beni düşün, masalımızı düşün. Allah'ım bana dayanma gücü ver. Biz mutsuz sonu hak etmedik şu an senden hamile olmayı o kadar çok isterdim ki, beni bıraksan onu bırakmazsın. Onunla avuturdum kendimi, senden bir parça diye. Allah rızası için Allah için gel kurban olayım gel. Sen benim şükürlerimsin bir kez daha şükretmemi sağla.

Tansiyon ve nabız normale dönmüş ilaçlara vücut ilaçlara yanıt vermiş şükürler olsun bizi çok korkuttun. Fakat uyandığında bana değil de kimyasal maddelere cevap vermenin hesabını soracağım adam. Belki de onlar öyle sanıyordur. Söz bir daha yanına girmemezlik yapmayacağım, parçalansam da dayanacağım. Burada da yaptın yapacağını, duramadın bensiz. Biliyordum durmayacağını…

Aslında bu dünyada her şey self servis biraz huzur, biraz mutluluk gidip kendin alacaksın alabildiğin kadar Allah'ın gücünü yettirdiği kadar. Keşke alabilsem seni yanıma dizlerimde uyuturum, belki ayağımda sallarım sen çocuğum gibi davranmayı seversin. Hayallerimiz karıştı bulutlara. Bulut demişken senin de bensiz rüyan yoktur değil mi? Bulutlara benden selam söyle, gökyüzüne sevgi, baharlarla gel bana. Temmuzu sevmiyorum artık şubata götür beni, özlemek hislerin en çirkiniymiş ya hani çok çirkin özlüyorum seni, çabuk gel bekletme e mi. Bu temmuz güneşi göremedim gören varsa da söylemesin ağustosun Allah belasını versin. Vücudum kışın soğuğunu kalbim de yazın 50 derece sıcağını yaşadı.

Daha sana doğum günün için bir sürpriz dahi yapamadım. Nice mutlu, umutlu yıllara demiştim. Neden günler sürdü?

Oradaki savaşı bizim için bırakmıyorsun biliyorum. Elinden gelse daha fazlasını yapmak istiyorsun. Demek ki zamanı var. Söz konusu gitmen mi, inan bana bu hiç inandırıcı değil. Ben gitmemeyi senden öğrendim. Şimdi sana kalmayı öğreteceğim. Şanssızlığın deplasmanında olsak dahi bozacağız kaderin tüm kurallarını. Dışarıda depremler oldu. Ve ben enkazların altındayım, gelip kurtarmalısın. Benim hikâyemin kahramanısın, kahramanlığını yapmalısın, elin kolun bağlı orada uyuyamazsın. Zorla yedirdikleri her lokma gırtlağımda. İki haftada altı kilo vermişim. Gözümün önünde erime ben kül olurum senin yerine. Hastanenin elleri boğazımda üstüme yürüyor tüm hastalar. Güneş artık eskisi gibi kızarmıyor, bulutların rengi tamamen koyulaştı, kelebekler azaldı, çiçeklerin boynu bükük ağaçlar artık esmiyor, rüzgâr değmiyor kirpiklerime. Bütün canlı varlıklar somurtuyor. Tebessüm eden bir yüz göremiyorum, gördüğümü sevemiyorum, kendimden bile nefret ediyorum. Sen yoksan bu dünyanın canı cehenneme, istemiyorum başka bir geleceği. Dünyanın en güzel geleceği dahi yazılsa karalamak istiyorum, ne hayallerle yazdım alnına ismimi. Silinmesine izin veremezsin. Ezanlar şahit üç şekerli içtiğim çaya artık şeker atamıyorum, hiçbir tadı almıyor damağım. Baban zorla tutturmasa elime, şu çayı dahi yudumlamam. İnan bana hiçbir şeyin tadı yok. Elim ayağım kurudu gözlerimdeki yaşlar sana çok kızgın, ne olur sanki sevinç gözyaşlarım olsaydı şunlar. Ben senden başkasıyla evliliği hayal bile etmedim ki. Sen burada olduğundan beri şuurum yerinde değil. Uyanmana kaç günün var? Kötü bir dünüm, sabırla beklediğim bugün var. Kafamda kurduğum yarınlar ertelediğimiz hikâyemiz var. Uyan artık kulağımda evet diyen sesin bir de alnımdan öptüğün dudakların var. Çaresizlik dünyanın kaç bucak olduğunu gösterdi bana. Sen bir uyan dünyanın sekiz harikası olurum. Hani aydınlık hayallerimiz vardı ya sen olmayınca karanlık olan, onlara ışık lazım. Yanında çabuk geçiyor diye kızdığım zaman artık geçmez oldu. Keşke yanında ben de yatsaydım. Yatağını mı sevdin? Herkesin konuşması gülmesi çok zoruma gidiyor bana sensiz hayat durmuş gibi meğer devam ediyormuş, sensiz etmese de olur. Uyandığında her şeye baştan başlarız. Sonları değil başları severiz. Sıfatım mayın tarlasına döndü, uyanınca güleceksin. Şu sıralar annen ile tek tartışmamız, uyandığında ilk Dilara mı anne mi diyeceğin. Biz bu tartışmayı seninle masal için yapmıştık hatırladın mı? *"İlk baba diyecek,"* demiştin. Annen, *"Yeter ki uyansın adımı dahi unutsun,"* dedi. Bu çaresizliğin hangi versiyonu? Daha güzel cümleler ver ağzımıza.

Göz kapaklarım bir hayli zayıfladı, vücudumda gram enerji yok, renkleri seçemiyorum beyaz gri gibi. Yokluğunda hile var, yokluğunda vefasızlık var kaldıramıyorum. Kaldırdığım yüklerin üstünde sen varsın. En beteri de seni burada bilmek var. Seninle her renk olurum ama gri asla. Şimdi öyle pişmanım ki öptüğünde öpme, sarıldığında sıkma dediğim için, senden sürekli gittiğim için, seninle sürekli kavga ettiğim için... Şimdi anlıyorum hepsinde sen haklıymışsın. Kıskançlığın paylaşamamaktan geliyormuş. Birileri fotoğrafına bakıp yakışıklı çocukmuş inşallah düzelir dedi. Biliyor musun ben bunu, bu durumda kıskandım. Hep bana senin gözünden bakarlar diye korkardın haklıydın ama senin gibi değil, hep başka bakıyorlar. Fare gibi sıkıştım köşeme, sensiz yarım kaldım, yarınlara kaldım. Tenini çok özledim hani kavgalardan sonra sen bana sarılırdın, ben inadımı kırmazdım, hatırladın mı? İtiraf ediyorum ben o esnalarda çaktırmadan boynuna yanaşıp tenini koklardım sonra bırak beni diye çığırırdım. İçimden sakın bırakma derdim. Şimdi bağırarak tüm dünyaya duyurarak söylemek istiyorum 'BIRAKMA BENİ' o zaman da bırakmadığın gibi.

Bir gece gözlerime dalıp *"Sakın beni bırakma, sen benden vazgeçtiğinde ben kendimden vazgeçiyorum,"* demiştin. Ben senden vazgeçmedim, vazgeçmeyeceğim. Peki ya sen benden vazgeçersen? Biz bu ihtimali hiç düşünmemiştik...

Şöyle arkama bakıyorum da ben çok acı çektiğimi, o yüzden bu kadar olgun olduğumu düşünüyordum. Daha her şeyin başında olduğumun farkında değilmişim. Aslında hepimiz acılarımızı büyütüyoruz. Mesela bazılarımız özlemekten mesafelerden bahsediyor, aynı dünyada olmayıp birbirlerini özleyen insanlara haksızlık ediyoruz. Ölüm var neden başımıza gelmeden onu tanıdığımızı belli etmiyoruz. Daha beterini görmeden anlayamıyoruz acımızın ne kadar yer edindiğini.

Ben acıyı babamın bana yaptıkları çirkinlikler sayesinde yaşadığımı sanmıştım. Daha beş yaşında bir çocukken bana cinsel organının aslında oyuncak olduğunu anlatmaya çalıştığında, geceleri yatağımın yanına gelip elini hiç olmayacak yerlerime götürdüğünde, tuvaletteyken kapının deliğinden izlediğinde, daha ilkokul dördüncü sınıftayken eve geldiğimde bana porno film izletmeye çalıştığında... Annem dâhil kimselere anlatamazdım, şimdi ise bu kitabı okuyanlara anlatıyorum. Çok utanırdım, şimdi utanmıyorum, o Allah'ın belası utansın. Küçücük tertemiz bir kız çocuğunun hatta kendi çocuğunun günahına girdiği için. Sanayiye gönderip çorap sattırdığı için. Ama o hiç utanmadı o parayla bira aldığında, beni uykularımdan edip annemin yatağına yattığında. Sana hakkımı helal etmiyorum baba! En büyük acım senin şerefsizliğin değilmiş. Hadi gurur duy kendinle...

Hayatımda daha fazla ne olabilir diye düşünerek hayatın acımasızlığına hakaret etmişim. Çok erken ve büyük konuşmuşum.

En büyük acılarım bunlar sanmışım. Şimdi sandığımı anlıyorum, bunlar başlangıçmış. Benim en büyük acım senin burada yatışın. Belki bunun da daha büyüğü vardır. Allah göstermesin, göstermesin dediğim ne varsa hayat gösterdi. Yine de şükürler olsun. Özür dilerim Allah'ım beni affet yaptığım ve istemeden yapacağım bütün saygısızlıklar için isyan etmek istemedim, kaybediyorum kendimi. Onsuzluk beni kör ediyor. Böyle bir zamanda ne yapmam gerektiğini bilmiyorum. Ben başkasının mutluluğuyla mutlu olan insanım, mutluluğumu elimden alma. Beni en büyüğünle sınama. Mutlu olmak için çok bekledim buldum, derken bu kadar erken yolun başında yapma. O daha 22 yaşında, yaşayacağı günler olmalı, uyanmalı. Korkuyorum artık ben nasıl bir günah işledim, bu neyin vebali? Her öğün sana sığınıyorum. Yalvarırım beni duy artık. Onu özledikçe gücümü kaybediyorum. Ne söylediğimi, ne yaptığımı bilmiyorum. Fotoğrafları yakınlaştırmak yüzünün her ayrıntısını bildiğim hâlde tekrarlamak artık istemiyorum. Akli dengemi yitiriyorum. Çok özledim seni, duy sesimi umutlarıma hoş geldin demene ihtiyacım var. Sana bir şey olursa ne yaparım ben, bu ihtimali hiç düşünmedim. Geleceğim dediğin hâlde bekletiyorsun. Allah'ım eğer alnımdaki yazı başkaysa yalvarırım onunla değiştir sen dayanma gücü versen de ben buna dayanamam. O şimdiye kadar kalkardı biliyorum, sen izin vermiyorsun, yapma ne olursun. Buna izin verme onun kabinin bu dünyadaki herkesten daha çok atması gerekiyor. Neden iyilerin başına kötü şeyler geliyor? Hafızanı kaybet ben her şeyi sana baştan yaşatırım, hatırlatırım. Sağır ol, ben duyarım. Konuşma, ben anlatırım. Her şeyin bir kolayı var, yokluğunun yok. Artık uyan her şeye razıyım her hâline razıyım yeter ki uyan.

Bak kadının çok özledi seni, kadınım demene hasret kaldı. Hissettim omzuma dokundun, duydum yine kulağıma fısıldadın. İyi olduğuna ikna olmam lazım. Seninle iki yıl önce tam bu zamanlarda Yıldız Tilbe'nin *"Gitme kal"* şarkısını çok dinlerdik. Hatırladın mı? *"Hasretim ben sana hasretim gitme kal,"* Ziynet Sali'den *"Gelemiyorum yanına,"* Murat Kurşun'dan *"Allah'ım benden alsın ömrüne katsın,"* Kıvırcık Ali'den *"Al ömrümü koy ömrünün üstüne senden gelsin ölüm başımın üstüne,"* Özdemir Erdoğan'dan *"Seni almazsam gözlerim açık gider bana ellerini ver."* Uğur bunlar ne anlatmaya çalışmış?

Ulan insan her gün sevdiğini söyler mi?
Hiç bıkmadan her gün sevdiğini söyledin.

26 Mayıs 2015 mesajlaşmalarımız.
12.30 Adam: *Çok özledim aşkım.*
Akşam olsun hemen de yanına geleyim.
12.31 Kadın: *Ben de özledim sevgilim, sabredelim.*
12.32 Adam: *Hep yanımda ol,*
her gün mutlu olalım.
Artık beklediğimiz mutlu,
huzurlu o günler gelsin.

Beni bu mesajlarınla bırakamazsın.
Mutlu günlerimiz gelecek, gidemezsin…

Bugün kaderimize yalvardığım 20. gün oldu: 08.08.2015

Yine kötüye giden bir şeyler var. Neler oluyor? Sabah sabah bu telaş ne korkutmayın beni. Uğurun tansiyonu yine düştü, durumu kötüye gidiyor. İki gün öncede düştü, sonra düzelmedi mi? O oyun oynamayı sever bak. Görürsünüz bize şaka yapıyordur. Başka ihtimal var mı? O ihtimallere benim yanımda bari inandığınızı göstermeyin. Ya gelmeyin yine, gelmeyin ne olur, gelmeyin niye geliyorsunuz? Benim kimseye ihtiyacım yok, ona bir şey olmayacak. Benim bilmediğim bir şeyler mi var? Uğur ben geldim aşkım, bunlar neler söylüyor. Ben inanmıyorum, inanmayacağım sen bırakmayacaksın bizi. Bunlar yalan söylüyor, bunlar bizi kandırıyor. Sen bana söz verdin aşkım, birlikte gideceğiz şimdi değil, şimdi çok erken bensiz gidemezsin. Bırakmam seni, senin karın olmadan bırakamam seni. Çocuğumuzu doğurmadan, hayallerimize kavuşmadan olmaz. Yeter artık gözlerim ne hâle geldi, hani en sevdiğin gözlerimdi? Bu cihazlardan hiçbir şey anlamıyorum. Bu işaretler ne anlama geliyor, çıkan düşen sayılar… Senin nabzın mı, bunlar ne? Beni kandıramazsın Uğur, bu sefer beni kandıramazsın uyanacaksın. Neden bu doktorlar hemşireler acıyarak yüzüme bakıyor yeteerrrr inanmıyorum. Sana hiçbir şey olmayacak buradan çıkacaksın eve gideceğiz. Bak sımsıkı tutuyorum elini, çıkarmasalar çıkmam. Çıkarmayın beni, ne olur sıkıca tut elimi yalvarıyorum sana beni bırakma. Aç şu gözlerini sana burada evlenme teklifi edeceğim. Hatırlasana çok mutlu olmuştun mezarlıkta yaptığım şakada. Şimdi gerçeğini yapacağım o mezara birlikte gireceğiz. Aç gözlerini bir tek varlığına inanıyorum onun dışında herkesten nefret ediyorum. Bizi ayıracaklar, insanlar kötü! Sen onlara uyma beni bırakma. Beni bırakırsan seni asla affetmem. Ben şimdi gitmek zorundayım hıçkırıklarıma aldırma, ne olur moralini yüksek tut ve ne olur o rakamları düşürüp dünyamı başıma yıkma. Seni çok seviyorum adam. *"Her şeye hazırlıklı ol,"* diyorlar ezik bir sesle. Defolun gidin, hiçbir şeye hazırlıklı değilim. Bana bunları söylemeyin yeter artık gücüm kalmadı. Hadi sevgilim hadi sevgi ilim. Bunu da atlatacaksın. Herkes bir köşede aralarında konuşuyor, gelip bize teselli veriyorlar, sanki sana bir şey olmuş gibi davranıyorlar. Annen yanımda o küçük parkın köşesine çöktük, güneşten saklanıyoruz ama acından kaçamıyoruz. *"Uğur bizi bırakıyor Dilara,"* diyor annen. Hayır, Fadime abla senin gözyaşına kurban olurum, boynunu bükme, sende inanma onlara. Sen bari kaybetme umudunu, sen de bana bunu dersen ben ne yaparım. Uğur bize acı, Allah aşkına acı bize. Gör hâlimizi.

Kalbime bir şey oluyor, nefesim daralıyor, bıçak battı sanki hayır daha da değişik bu nasıl bir ağrı. Herkes bir durgunlaştı Yılmaz ağabey geliyor. Hissediyorum, kalbim acıyor… Ne olur gelme, yok gelme ben bunu kaldıramam. Sakın gelme dur. Hayır.

Sol elini gövdesinin üstüne kadar kaldırıp yumruk yapmış, üzerini sağ avucuyla kapatmış. Boynu bükük yürümeye mecali yok, geldi. Önümüzde çöktü, üçümüzün yaşları sel olmuş, gözlerine bakmaya korkuyorum. Sakın konuşma ağabey sus. Kan çanağı gözleriyle gözlerimize bakıyor yapma. Hayatım boyunca unutamayacağım her gece onunla yaşlanacağım o an. Ağabey yalvarırım sus, ben sana baba diyemedim. Kollarını açtı bir kolunu annenin bir kolunu benim boynuma attı. Yanaştı, çaresiz kısık bir sesle titreye titreye "KAYBETTİK" dedi.

Hayırrrrrrrrrrrrrrrrrrrrrrrrrrr!

Yalaaaaaaaaaaaaaaaaaaaaaaaaaannnnnnnnnnnnn!

Olamaz, o ölemez, ölmez benim adamım, beni yalnız bırakmaz o söz verdi bana, yapamaz dayanamaz. Hiç kimseye inanmıyorum. Tüm dünya duydu çığlığımı, sen duymadın mı? Üstüm başım kum toprak, benim ne işim var bu tekerlekli sandalyede, nereye götürüyorsunuz? Uğur'un yanına mı? Sen danışmada çalışan çocuk değil misin? Sen hemşire neden beni tutuyorsunuz? Uğur nerede, beni ona götürün. Niye böyle bakıyorsunuz? Tutmayın kolumu, sıkmayın beni. Ben kâbus görüyorum değil mi? Uyanık mıyım, uyutacak mısınız beni? Hangi iğne geçirir sancımı? Uyuşan kalbim değil vücudum. Kalbime de iğne yapın. Aşkım neredesin, bunlar kim, bırakın beni? Bütün hastane benim dilimden senin adınla inledi, sen nasıl olur da duymazsın? Ayseli bir şey söyle, Zeliş konuş. Benden gözlerinizi kaçırmayın. Turgut benim yanımda durmayın, Uğur'un yanına gidin, o yalnız kalmasın orada. Beni sedyeye yatırıp onu morga götüremezsiniz. Ben de gideceğim, onun yanına yatmak istiyorum, Allah rızası için yardım edin. Neden kendim kalkamıyorum. Kaldırın beni, Fadime ablanın bana ihtiyacı var. Uyutmayın beni, ne olur kaldırın kalkamıyorum, beni ona götürün.

Hâlâ bıraktığım yerde o parkın köşesinde sessiz sessiz ağlıyor. Benim gibi haykıramıyor bile, öylece duruyor içine atarak. Kim tuttu kollarımdan, kim getirdi yanına kadar bilmiyorum. Dizlerine koydum başımı, elleri saçlarıma değdi. *"Ağlama kızım,"* derken elleri yüreği gözyaşları titredi. Ben sana daha anne diyecektim. Sana anne diyemedim. Anneeeeeeemm yalan de bana. Uğur bize şaka yaptı, değil mi? Gitmedi değil mi? O gitmez değil mi? Uğur gitmee, ne olur gitme, kulun köpeğin olayım gitme, bizi terk etme. Hani bensiz gitmeyecektin, yapmaa ne olur, yapma dayanamıyorum, yapamıyorum, inanamıyorum. Allah'ım yapmaaa yalvarırım ölmedi desin biri. Uğur neredesin? Sen bensiz yatamazsın, yaşıyordur, o ölmez. İnanmayın bize şaka yapmıştır.

Beni bırakmaaaaaaaaaaaaaaaaaaa...

Allah'ım onu alıyorsan beni burada bırakma beni de al.

Dilara Kaçmaz

Uğur şimdi beni izliyorsun biliyorum. Ben sana dokunamıyorum, nerede ruhun, hadi sen bana dokun yalvarırım. Silme gözyaşımı, geri dön bak yirmi gün önce ikimizin son kez sarılarak uyuduğu yataktayım. Ben sensiz burada hiç uyumadım ki. Beni sakinleştirmeye çalışan bu kalabalığı kenara it, göğsüme başını koy, bunların hepsinin geçeceğinden bahset bana. Ama sen de ağlama, ne olur ağlama hissediyorum ağlıyorsun. Neden ağlıyorsun, bir daha yanıma gelemeyeceğin için mi, sözlerini tutamadığın için mi, hayallerimizin başında kaldığım için mi? Uğur sen hep bana gelmedin mi? Neden şimdi bu gidişin? Bir şey söyle çıldırmak üzereyim. Konuş benimle, duyur sesini, hadi yanımdasın değil mi? Gitmeee! Hadi sarıl bana kimse yokmuş gibi sımsıkı bırakmayacakmış gibi. Beni de götür hadi, ben seni görmesem bile sen hep sarıl bana inanmayacağım yokluğuna. Sarıldın mı? Şimdi annene sarıl, öp, kokla onu. Baban nerede? Göremiyorum, sen bul onu, en son yine bana gel askere giderken yaptığın gibi. Sen ağlama dayanamam. Asla ikna olmayacağım bizim daha bir çocuğumuz olmadı, bana neden bu kötülüğü yaptın. Şimdi gittiğine inanmam için hiçbir sebep yok. Hani bana verdiğin sözlerin yalan mıydı? Hani beni ömrünün sonuna kadar sevecektin, bu kadar kısa mıydı? Bu kadar erken olmaz Uğur, hadi uyan sen yaparsın senin dönmediğin senin bana gelmediğin tek bir gün dahi olmadı. Yine gelirsin sen, benden vazgeçemezsin. Az *vazgeçilmezim* demezdin. Şimdi beni kim koruyacak, kim saracak kollarını boynuma? Beni kimse senin gibi sevmez. Hani beni sevmekten hiç vazgeçmeyecektin, neden bizden vazgeçtin? Hani sen gitmezdin, ben gidince dünyaları yıkardın. Şimdi dünyaları başıma yıkıp da gidemezsin. Hadi Uğur perişan oldum, görüyorsan uyan, haberini versinler. Sensizlik bu dünyaya yakışmaz. Sarılma bana Sarı ağabey, sen de yalan söyledin. Hani her şey güzel olacaktı! Hep iyiler gidiyor, keşke kötü olsaydın, yanımda kalsaydın. Uğur lütfen uyan sen toprağa yakışmazsın senin yerin benim kalbim onu sökmeye kalkma. Yemek yedirmeye çalışmayın o dönene kadar aç kalacağım. Sensiz yaşamayı nasıl öğreneceğim. Yok, inanmıyorum olmaz sen bensiz duramazsın. Teselli vermeyin artık, gidin başımdan, sarılmayın bana, dokunmayın gözyaşlarıma, onları Uğur silecek. Resimlerimiz nerede? Saklamayın onları verin bana. Kazadan önceki gün hangi gömleğini, hangi pantolonunu giydiğini hatırlıyorum. Hani ben balık hafızalıydım, bak unutmuyorum, unutamam sana dair hiçbir şeyi. Senin eşyalarına sarılıp yatacağım. Ben bu gece, bize sarılacağım yarın gel. Anne Uğur beni bırakmazdı, anne yalan söylüyorlar, o beni çok severdi. Elimi hiç bırakmayacaktı, iş kuracaktık, evlenecektik. Masallarımız olacaktı, onlarla oynayacaktık. Beraber buruşacaktı tenimiz, yaşlanacaktık. Uğur gerçekten öldüyse bekleyemez, beni de yanına alır. O sabırsızdır, bana ulaşır. Bensizliğe alışkın değil. Beni de yanına alman için sabırsızlanıyorum. *"İsyan etme,"* diyorlar. Ben isyan etmiyorum Allah'ım, sen de biliyorsun. Doğruları söylüyorum, o böyle biri. Her yerde sen varsın, gülüşünü görüyorum. Gözlerimi kapatıp sevişini görüyorum. Allah'ım çok mu sevdin onu? Neden aldın? Onsuz burada nefes alamam, onunla olayım. Sensiz ben hayatta kalır mıyım sandın? Ya sen gel ya da beni sana getir. Eğer intihar edip de yanına gelemezsem beni affet. Senin olmadığın tek bir hayalim bile yok. Şimdi ben komple yok oldum. Teselli edecek bir kelime bile söylemeyin artık beni bu dünyadaki hiçbir şey teselli edemez. Başın sağ olsun demeyin bana o sağ başımda. Anlıyorum diyorlar yaşamadan anladığını sanıyorlar. Kimsenin bir şey bildiği yok sizin üç gün yanar içiniz bizim her gün. Onu hatırlayıp güldüğümü görünce beni iyi sanırsınız oysa hep içim ağlar. Uğur eğer sen bugün öldüysen ben her gün ölürüm. En son söylediğin söz en son ki bakışın çıkmıyor aklımdan. Sen tutardın sözünü sen ağzından çıkanı yapardın neden yapamadın? Hiç unutmayacağım bana bekle deyip gittiğini. Bu hayat bana üvey evlatmışım gibi davrandı. Sen öz olan her şeyimdin. Ben şimdi öksüz mü, yetim mi kaldım? Sensizlik adaletsizliğin sınavı mı? Hayır, inanmayacağım. Seni hep bekleyeceğim kapı aralarında, pencere kıyılarında. Geleceksin, çok bekletme. Bu önüme koydukları senin helvan mı? Ben senin ellerinden yemek yedim bir de senin helvanı mı yiyecektim? Kendimi yerden yere vuruyorum. Görüyorsun, gelip de kaldırmıyorsun. Ben sensiz düştüğüm yerden kalkamam. Allah'ım uyandır onu, senin mucizene ihtiyacımız var. O beni özler yanıma gelmek ister. Bakın bütün mesajlarında özledim yazıyor. Bana aynı şeyleri tekrarlatma gel. Hani mutlu günlerimize gidecektik? Bakın, bütün fotoğraflarımızda o beni öpüyor. Fadime abla, Uğur bizi bıraktı mı gerçekten? Sen buna inanacak mısın? Bak, mutfağın bahçeye baktığı bu camdan girer, bana sarılırdı. Ben onu mutfağın camında bekleyeceğim. Bana sarılacak, sonra sana yollayacağım onu. Sen de bekleyeceksin değil mi? Hoca sana şehit dedi. kaza işe giderken olduğu için şehit olmuşsun Uğur. Annen sulu kısık gözleriyle, çaresizliğin kaderin en dibinde *"Oğlum şehitmiş,"* dedi. Nerede, nasıl olduğunu bilmemek delirtiyor bizi. Cennetin kapıları sana hazır mı? Şehitler ölmez derler sen ölemezsin.

Herkes seni taşıyor. Bak koşuyorum arkandan yetişemiyorum sana dur artık. Ben bu kefenin haksızlığına nasıl tahammül edeyim. Haksızlık senin orada oluşun. Sen beni eski albümler gibi köşelere atamazsın. Öğrendim bütün acıların yersizliğini. O yeşil örtüyü örtmüşler üstüne. Hayır, götürmeyin onu. Açın o tabutu, içine beni de koyun. Hayır, onu toprağa koymayın, dar orası. Kapatmayın o tahtaları, Uğur karanlığı sevmez. Karanlığa beni atın, onu ışığa bırakın. Böcekler vardır orada, yapmayın onun tenine dokunmasınlar, ısırmasınlar. O bensiz uyumaz, orada rahat uyuyamaz. Hayırrrrr, hayır atmayın, toprak atmayın ben onun yüzüne bakmadım veda etmedim. Onunla böyle ayrılamam, açın ne olur, onunla konuşacağım. Buz gibi olsa da Uğur'un tenine dokunmak istiyorum. O benim sıcaklığımı hisseder. Son kez bakayım beni bu dünyada mutlu eden adama. Artık yanına gelene kadar mutsuzluğa mahkûmum. Son kez öpmem lazım, çıkarın o tahtaları. Onu öpmezsem kızar bana, ona sarılmama izin verin. Bırakın o kürekleri yapmayın. Durun artık toplanmayın. Bakın belki yaşıyordur. Bir daha bakın, nefes alıyordur ölmemiştir, o ölmemiştir. Bir ihtimal daha olmalı. Hayırrrrrr. Neden beni bıraktın, neden mezarını yumruklattın? Kıyamadım, bak gözlerimle suladım. Oysa ben seninle beraber ektiğimiz papatyaları sulayacaktım. Sen sana bağırmamı sevmezsin. Sustur çığlıklarımı, isyanlarımı, kapat ağzımı. Beni Allah'a karşı getirme, dayanamıyorum sarılıyorum mezarına. Seninle kalacağım Uğur. Mezarını saçların gibi okşuyorum. Tutmayın beni, yeter ıslatmayın, belki görüyordur yüzümü. Beni ıslak ıslak öperse hissedemem. Mekânın ben oldum sevgilim. Kalbimi de gömüyorlar seninle birlikte, sensiz bir hiçim artık. Sınanmak, ölmekten daha zor, ne olur yanına beni de gömün. Üç günlük dünya değil mi, üç gün daha kalsaydın. Allah en çok sevdiğini alır derler, keşke ikimizi de aynı sevseydi. Sana doyamadım. Beni defnetmeseler bile ben bu hayat için artık ölüyüm. Elbet bir gün yanına geleceğim, senin sözünü ben tutacağım. Allah izin verirse çok bekletmem seni...

Allah der ki kimi benden daha çok seversen onu senden alırım. Ve ekler, onsuz yaşayamam deme seni onsuz da yaşatırım...

Mevlânâ

Eğer şu an yanınızda sevdiğiniz birisi varsa hiç durmayın sarılın. Mutfaktaysa koşun arkasından öpün, tuvaletteyse kapısında bekleyin, salonda televizyon izliyorsa oturun yanına. Belki elini tutuyorsun, belki sınıfta arka sıranda, belki de otobüste yanındaki koltukta ya da araba kullanıyorsa hadi sıkıca sarılın. Annen, baban, kardeşin, arkadaşın ne fark eder... Hiçbir şey kaybetmezsiniz. Çünkü yarın sağ çıkıp çıkmayacağımızı Allah biliyor. Buna biz ne kadar inanmasak da O verdiği gibi alıyor. Ne kadar dayanamayıp isyan etsek de O affetmeyi seviyor. Şu an yanınızda, yakınınızda kim varsa yapın bunu pişman olmazsınız, zira yapmazsanız pişman olursunuz. Ona bir şey olursa bu cümle aklınıza gelir. Çok şey istemiyorum Allah rızası için sevdiklerinize sarılın, sevdiğinizi haykırın. Ben yapamıyorum, benim için yapın. Ölümü hatırlamadan yaşamayın. Aptalca gelse bile bunu yapın. Hani mesafelerden bahsediyorsunuz ya dua edin Allah aranıza mesafe soksun. Ayrı dünyalarda yaşadığınızı bir düşünün...

Şimdi günaydın, afiyet olsun, iyi geceler günün hangi bölümündeyseniz görüşmek üzere.

Herkes bir gün gidermiş.
Sen herkesin arasına yakışmıyorsun.

Baba Uğur bizi bıraktı. O beni size, sizi bana bıraktı. Uğur sen bana babanı bıraktın, baba sevgisini, kocaman aile bıraktın. Sensiz bıraktın ama kimsesiz bırakmadın. Yine yaptın yapacağını. Annenin artık iki çocuğu kalmadı hâlâ üç çocuğu var. Anneler gününde ona hem senin için hem de kendim için hediye alacağım. Kürşat'la senin odan artık Kürşat'la benim odammış. Annen öyle söyledi. Kürşat'ın yatağında bekliyorum seni, beni alıp yine yatağına götür diye.

Az önce gözlerimi kapattım, yumruğumu sıktım, belki hissedersin dedim. Bana bakar gibi baktığın duvardaki resmini öptüm. Resmin bile dudağıma yapıştı, biliyorum sen de özledin. Oralara alışamazsın. Sen üstün açık uyursun, o kadar toprağı kaldıramazsın. Orada sağına soluna dönemezsin. Acınla alacağım sayılı olan nefesimi. Bir damla gözyaşıma İstanbul'u yakardın, şimdi gözyaşlarım İstanbul'un yangınını söndürüyor. Dünyada inanmazdım gidenin sen olacağına. Her şeyin ilacı zaman diyorlar, zamanın ilacı yok. İstersen, istediğin ol olmayınca olmuyor işte.

Hatırlıyor musun? Yeni tanıştığımızda sette karşı karşıya gelmiştik. Yüzüne bakarak *"Portakalım yarım kaldı,"* demiştim. Hayatımın yarım kalacağını hiç düşünmemiştim.

İntihar edince yanına geleceğimi bilsem yemin ederim gözümü kırpmazdım. Mezarında çiçekler açacak, ben onları sulayacağım, papatyalar ekeceğim. Kalbimde yılanlar geziyor, bana hep zarar verecekler yokluğun gibi. Beni ömrünün sonuna kadar seveceğini söylemiştin. Verdiğin künyede ömrümün sonuna kadar beraberiz yazdırmıştın. Bunları bilerek mi yaptın? O zaman hissetmiş miydin gideceğini, ömrünün kıyısında bırakacağını? Bu sözlerini yerine getirdin adam, ben de söz veriyorum seni ömrümün sonuna kadar seveceğim. Yıllar geçse, yaşlansam, kendimi unutsam, yürümek için bastona ihtiyaç duysam da seni unutmayacağım. Bakışların hep gülüşümde saklanacak. Teninin naifliği parmaklarımın ucunda kalacak. Kalbimdeki senle gömecekler beni toprağa, sen hep oradasın. Bunu hiç unutma çünkü ben seni hiç unutmayacağım. Seni de benimle gömmediler mi? Kaderin bize yaptığı nankörlüğün hesabını ikimiz adına bir gün kapatacağım. Ne yaparsam yapayım katlanamayacağım boşluğuna. Bir gün sana kavuşmanın ihtimali yaşatacak beni, gidişin ise çürütecek ömrümü. **Herkes bir gün gidermiş. Sen herkesin arasına yakışmıyorsun.** Acımın üstüne başımı koyuyorum yetmiyor, üstüne yatıyorum. Cesedim umutlarımın altında kaldı.

Dün sadece senin değil ikimizin yedisi okundu. Beni sensiz yaşıyor sanma sakın. Bugün senin anıların ile paylaştığım bu evden gidiyorum. Duvarlarda bana şarkı söylüyorsun, gökyüzü yüzün, gittiğin kapıdaki son bakışın geleceğinin simgesi, beklediğim camlar çaresizliğimin temsili, yorganlarda kokun, yastıklarda saç tellerin, kıyafetlerinin hâlâ içindesin. Yerlerde ayak izlerin duruyor, avizede göz bebeklerin parlıyor, mutfakta kahkahaların duyuluyor, ev senin sevgin ve ben artık gidiyorum. Beraber aldığımız, daha giymeye doyamadığın bütün kıyafetlerini valizime koyuyorum. Umutlarla buraya taşıdığın valizi, umutsuz götürüyorum. Terliklerini, cüzdanını bile alıyorum yanıma. Sana dair ne varsa bende kalmalı. Cüzdanındaki fotoğrafımı söz hiç yerinden oynatmayacağım. Hayat bize senin bana aldığın beyaz elbise kadar temiz davranmadı. Sana yaptırdığım yastığı kendim saklayacağım *"Şu gelecekteki yılları sana kilitleyeceğim,"* yazdırmıştım. Ne kadar aptalca! *"Aynı mezarda kemik olacağız,"* yazmalıymışım. Vosvos kumbaralarımızı götürüyorum; beyaz olanı senindi aynı kefenin gibi. Onda seni biriktireceğim. Kelimelerin kendini ifade edemediği yerdeyim. Annenin boynuna sarıldım, hiç bırakmak istemedim. Karıştı gözyaşlarımız, sen olarak akıyor. Bana kıyamet geldi, öyle yanıyorum ki artık cehenneme saygı gösteriyorum. Dizlerimi hissetmiyorum, annenin ıslak yüzünde seni görüyorum. Terli ellerimi avuçladı *"Sen bize Uğur'un bıraktığı en güzel şeysin,"* dedi. Dişlerim titriyor, ezan şahit bu acının şekli yok. *"Gitme,"* dediler, bunu bana hep sen söylerdin. Babana sarılacağım şimdi. Şiş gözleri ve bitkin ruh hâliyle şunları söyledi; *"Baba olarak her zaman yanındayım, sen bizim evladımızsın. Uğur'un emanetisin. Eğer gün gelir de hayatında birisi olursa başında baban yine ben olacağım yoksa sana hakkımı helal etmem,"* dedi. Yutkunamadım bile, beni sana istemeye gelecek adam, beni bir başkasına kendi elleriyle vermeye razı oldu. Bunu söylemeden önce Allah'a canını alması için yalvarışlarına içten içe şahit oldum. Bu ayrılık hayatım boyunca unutamayacağım en acı ayrılık olacak. Elim, ayağım, kaşım, gözüm, kafam, kalbim vücudumun her yerinde acının depremi oluyor. O bunu söylerken içi nasıl parçalandıysa, benim de dinlerken öyle parçalandı. Ciğerimiz yanıyor. Bunu söndürmeye kimselerin gücü yetmez. Hıçkırıklarımız babalı kızlı devam ediyor. Yaşlarımız elbet bir gün dinecek, peki ya yasımız? Hatırlıyor musun Uğur? Siz beni istemeye geleceğinizde sana *"Annem dışında başımda hiç kimse olmayacak,"* demiştim. *"Biz hepsine yeteriz,"* demiştin, sana inanmamıştım. Haklıymışsın, baban bir kez daha kanıtladı. En son senin öptüğün alnımdan, burnuma gelen yaşlarıyla baban öptü. Bu çok başkaydı…

Hayata "Senin benimle alıp veremediğin ne?" diye çok sormuştum. Cevabını seninle verdi…

Hayata "Senin benimle alıp veremediğin ne?"
diye çok sormuştum. Cevabını seninle verdi...

Toprak sindi kemiklerine, oysa ben tenini özledim. O mezarda en son çürüyecek organın olan kalbine söyle, benimle beraber yok olacak. Beraber gideceksek 40 gün değil 40 saat yeterdi, yalnız gittin. Oturup sabahlara kadar fotoğraflarınla konuştuğumu kimselere anlatamadım. Oysa saçlarını beyaz görmek için nelerden vazgeçerdim…

Biliyor musun, bugün 19 Haziran babalar günü. Birazdan, bu yazıyı bitirdikten sonra babana gideceğim. Senin için ona ne almamı istersin? 12 gün sonra sensiz geçireceğim ilk doğum günün. Her sene senin doğum gününü yalnız kutlayacağım. Sana sadece bir Fatiha bir Yasin hediye edemem. Sen daha fazlasını hak ediyorsun. 31 gün sonra kaza yaptığın lanet gün. 50 gün sonra beni bu dünyada hayal kırıklıklarımla yalnız bıraktığın gün. Biliyor musun sevgilim? O gün ben de öldüm, sadece defnedilmedim.

Bugün ise sensiz geçirdiğim 315. Gün…

19 Haziran 2016